本专著系中央高校基本科研业务费专项资金资助项目"基于深度学习的上市公司财务欺诈识别新方法研究"（2022110095）和上海财经大学创新研究团队项目（IRTSHUFE）的研究成果之一。

上市公司财务欺诈识别
人工智能算法研究

陈朝焰 刘攀 韩冬梅 夏贯芳 ◎ 著

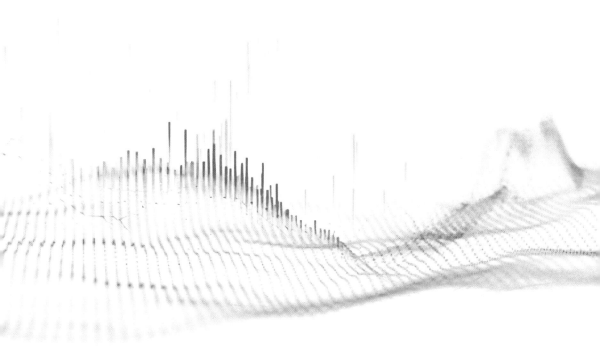

中国财经出版传媒集团

经济科学出版社
Economic Science Press

·北 京·

图书在版编目（CIP）数据

上市公司财务欺诈识别人工智能算法研究/陈朝焰
等著. -- 北京：经济科学出版社，2024.3
ISBN 978 - 7 - 5218 - 5644 - 6

Ⅰ.①上…　Ⅱ.①陈…　Ⅲ.①人工智能 - 算法 - 应用
- 上市公司 - 财务管理 - 诈骗 - 预防　Ⅳ.①F276.6 - 3

中国国家版本馆 CIP 数据核字（2024）第 047562 号

责任编辑：程辛宁
责任校对：王京宁
责任印制：张佳裕

上市公司财务欺诈识别人工智能算法研究

SHANGSHI GONGSI CAIWU QIZHA SHIBIE RENGONG ZHINENG SUANFA YANJIU

陈朝焰　刘　攀　韩冬梅　夏贯芳　著
经济科学出版社出版、发行　新华书店经销
社址：北京市海淀区阜成路甲 28 号　邮编：100142
总编部电话：010 - 88191217　发行部电话：010 - 88191522
网址：www. esp. com. cn
电子邮箱：esp@ esp. com. cn
天猫网店：经济科学出版社旗舰店
网址：http://jjkxcbs. tmall. com
固安华明印业有限公司印装
710×1000　16 开　15.5 印张　250000 字
2024 年 3 月第 1 版　2024 年 3 月第 1 次印刷
ISBN 978 - 7 - 5218 - 5644 - 6　定价：89.00 元
（图书出现印装问题，本社负责调换。电话：010 - 88191545）
（版权所有　侵权必究　打击盗版　举报热线：010 - 88191661
QQ：2242791300　营销中心电话：010 - 88191537
电子邮箱：dbts@ esp. com. cn）

前　　言

　　《上市公司财务欺诈识别人工智能算法研究》是一本面向管理科学与工程、计算机应用技术、会计学和财务管理等学科的研究生或科技工作者的学术专著。本书重点研究利用人工智能算法实现上市公司财务欺诈的智能识别，旨在为财政管理监督提质增效提供新方法新手段，这也是我们撰写本专著的初衷。本书内容按照结构共分为6章，主要内容如下。

　　第1章：上市公司财务欺诈识别方法研究综述。该部分主要回顾上市公司财务欺诈识别方法方面的研究进展：第一，上市公司财务欺诈识别的理论框架。从经典的欺诈三角形理论出发，逐步介绍GONE（贪婪、机会、需求和暴露）框架、欺诈菱形、欺诈五边形和3C（条件、企业文化和选择）模型等，并介绍层次分析法（analytic hierarchy process，AHP）在财务欺诈识别中的应用，这些理论框架可为构建指标体系挑选指标时提供一定的参考。第二，上市公司财务欺诈识别研究中使用的指标数据类型。主要从结构化指标和非结构化指标两个方面展开，重点回顾了现有研究中使用财务指标、非财务指标、文本特征、语言学特征和社交网络特征等的数量和类型情况。第三，上市公司财务欺诈识别中的人工智能方法。首先，介绍基于树结构的人工智能方法，如决策树、随机森林、Ada-Boost 和 XGBoost 等的应用；其次，介绍基于人工神经网络的人工智能方法，如人工神经网络（artificial neural network，ANN）、卷积神经网络（convolutional neural networks，CNN）、长短期记忆网络（long short-term memory，LSTM）和门控循环单元（gate recurrent unit，GRU）等在上市公司财务欺诈识别中的应用情况；最后，对人工智能领域其他常用方法，如逻辑回归、支持向量机和朴素贝叶斯等的应用情况加以述评。

第 2 章：人工智能算法基础。该部分主要介绍与本书研究相关的人工智能算法的基本原理和基础知识等，主要包含以下四个部分：第一，ChiMerge 特征映射。从卡方分布和卡方检验出发，逐步引出 ChiMerge 算法及其改进版 Chi2 算法，并引入一种通过证据权重（weight of evidence，WOE）和信息值（information value，IV）进行自适应终止的准则。第二，逻辑回归算法。该算法为机器学习领域的典型分类算法，本书研究中将其作为算法性能比对的基准算法，而线性回归算法作为其重要基础也一并加以介绍。第三，基于树结构的人工智能算法。该部分主要介绍决策树、随机森林和提升类算法（如 AdaBoost、梯度提升树和 XGBoost）等。第四，基于人工神经网络结构的人工智能算法。该部分主要介绍经典的 ANN 模型、循环神经网络（recurrent neural network，RNN）模型（该类模型广泛采用 LSTM 单元和 GRU 单元）和 CNN 模型等。

第 3 章：两阶段上市公司财务欺诈识别框架。该部分研究从以下三个方面展开：第一，两阶段上市公司财务欺诈识别总体处理框架。首先，给出总体框架的数学描述，然后，利用人工智能的方法进行近似实现。第二，第一阶段处理。基于 ChiMerge 算法，采用卡方阈值，实现财务指标的特征映射，并利用 WOE 和 IV 构建特征映射的自适应终止准则。第三，第二阶段处理。在第一阶段特征映射输出的离散特征基础上，利用人工智能算法，进行二次特征映射，得到高层次的低维特征，并据此完成上市公司财务欺诈的识别。

第 4 章：基于树结构人工智能算法的上市公司财务欺诈识别。该部分研究从以下三个方面展开：第一，财务指标与非财务指标数据预处理。首先为降低数据的维度，对上市公司财报数据库中的财务指标与非财务指标进行筛选，然后再进行数据预处理与特征变换。第二，财经新闻文本特征提取。对爬取的财经新闻文本。首先，进行文本去重、文本分词和删除停用词等预处理；其次，通过隐性狄利克雷分布（latent Dirichlet allocation，LDA）提取文本的主题特征，并通过情感词典的方法提取观点特征和情绪特征；最后，构造欺诈特征词典，提取财务欺诈特征。第三，融合新闻文本和时序信息的智能欺诈识别模型构建。首先，对结构化指标和非结构化指标进行数据集成，构造不同的特征组合；其次，挑选三种典型的树集成方法：随机森林、Ada-Boost 和 XGBoost 构建智能财务欺诈识别模型，并利用分类与回归树（classification and regression trees，CART）作为基准模型进行性能比对；最后，对各种特征组合性能指标之差的置信区间进行检验，并形成相应结论。

第 5 章：基于深度神经网络算法的上市公司财务欺诈识别。该部分研究从以下三个方面展开：第一，时序信息提取。首先，对数据库中的财务指标进行挑选；其次，进行时序信息提取，并对其进行特征变换。第二，基于深度神经网络的公司财务欺诈识别框架。基于经典的 CNN、LSTM 和 GRU 等深度学习算法，为上市公司财务欺诈的智能识别提供深度神经网络方案。第三，时序信息效果检验与深度神经网络性能分析。首先，对引入时序信息前后的欺诈识别效果进行比对；其次，对三种经典的深度神经网络算法进行组合（CNN-LSTM、CNN-GRU、LSTM-CNN 和 GRU-CNN 等），并对三种算法及其组合的欺诈识别性能进行对比分析，为财务欺诈的智能识别提供可选的解决方案，并形成相应结论。

第6章："时域-财务指标"二维联合域公司财务欺诈识别方法。该部分研究从以下三个方面展开：第一，"时域-财务指标域"二维联合域建模。将各财务指标的时间维信息放入二维矩阵，实现时域和财务指标域的联合建模，并对其进行数据预处理，以满足后续处理的需求。第二，基于二维联合域处理的公司财务欺诈识别框架。首先，利用 ChiMerge 算法实现特征映射，将指标数据转换成后续模型更容易处理的形式；其次，利用深度神经网络完成"时域-财务指标域"的二维联合域处理，并据此完成上市公司的财务欺诈识别。第三，实验结果分析，重点验证累积的季度时间点数目对识别性能的影响。首先，以方差分析（analysis of variance，ANOVA）为工具，分析准确率、精准率、召回率和 F1 分数等指标在时间维的变异性；其次，分析时间维的累积效应，并形成相应结论。

上述内容构成了本书的主要章节，加上第2章人工智能算法基础，构成了本书的全部内容。

本书在内容上尽可能涵盖理解本书各方面内容所需的人工智能算法基本知识，且在第1章的文献综述部分涵盖了绝大部分主流的、前沿的、重要期刊上的方法类研究成果，以便于有兴趣的读者快速了解该领域的研究全貌，并迅速确定进一步钻研方向和探索问题。

本书研究的核心内容是建立上市公司财务欺诈识别的模型，重点在解决分类问题，属于计算机科学与技术在管理科学与工程中的应用范畴。这点与笔者在上海商学院计算机科学与技术系从事人工智能、机器学习和深度学习方面的教学与科研工作，以及在上海财经大学管理科学与工程博士后流动站从事金融信息工程的研究工作相吻合。然而，关于上市公司财务欺诈的成因或影响因素的分析与讨论属于另一类研究范式，需利用计量模型进行实证分析，不在本书的研究范围内，故不予以涉及。

全书由陈朝焰独立完成撰写，刘攀教授对全书的初稿进行了审阅并提出了许多修改意见，韩冬梅教授对全书的内容进行了详细的指导。另外，颛桥中学的夏贯芳老师参与了全书章节结构的讨论和部分图表的制作。人工智能技术迅猛发展，目前已成为一个体系庞大的学科，有数量众多的细分领域。笔者自认为才疏学浅，相关行业知识水平有限，书中纰漏之处在所难免，恳请各位读者朋友批评指正，并不吝告知。请发送电子邮件至笔者的电子邮箱 czy-2003@163.com。

感谢博士后合作导师韩冬梅教授的谆谆教诲，她为本书的众多内容提供了很多指导。感谢颛桥中学物理教研组的夏贯芳女士，她从行文风格和章节结构安排上为我提出了许多宝贵的意见。感谢我的父母和家人在背后的默默支持！特别地，还有我还在上幼儿园的儿子的理解，牺牲了多少个周末和节假日的陪伴，才换来的披星戴月的辛勤写作。需要感谢的人还有很多，在此不一一列举。

陈朝焰

2023 年 7 月

上海商学院计算机科学与技术系

上海财经大学管理科学与工程博士后流动站

目　录

第 1 章

上市公司财务欺诈识别导论

1.1 引　　言

改革开放以来，中国资本市场发展迅速，2023 年中国上市公司总数已突破 5000 家。然而，近期财务舞弊、会计造假等财务造假乱象频发，涉财务欺诈丑闻的公司屡禁不止。2022 年 12 月 2 日发布的公告显示，*ST 凯乐在 2016～2020 年虚增利润 59.36 亿元。2022 年 11 月 19 日发布的公告显示，泽达易盛公司因涉嫌欺诈发行、信息披露违法财务欺诈，被责令改正给予警告，公司和多名相关责任人被罚共计 1.51 亿元。2021 年 9 月公告披露，科迪在 2016～2018 年虚增收入

8.43 亿元、虚增利润 3 亿元，财务欺诈关联交易额超 134 亿元。2020 年 7 月公告披露，瑞幸咖啡自 2019 年 4 月起至 2019 年末，瑞幸虚增交易额 22.46 亿元，虚增收入 21.19 亿元，虚增成本费用 12.11 亿元，虚增利润 9.08 亿元。2020 年 4 月披露乐视在 2007 年到 2016 年，持续 10 年财务造假，累计虚增收入规模在 25 亿元左右，还有财务欺诈关联交易等 5 项财务欺诈行为。公司财务欺诈行为屡禁不止，严重损害投资者利益，打击投资者信心，扰乱市场秩序，对整个经济社会具有很强的危害性，也为资本市场的监管带来挑战。

我国政府部门已通过加强立法，提高对上市公司违法违规行为的处罚力度。早在 2019 年，为对上市公司进行有效的财会监督，十三届全国人大常委会第十五次会议审议通过了修订后的《中华人民共和国证券法》（以下简称新证券法），并且已于 2020 年 3 月 1 日起施行。正如汕头市金融工作局指出[1]：本次证券法修订，系统总结了多年来我国证券市场改革发展、监管执法、风险防控的实践经验，在深入分析证券市场运行规律和发展阶段性特点的基础上，实行了一系列新的制度改革，其中一条是显著提高证券违法违规成本。近期，财会监督问题再次得到高度重视。2023 年 2 月，中共中央办公厅、国务院办公厅印发了《关于进一步加强财会监督工作的意见》，旨在进一步加强财会监督工作，更好发挥财会监督职能作用。同月，中国证监会通报 2022 年案件办理情况：2022 年中国证监会稽查部门严厉打击各类证券期货违法行为，全年办理案件 603 件，其中重大案件 136 件，向公安机关移送涉嫌犯罪案件和通报线索 123 件，涉内幕交易、操纵市场、财务造假等，表现形式多种多样。

尽管党中央高度重视财会监督，且新证券法大幅提高了对上市公司的违法违规行为的处罚力度，但是，我国上市公司财务欺诈行为频发，对上市公司进行有效监管仍是一大难题。据文献［2］统计，在 2000～2017 年我国 3434 家 A 股公司中有 1641 家存在财务欺诈记录，然而相关部门的监管处罚存在一定的滞后，平均滞后时间为 2.7 年，68.4% 的 A 股公司财务欺诈事件未在当年被判定，严重者甚至滞后 16 年（如对新华锦的财务欺诈判定）。因此，财会监督存在监管难、时效性弱的特点。如何对公司财务欺诈行为进行及时的识别和有效预警，成为迫切需要解决的问题。

鉴于上市公司财务欺诈事件的频发及其给资本市场带来的危害，如何准确地识别出具有财务欺诈行为的上市公司，对维持资本市场的繁荣稳定，是具有重要意义的研究问题。在中国资本市场高速发展的进程中，基于人工智能技术，深入研究上市公司财务欺诈识别方法，可为监管部门的决策提供新技术支持，对规范资本市场行为和防范金融风险具有重要价值。

1.2　上市公司财务欺诈识别研究综述

本节将系统性地回顾人工智能算法在上市公司财务欺诈识别领域的应用研究进展。本部分将回答如下研究问题（research question，RQ）：

研究问题 1（RQ1）：现有文献中，主流的关于上市公司财务欺诈识别的理论框架有哪些？

研究问题 2（RQ2）：现有文献中，广泛使用的指标数据类型有哪些？

研究问题 3（RQ3）：现有文献中，上市公司财务欺诈识别领域，被频繁采用的人工智能算法有哪些？

国内外现有的研究中通常将上市公司的财务欺诈看作是广义的财务欺诈的一个子范畴，如图 1.1 所示，且通常将财务报表中的欺诈、证券交易中的欺诈和大宗商品欺诈等均归类为公司财务欺诈[3~5]。此外，还有两本与上市公司财务欺诈识别相关的专著可供参考[6,7]。

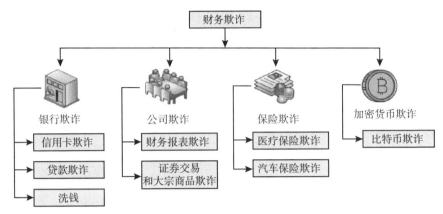

图 1.1 财务欺诈类型

1.2.1 识别理论模型（RQ1）

关于上市公司财务欺诈的早期研究主要集中于上市公司产生欺诈的原因或影响因素上，并形成了相关的理论模型。表 1.1 给出了常见的上市公司财务欺诈识别的理论模型，例如，欺诈三角形（fraud triangle）、K&L 模型（Klein & Leffler model）、贪婪机会需求和暴露（greed，opportunity，need，and exposure，GONE）模型、层次分析法（analytic hierarchy process，AHP）、欺诈菱形（fraud diamond）、欺诈五边形（fraud pentagon）、条件企业文化和选择（condition，corporate culture，and choice，3C）模型等。

表 1.1　　　　　　　　上市公司财务欺诈识别理论框架

理论框架	文献出处	要点
欺诈三角形	[8]	压力（pressure）、机会（opportunity）和合理化借口（rationalization）
K&L 模型	[12]	声誉机制、投机行为
GONE 模型	[14]	贪婪（greed）、机会（opportunity）、需求（need）、暴露（exposure）
AHP 模型	[16][17]	管理特征及其对管理环境的影响、行业状况、运营和财务稳定特征

理论框架	文献出处	要点
欺诈菱形	[18]	激励（incentive）、机会（opportunity）、合理化（rationalization）、能力（capability）
欺诈五边形	[19]	压力（pressure）、机会（opportunity）、合理化（rationalization）、能力（competence）、傲慢（arrogance）
3C 模型	[6]	条件（condition）、企业文化（corporate culture）、选择（choice）

下面分别加以简单介绍：

（1）欺诈三角形模型[8]。克雷西（Cressey）采访了 200 名参与了贪污的囚犯，用于调查白领们实施经济犯罪的原因，并绘制了欺诈三角，用于描述诱导一个人实施欺诈的三个危险因素类别：压力（pressure）、机会（opportunity）和合理化借口（rationalization）。压力是指某种会增加压力的情况或事情；这种压力会进一步增加实施欺诈的必要性；机会是导致欺诈发生的情况或事情；合理化借口是指使欺诈行为合理化的借口，是指欺诈者为其行为辩护的正当性。这种欺诈三角形后来被引入上市公司财务欺诈识别领域，成为应用最为广泛的模型之一[9~11]。

（2）K&L 模型[12]。克莱因（Klein）和莱弗勒（Leffler）提供了一个模型来审视驱动欺诈和投机的动力，其描述声誉机制认为：在重复博弈的情境下，企业会为了获得长期超额收益而避免短期化的欺诈行为。这种声誉机制亦被用于上市公司的行为，上市公司的任何财务欺诈行为都可能导致其丧失公信力和未来潜在收益。虽然 K&L 模型本身并没有直接考虑导致公司欺诈行为的因素，但是 K&L 模型很容易进行扩展，并识别出导致欺诈的因素[13]。

（3）GONE 模型[14]。博洛尼亚（Bologna）等提出了 GONE 模型，其包含贪婪、机会、需要和暴露等四个要素。贪婪（greed）是指一个人的道德和伦理性格的内在或心理方面；机会（opportunity）的概念与欺诈三角理论相同。需求（need）代表经济动机，包括提高公司业绩的需求。暴露（expo-sure）描述了发现欺诈的机会，以及发现欺诈时惩罚的严重程度。许（Xu）等[15]基于 GONE 框架，并采用机器学习模型来预测中国企业财务欺诈的发生。

（4）AHP 模型[16,17]。阿波斯托洛（Apostolou）等将财务报表相关的欺诈信号分为三个层次：管理特征及其对管理环境的影响、行业状况、运营和财务稳定性特征，并据此对财务欺诈进行层次分析。

（5）欺诈菱形模型[18]。沃尔夫（Wolfe）和赫尔曼森（Hermanson）通过将第四个要素能力（capability）纳入欺诈菱形来扩展欺诈三角形，并指出个人特征和能力在解释欺诈行为中发挥着重要作用。

（6）欺诈五边形模型[19]。马克斯（Marks）通过引入第五个要素傲慢（arrogance），形成了欺诈五边形。傲慢代表了贪婪的本性和自身相对于公司政策的优越性。

（7）3C 模型[6]。拉扎伊（Razaee）和莱利（Riley）将财务报表欺诈的危险信号分类为：条件（condition，代表欺诈行为的收益应大于成本）、企业文化（corporate culture，代表公司治理机制）和选择（choice，取决于管理层的战略意图）。周（Zhou）和卡普尔（Kapoor）[20]利用 3C 模型挑选变量，并基于响应曲面模型开发了一个具有领域知识的自适应框架来识别财务报表欺诈。

国内在上市公司财务欺诈识别理论模型方面的研究较少，主要集中于理论模型的应用。韦琳等[21]选取与欺诈三角形理论相关的 25 个指标，进行上市公司财务报告欺诈的识别，其研究发现两类公司之间营业利润－经营现金流量、外部董事比例等指标描述的压力和机会因素存在显著差异，且各指标与欺诈可能性的相关关系表明，压力越大、机会越多，欺诈的可能性越大。谢小莹和孙燕东[22]从会计欺诈三角形理论出发探讨形成会计欺诈行为的动因因素，其研究表明，总资产增长率和现金流量比率和总资产收益率低的公司财务压力较大，容易发生欺诈，而内部控制尤其控制环境、控制活动和内部监督的不完善为会计欺诈行为提供了机会，当压力和机会共存时，欺诈者道德约束失效转而为自己的欺诈行为寻找合理化理由。张竹怡[23]基于欺诈三角形理论，从压力、机会、借口三个方面出发选择研究变量，据此构建识别财务欺诈的模型。

然而，对于识别模型，学术界亦存在一些不同的声音。例如，德拉波特（Dellaportas）[24]并不支持将欺诈三角形扩展为欺诈菱形或欺诈五边形，其认为欺诈三角形理论已经足够使用。然而，洛孔南（Lokanan）[25]认为欺诈是一种多方面的现象，其背景因素可能不适合特定的框架。因此，欺诈三角形不应被视为反欺诈专业人员足够可靠的模型。

目前，学术界更为普遍的做法是利用前人的研究成果，并结合自身的研究实际，挑选合适的指标类型，并构建指标体系。然后，再利用人工智能算法去构建合适的识别模型，完成上市公司财务欺诈识别任务。表 1.2 对现有研究中所使用的指标或特征类型，以及所使用的人工智能模型进行了总结。表中，共挑选了 36 篇与人工智能算法在上市公司财务欺诈识别相关的学术论文，并按照公开发表的年份进行排序。可以看出，随着时间的推移，使用的人工智能算法种类也发生了较大的变化。尤其是深度学习技术的兴起，为设计上市公司财务欺诈识别方法提供了新手段。

表 1.2		现有研究所使用的指标和模型		
年份	作者	出处	指标/特征	模型
1995	Persons	文献 [26]	10F	LR
1996	Kwon & Feroz	文献 [27]	19（F + NF）	ANN、LR
1997	Green & Choi	文献 [28]	8F	ANN
1998	Fanning & Cogger	文献 [29]	20（F + NF）	ANN、LiDA、LR、QDA
1999	Beneish	文献 [30]	8F	Probit 回归

年份	作者	出处	指标/特征	模型
2000	Feroz et al.	文献［31］	7（F＋NF）	ANN、LR
2002	Spathis et al.	文献［32］	10F	LR
2003	Lin et al.	文献［33］	8F	FNN、LR
2006	Kotsiantis et al.	文献［34］	25F	ANN、BBN、DT、KNN、LR、SVM
2006	Ko & Lin	文献［35］	39（F＋NF）	GA、PSO-ANN、LiDA、LR
2007	Kirkos et al.	文献［36］	27F	ANN、BBN、DT
2008	Liou	文献［37］	52F	ANN、DT、LR
2009	Öğüt et al.	文献［38］	8F	LiDA、LR、PNN、Probit 回归、SVM
2010	Cecchini et al.	文献［39］	40F	SVM
2010	Cecchini et al.	文献［40］	8F＋T	SVM、TF-IDF
2011	Ravisankar et al.	文献［9］	35F	ANN、GP、LR、PNN、SVM
2011	Perols	文献［41］	42（F＋NF）	ANN、DT、LR、SVM
2011	Humpherys et al.	文献［42］	24L	DT、LR、NB、SVM
2011	Dechow et al.	文献［43］	28（F＋NF）	Probit 回归
2012	Abbasi et al.	文献［44］	12F	ANN、BBN、DT、LR、NB、SVM
2015	Lin et al.	文献［10］	32（F＋NF）	ANN、DT、LR
2015	Throckmorton et al.	文献［45］	21L	KNN、LR、NB
2015	Purda & Skillicorn	文献［46］	T	BOW、SVM
2016	Kim et al.	文献［47］	49（F＋NF）	BBN、LR、SVM
2017	Dutta et al.	文献［48］	116（F＋NF）	ANN、BBN、DT、NB、SVM
2017	Hajek & Henriques	文献［49］	32F＋8L	AdaBoost、ANN、BBN、DT、LR、NB、RF、SVM
2017	Chen et al.	文献［50］	T	SVM、TF-IDF
2018	Dong et al.	文献［51］	12F＋10L＋11S	ANN、DT、LDA、LR、SVM、TF-IDF
2019	Chen et al.	文献［52］	T	ANN、DT、KNN、LR、SVM、TF-IDF
2020	Bao et al.	文献［53］	28F	Probit 回归、SVM
2020	Craja et al.	文献［54］	47F＋9L＋T	ANN、DNN、LR、RF、SVM、XGBoost、BOW、TF-IDF、Word2Vec

年份	作者	出处	指标/特征	模型
2020	Brown et al.	文献 [55]	17F + 20L	LDA、LR
2022	Khan et al.	文献 [56]	28F	LR、SVM
2022	Papík& Papíková	文献 [57]	17F	ANN、 DT、 KNN、 LiDA、 LR、 RF、 SVM
2023	Chen& Han	文献 [58]	32F	DNN、LR
2023	Wang et al.	文献 [59]	F + T	ANN、BOW、DNN、LR、RF、SVM

注：①指标/特征说明：F——财务指标、L——语言学特征、NF——非财务指标、S——社交网络特征、T——文本特征。②模型说明：AdaBoost——自适应提升树、ANN——人工神经网络、BBN——贝叶斯信念网络、BOW——词袋模型、DT——决策树、DNN——深度神经网络、FNN——模糊神经网络、GA——遗传算法、GP——遗传规划、KNN——最近邻模型、LDA——隐性狄利克雷分布、LiDA——线性辨别分析、LR——逻辑回归、NB——朴素贝叶斯、PNN——概率神经网络、Probit回归——概率单位回归、PSO——粒子群优化算法、QDA——二次判别分析、RF——随机森林、SVM——支持向量机、TF-IDF——词频 – 逆文本频率、Word2Vec——Word2Vec 模型、XGBoost——极限梯度提升树。

1.2.2　指标数据类型（RQ2）

利用人工智能的方法，对上市公司财务欺诈进行识别需要多种不同类型的指标。依据所选用指标数据类型的不同，可分为结构化指标和非结构化指标，如图 1.2 所示。通常，结构化指标数据可以在关系型结构化查询语言（structured query language，SQL）数据库中存储和处理。在关系型数据表中，通常将上市公司的各项指标或特征放置在列的位置，每一行对应于一家上市公司。而非结构化指标数据结构类型多样，通常存放于非关系型数据库（not only SQL，NoSQL）中，非结构化数据在特征工程、分析和处理方面更具有挑战性。从图 1.2 可以看出，对于上市公司财务欺诈识别应用，所使用的结构化指标可进一步细分为财务指标和非财务指标。而对于非结构化数据，从中提取的特征可进一步细分为文本特征、语言学特征和社交网络特征等。下面分别对国内外的相关研究加以述评。

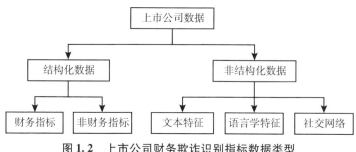

图 1.2　上市公司财务欺诈识别指标数据类型

结合表 1.2 所列的参考文献，对现有研究中使用的指标或特征类型加以统计，形成表 1.3。

表 1.3　　　　　　　　　现有研究所使用的指标或特征的类型

序号	指标/特征	文献出处	频次（篇）
1	财务指标	［9］［26］［28］［30］［32］［33］ ［34］［36］［37］［38］［39］［44］ ［53］［56］［57］［58］	16
2	财务指标 + 非财务指标	［10］［27］［29］［31］［35］［41］ ［43］［47］［48］	9
3	财务指标 + 文本特征	［40］［59］	2
4	财务指标 + 语言学特征	［49］［55］	2
5	财务指标 + 文本特征 + 语言学特征	［54］	1
6	财务指标 + 文本特征 + 社交网络特征	［51］	1
7	文本特征	［46］［50］［52］	3
8	语言学特征	［42］［45］	2
	总计	—	36

从表 1.3 可以看出，36 篇与上市公司财务欺诈识别人工智能算法相关的研究中，有 31 篇文献均采用了财务指标或财务指标与其他指标特征的组合。因此，财务指标是进行上市公司财务欺诈识别时必不可少的数据类型，而单

纯地使用非财务指标进行识别的性能有限，没有被学术界所广泛认可。单纯地使用结构化指标数据的有 25 篇文献，故采用结构化数据实施财务欺诈识别是主流的做法。而非结构化指标数据可看作对结构化指标数据的有益补充。

1.2.2.1 财务指标

财务指标，也称财务比率，是指企业总结和评价财务状况和经营成果的相对指标。财务指标是依据从财务报表中收集的数据计算的指标，用于获得有关上市公司的有价值的信息，可用于解释财务报表中的数字。这些数值可以在财务报表的各个组成部分中观察到，例如，资产负债表、利润表、现金流量表、所有者权益变动表和财务报表附注等。财务指标通常用于对企业的财务状况和经营成果进行定量分析，评估公司业绩、盈利能力和估值等。财务指标可以帮助回答关键问题，例如，企业是否存在超额债务或库存，客户是否按照条款支付，运营费用是否过高，以及公司资产是否被正确用于创收。因此，财务指标是进行上市公司财务欺诈识别的重要决策依据。中国《企业财务通则》中为企业规定的三种财务指标为：第一，偿债能力指标，包括资产负债率、流动比率、速动比率；第二，营运能力指标，包括应收账款周转率、存货周转率；第三，盈利能力指标，包括资本利润率、销售利润率（营业收入利税率）、成本费用利润率等。

珀森斯（Persons）[26]挑选了 10 个财务指标用于度量公司的财务状况，其描述了公司如下的 7 个方面：财务杠杆、盈利能力、资产结构、流动资产、资本周转率、公司规模和公司整体财务状况等。格林（Green）和崔（Choi）[28]挑选了 5 个比率类指标（呆账准备金/销售净额、呆账准备金/应收账款、销售净额/应收账款、毛利率/净销售额、应收账款/总资产）和 3 个会计类指标（净销售额、应收账款、呆账准备金）共计 8 个财务指标。班尼斯（Beneish）[30]从公司规模、流动性/杠杆、盈利能力/增长 3 个方面，挑选了 8 个财务指标。斯帕提斯（Spathis）等[32]最初挑选了一套 17 个财务指标，为避免一些指标由于高度相关性而提供类似的信息，于是对具有高度相关性的指标进行去重，这样，仅保留描述公司财务业绩所需要的 10 个财务指标，其分布在盈利能力、偿付能力/流动性和管理业绩等类别。林（Lin）等[33]考虑到受证券交易委员会调查的公司通常会虚报营业收入，为此挑选了与营业收入确认和计量相关，或与在销售和应收账款周期中使用的会计概算相关的 8 个财务指标。科特斯提斯（Kotsiantis）等[34]从盈利能力、财务杠杆、流动资产、资产利用率、现金流和财务困境等六个大类中筛选出 25 个财务指标。与文献[34]类似，基尔科斯（Kirkos）等[36]从 27 个初始财务指标中筛选出 10 个财务指标，用于上市公司的财务欺诈识别。基尔利乌（Liou）[37]基于前人的研究成果，从流动性、杠杆水平、盈利能力和运营情况等挑选财务指标，并考察这些指标的年度百分比变化情况，并挑选了包括 24 个用于识别虚假财务报表的指标和 31 个用于预测经营失败的指标。最终的列表由 52 个财务指标变量组成，且其中三个被重复使用。奥特（Öğüt）等[38]则采用了与文献[30]相同的指标体系。切基尼（Cecchini）等[39]基于前人的研究成果，收集了 40 个财务指标变量，然后结合数据，删除了缺失值超过 25% 的指标，最终挑选了 23 个财务指标。拉维尚卡尔（Ravisankar）等[9]基于欺诈三角形理论，筛选了 35 个财务指标，其中 28 个是反映公司流动性、安全性、盈利能力和效率的财务比率类指标。阿巴西（Abbasi）等[44]在总结前人研究的基础上，挑选了资产质量指数、资产周转率、现金流收益差额、应收款日销售额、折旧指数、毛利率指数、库存增长、财务杠杆、经营业绩利润率、应收账款增长、销售增长、销售及行政开支等 12 个财务指标。保（Bao）等[53]基于文献[39]、文献[43]的指标体系，挑选了 28 个原始财务指标和 14 个财务指标的比率。帕皮克（Papík）和帕皮科瓦（Papíková）[57]基于前人研究成果，并依据从公司财务报表中收集的数据计算了 17 个财务指标，这些财务指标被用来开发公司的会计舞弊识别模型。陈（Chen）和韩（Han）[58]基于前人研究成果，并结合中国金融数据库中上市公司财务指标的实际情况，从偿债能力、比率结构、经营能力、盈利能力、现金流分析、风险水平、发展能力、每股指标和流动资产结构 9 个大类中，挑选出了 32 个财务指标。

1.2.2.2 非财务指标

进行上市公司财务欺诈识别时，考察非财务指标的信息也是有价值的。影响上市公司业绩的可能因素，例如，微观层面的股本结构、治理综合信息、三会（董事会、监事会和股东大会）基本信息，以及宏观层面的技术变革、管理质量、经济状况和市场力量等信息，不会立即体现在公司的财务报表中。需对这些非财务信息加以量化，并与财务指标进行整合，共同引入财务欺诈识别模型，作为特征提取的输入数据来源。

目前学术界主流的做法是，将非财务指标作为辅助，搭配财务指标使用。范宁（Fanning）和科格（Cogger）[29]根据单变量检验的结果挑选了 62 个财务指标和非财务指标变量。由于总资产中的应收账款与销售额中的应收账款相似，将其删除。在随后的单变量测试中，由于仅有 20 个指标变量在 25% 的水平上具有显著性，最终，只有这 20 个指标变量用于进一步的模型开发。菲罗兹（Feroz）等[31]基于美国注册会计师协会（AICPA）制定的第 53 号审计准则（statement on auditing standards），并根据其数据的获取情况挑选了 7 个财务和非财务指标：利润率、利率敏感性、难以审计的交易、持续经营指标、CEO 变更率、CFO 变更率、前审计师离职率。高（Ko）和林（Lin）[35]对 39 个财务指标和非财务指标进行编码，用于生成遗传算法中的染色体和个体。佩罗尔斯（Perols）[41]结合先前研究中发现的重要指标变量，并综合考虑这些指标变量的可获取情况，最终挑选了 42 个财务和非财务指标。德肖（Dechow）等[43]挑选了 28 个财务和非财务指标，在多个维度上调查了欺诈公司的特征，包括应计质量、财务业绩、非财务业绩、资产负债表外活动和市场相关变量等。其研究发现，当公司存在财务欺诈时，其应计质量较低，且其财务和非财务指标都在恶化。林（Lin）等[43]基于欺诈三角形理论挑选了 32

个财务和非财务指标，其中 11 个指标属于压力维度、15 个指标属于机会维度，而余下的 6 个指标属于合理化借口维度。金（Kim）等[47]挑选了 49 个财务和非财务指标，包含了资产负债表外变量、资产的异常变化、市场变量和公司治理指标等方面。杜塔（Dutta）等[48]在开发相关财务欺诈识别模型时，基于现有文献，挑选了 116 个与财务欺诈识别模型相关的财务与非财务指标变量，这是表 1.2 中使用变量数目最多的研究工作。

1.2.2.3 文本特征

上市公司必须在年度报告的管理层讨论和分析部分（management's discussion & analysis，MD&A）中概述其过去一年的决策和运营管理情况，并预告下一年的情况。这些信息使监管部门和投资者们能够全面了解公司的业务和财务状况。此外，股吧舆情、财经新闻、金融机构发布的公告和研究报告等亦是上市公司文本特征的重要来源。

随着自然语言处理技术的进步，非结构化的文本挖掘技术逐渐走向成熟。切基尼（Cecchini）等[40]从 10-Ks 的 MD&A 部分创建字典来区分欺诈和非欺诈公司，将文本数据作为财务数据的有效补充，其结果表明 MD&A 文本补充了定量财务信息。普达（Purda）和斯基利科恩（Skillicorn）[46]对 MD&A 部分的所有单词进行有效性排序，挑选前 200 个最具识别性的单词，采用词袋模型（BOW）对样本分类，取得了较好效果。陈（Chen）等[50]利用 TF-IDF 技术从上市公司的年度报告中提取文本特征，并据此开发财务欺诈识别模型。陈（Chen）等[52]在文献［50］的研究基础上，进一步增加了审计师审查报告和财经新闻等文本信息，并利用 TF-IDF 技术提取文本特征，供后续模型进行上市公司财务欺诈识别使用。王（Wang）等[59]将上市公司年度报告按其章节标题，拆分成独立部分，然后利用 Doc2Vec 技术提取文本特征，作为财务指标的有效补充，供后续的上市公司财务欺诈识别模型使用。

1.2.2.4　语言学特征

除了文本特征外，从文字或语音中提取语言学特征也是挖掘上市公司财务欺诈信息的重要途径。汉弗莱斯（Humpherys）等[42]从公开的财务披露中提取语言学线索，对管理层财务欺诈中的欺骗性语言的使用策略进行了研究。其研究发现，与非欺诈性披露相比，精心策划的欺诈性披露者往往使用更多的积极语言、词语、意象、愉悦感和群体参考，且词汇的多样性更少。欺诈性披露的作者可能会写得更多，以显得可信，而实际内容的交流更少。其研究结果可为审计人员使用语言分析来标记可疑的财务披露，并根据审计准则声明来评估欺诈风险。哈杰克（Hajek）和亨里克斯（Henriques）[49]从 MD&A 文本中提取语言学指标，作为对结构化指标的有效补充，共同完成财务报表舞弊的智能预警，并比较了多种机器学习方法的性能。克拉扎（Craja）等[54]共采用了 47 个财务指标、从 MD&A 文本中提取的文本特征和 9 个语言学特征，然而从文献［54］的图 2 可以看出，该研究中 47 个财务指标仅仅经过非常粗糙的处理，而文本特征和语言学特征则利用分层注意力网络（HAN）进行了精细的处理，其这么做的目的仅仅是衬托引入文本特征和语言学特征的好处。布朗（Brown）等[55]运用隐性狄利克雷分布（LDA）主题模型，将 MD&A 部分的主题特征与财务数据和文本特征结合，证明了提取披露的主题有助于捕捉财务欺诈行为。

另一种有效的提取语言学特征的方式是通过上市公司业绩电话交流会的语言数据。霍布森（Hobson）等[60]使用自动语音情绪分析软件 LIWC（linguistic inquiry and word count，语言查询和单词计数），处理上市公司业绩电话交流会中 CEO 的语音数据，生成语音非谐振标记，其研究发现 CEO 语音的非谐振标记与不规则重述发生的可能性呈正相关，为上市公司财务欺诈识别提供新的数据来源。拉克尔（Larcker）和扎科留基纳（Zakolyukina）[61]同样使用 LIWC 软件对上市公司的季度财报电话会议进行标记，利用财务重述部分的数据和一套准则，识别会计问题的严重性，并将每一次电话会议都标记为"真实的"或"欺骗性的"。然后，依据心理学和语言学研究中与欺骗有关的单词类别开发欺诈识别模型。其研究发现，基于 CEO 和/或 CFO 叙述的模型的性能显著优于随机猜测 6% ～ 16%。欺骗性高管的语言更多地涉及一般知识，更少地涉及非极端的积极情绪，更少地提及股东价值。而欺骗性 CEO 使用的极端情绪明显更多，使用的焦虑词更少。思罗克莫顿（Throck-morton）等[45]使用了 7 个语言学指标（来自文献［61］）、7 个声学指标和 4 个会计风险指标和 3 个基准测度指标，通过对不同类型的指标或特征进行组合，实现上市公司的财务欺诈识别。

1.2.2.5　社交网络

利用社交网络识别上市公司财务欺诈的研究较少。董（Dong）等[51]提出了一个基于系统功能语言学（systemic functional linguistics，SFL）理论的文本分析框架，结合社交媒体文本的概念功能和人际功能预警上市公司欺诈的早期迹象。该研究分别挑选了 12 个财务指标、10 个语言学特征和 11 个社交网络特征，然后分别对单纯的财务指标、财务指标加上语言学特征和全部特征等 3 种情况，利用常规的机器学习模型，进行了性能对比。

1.2.3　人工智能方法（RQ3）

人工智能的方法种类较多。例如，用于搜索的求解策略——盲目搜索（宽度优先搜索策略、深度优先搜索策略）、启发式搜索（博弈树、A^* 搜索）；智能优化策略——进化计算（遗传算法、粒子群优化算法）、群智能（蚁群算法、灰狼优化算法）、模糊逻辑；分类与回归方法——机器学习、深度学习算法。上市公司财务欺诈识别是典型的分类任务，因此主要使用机器学习或深度学习模型，将进行重点阐述。然而，模型参数的调优可能会用到智能优化策略或解空间中的搜索求解策略，本书将不做重点介绍。

结合表 1.2，现有研究中使用的模型类别情况如表 1.4 所示。从表中可以看出，逻辑回归（LR）模型因其简单性和可解释性而高居榜首，紧随其后的是深度学习崛起之前的三大主流算法：支持向量机（SVM）、人工神经网络（ANN）和决策树（DT）。这一点与人工智能算法的发展历程相吻合。此外，由于深度学习出现时间较晚，且运用于上市公司财务欺诈领域存在一定的滞后性，只有少数最新的研究成果中采用了前沿的深度学习技术。

表 1.4　　　　　　　　　　现有研究所使用的模型类型

序号	模型	文献出处	频次
1	LR	［9］［10］［26］［27］［29］［31］［32］［33］［34］［35］［37］［38］［41］［42］［44］［45］［47］［49］［51］［52］［54］［55］［56］［57］［58］［59］	26
2	SVM	［9］［34］［38］［39］［40］［41］［42］［44］［46］［47］［48］［49］［50］［51］［52］［53］［54］［56］［57］［59］	20
3	ANN	［9］［10］［27］［28］［29］［31］［34］［35］［36］［37］［41］［44］［48］［49］［51］［52］［54］［57］［59］	19
4	DT	［10］［34］［36］［37］［41］［42］［44］［48］［49］［51］［52］［57］	12
5	BBN	［34］［36］［44］［47］［48］［49］	6
6	NB	［42］［44］［45］［48］［49］	5
7	KNN	［34］［45］［52］［57］	4
8	LiDA	［29］［35］［38］［57］	4
9	Probit 回归	［30］［38］［43］［53］	4
10	RF	［49］［54］［57］［59］	4
11	TF-IDF	［40］［50］［51］［52］	4
12	DNN	［54］［58］［59］	3
13	BOW	［46］［59］	2
14	LDA	［51］［55］	2
15	PNN	［9］［38］	2
16	AdaBoost	［49］	1

续表

序号	模型	文献出处	频次
17	FNN	［33］	1
18	GA	［35］	1
19	GP	［9］	1
20	PSO	［35］	1
21	QDA	［29］	1
22	Word2Vec	［54］	1
23	XGBoost	［54］	1

图1.3 对上市公司财务欺诈识别领域中的人工智能方法进行了分类。从图中可以看出，共分成了三大类别：第一，基于树结构的人工智能方法主要是决策树（DT），以及以决策树为基础构建的随机森林、自适应提升树（AdaBoost）和极限梯度提升树（XGBoost）等；第二，基于人工神经网络的人工智能方法，包括常规的人工神经网络（ANN）和深度神经网络（DNN），例如，卷积神经网络（CNN）、长短期记忆网络（LSTM）和门控循环单元（GRU）等；第三，人工智能领域其他常用方法，例如，逻辑回归（LR）、支持向量机（SVM）、朴素贝叶斯（NB）和BBN（贝叶斯信念网络）等。

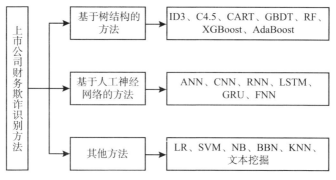

图1.3 上市公司财务欺诈识别方法类型

1.2.3.1　基于树结构的人工智能方法

表 1.5 总结了上市公司财务欺诈识别中采用基于树结构人工智能方法的研究文献。可以看出，早期研究主要使用经典的决策树模型，例如，ID3、C4.5、C5.0 和 CART 等。随着集成方法的提出，RF 也得到了广泛应用。AdaBoost 算法作为提升树的典型代表，亦受到关注。近期，梯度提升技术在提升树的设计中获得突破性进展，XGBoost 算法也获得了应用。

表 1.5　　　　　　　　　　现有研究使用树结构模型情况

树结构模型		文献出处	频次
DT	CART	［10］［49］	2
	ID3	［36］［37］［44］	3
	C4.5	［34］［41］［42］［48］［49］［52］［57］	7
	C5.0	［37］	1
RF		［49］［54］［57］［59］	4
AdaBoost		［49］	1
XGBoost		［54］	1

1.2.3.2　基于人工神经网络的人工智能方法

在上市公司财务欺诈识别领域中，人工神经网络备受关注。表 1.6 总结了现有研究中使用人工神经网络结构的模型情况。可以看出，经典的 ANN 模型获得了广泛的应用，而在此基础上衍生出的 PNN 和 FNN 模型亦有一定的应用。深度学习技术的兴起是人工神经网络领域的突破性事件，随着深度学习技术的成熟与普及，必将有越来越多的研究使用 DNN 模型。

表 1.6 现有研究使用人工神经网络结构模型情况

模型	文献出处	频次
ANN	［9］［10］［27］［28］［29］［31］［34］［35］［36］［37］［41］［44］ ［48］［49］［51］［52］［54］［57］［59］	19
DNN	［54］［58］［59］	3
PNN	［9］［38］	2
FNN	［33］	1

1.2.3.3 其他的人工智能方法

表 1.7 总结了上市公司财务欺诈识别应用中，使用除树结构模型和人工神经网络结构模型外的人工智能模型情况。可以看出，LR 模型和 SVM 模型是另外两类流行的模型。而从概率的视角探究欺诈识别问题，亦是研究热点，例如，NB、BBN 和 Probit 回归等。利用进化计算（如 GA、GP）和群智能（如 PSO）设计优化策略亦受到重视。此外，随着自然语言处理（natural language processing，NLP）技术进步，文本挖掘技术在上市公司财务欺诈识别中亦逐渐获得重视，TF-IDF、BOW 和 Word2Vec 等文本特征提取技术逐渐被采用。

表 1.7 现有研究使用其他人工智能模型情况

序号	模型	文献出处	频次
1	LR	［9］［10］［26］［27］［29］［31］［32］［33］［34］［35］［37］［38］ ［41］［42］［44］［45］［47］［49］［51］［52］［54］［55］［56］ ［57］［58］［59］	26
2	SVM	［9］［34］［38］［39］［40］［41］［42］［44］［46］［47］［48］［49］ ［50］［51］［52］［53］［54］［56］［57］［59］	20
3	BBN	［34］［36］［44］［47］［48］［49］	6
4	NB	［42］［44］［45］［48］［49］	5
5	KNN	［34］［45］［52］［57］	4

续表

序号	模型	文献出处	频次
6	LiDA	[29] [35] [38] [57]	4
7	Probit 回归	[30] [38] [43] [53]	4
8	TF-IDF	[40] [50] [51] [52]	4
9	BOW	[46] [59]	2
10	LDA	[51] [55]	2
11	GA	[35]	1
12	GP	[9]	1
13	PSO	[35]	1
14	QDA	[29]	1
15	Word2Vec	[54]	1

国内在上市公司财务欺诈识别领域的研究起步较晚，下面分别针对结构化数据和非结构化数据的研究加以述评。

利用结构化数据并基于人工智能算法进行上市公司财务欺诈识别方面的研究，国内已经有一定数量的研究成果。蔡志岳和吴世农[62]以2001~2005年的192家被认定为信息披露舞弊的A股上市公司及相应的192家配对公司为样本，基于财务指标和治理指标，分别运用Logistic回归分析和混合BP神经网络构建上市公司信息披露舞弊的预警模型。王克敏和姬美光[63]在财务指标分析的基础上，引入公司治理、投资者保护等因素，综合分析上市公司亏损困境的原因，并比较分析了基于财务、非财务指标及综合指标的预测模型的有效性。张根明和向晓骥[64]引入小样本学习的SVM算法，建立了上市公司财务预警模型，通过与神经网络模型的比较，证实了该方法用于财务预警的有效性及优越性。谯虹和贺昌政[65]以我国证券市场涉及利润和资产造假的30家上市公司作为研究样本，利用GMDH模型对我国上市公司虚假财务报告进行识别。研究得到了可以显示财务造假征兆的5个关键异动指标，且通过其中 2 个指标，可以很好地识别那些以虚减利润和收入的造假方式，为管理层输送利益的上市公司。蒙肖莲等[66]论证了 PNN 算法在构建欺诈性财务报告识别模型方面的有效性，重点探讨了 PNN 模型变量的选择及平滑参数的确定问题，同时将所提出模型的性能和 ANN、logit 回归模型的性能进行了比较。庞清乐和刘新允[67]将 ANN 模型的结构和参数进行编码，利用蚁群算法确定 ANN 模型的结构和参数，然后通过评价函数得到 ANN 的最佳结构，最后通过 BP 算法训练该 ANN 网络，得到基于 ANN 的财务危机预警模型。梁琪等[68]引入截面数据的随机效应 Logistic 模型，并对 2005～2010 年我国沪深两市中小上市企业的财务失败风险进行实证检验。其研究表明，随机效应 Logistic 模型相比 Logistic 模型具有更高的样本内判别效果和样本外预测效果，而且在财务指标基础上加入公司治理指标能进一步提升模型的预警能力。谢赤等[69]首先构建一个基于企业内部环境、宏观经济政策、货币政策及财政政策等因素的 CFaR 模型，识别出期望现金流及风险现金流，然后以这两个指标作为预警变量，构建一个二元 Logistic 财务困境预警模型。张亮等[70]在 SVM 和 Logistic 回归的数据挖掘模型基础上建立基于信息融合的公司财务预警模型，提高了财务预警准确率，并且保留了原数据挖掘方法在分类预测上的优势。李扬等[71]应用加权 L1 正则化支持向量机（w-L1SVM）构建一个可以处理不平衡数据的财务预警模型，该模型通过对两类样本的损失函数进行加权处理，有效地解决了样本不平衡性带来的预测精度问题，此外，该模型通过引入 Lasso 惩罚，使得模型在训练的过程中可以直接进行特征选择。王小燕和袁欣[72]引入 COX 模型，并加入惩罚组变量选择 CMCP 方法，对具有分组结构的财务指标进行筛选。该研究根据实际的财务危机数据特征设置模拟实验，并将 CMCP-COX 模型与 Lasso-COX 模型、逐步 COX 模型、COX 模型和逐步 Logistic 相比，其研究结果表明在不同的自变量相关性下 CMCP-COX 模型的指标筛选和预测效果均更优。杨贵军等[73]运用 Benford 律检验财务数据质量，构造 Benford 因子，将其与财务指标变量相结合建立财务风险预警

Benford-Logistic 模型，以 2000 ~ 2017 年中国 A 股上市公司为样本，利用 Lasso 方法对解释变量进行筛选，确定最优模型，验证增加 Benford 因子能否提高 Logistic 模型的预测准确性。其研究发现，Benford 因子能够反映企业财务数据质量，与公司是否 ST 存在一定的相关性，增加 Benford 因子可以提高财务风险预警 Logistic 模型的预测正确率。侯旭华和彭娟[74]依据四家专业互联网保险公司 2017 年报表数据，基于熵值法和功效系数法，考量互联网保险公司财务风险预警。王昱和杨珊珊[75]从经营效率、财务效率、融资效率和人力资本效率这四个维度分别提出相对应的投入产出指标体系，并采用数据包络分析对上市公司各个维度的相对有效性进行评价。在此基础上，将得到的多维效率指标与财务指标相融合，建立上市公司财务困境预警模型。袁先智等[76]从金融科技大数据出发，以人工智能的吉布斯随机搜索算法为工具，在大数据框架下建立了针对公司财务欺诈风险的特征因子筛选的一般处理方法与特征提取推断原理，并结合上市公司的财务报表数据进行实证分析，结合从 2017 年 1 月 ~ 2018 年 12 月中国证监会对上市公司财务报表信息披露违规的数据样本，筛选出刻画财务欺诈的特征因子并进行了验证测试，支持财务欺诈的识别。杨贵军等[77]利用 Benford 定律和 Myer 指数两种数据质量评估方法，构建 Benford 和 Myer 质量因子，引入 BP 神经网络模型，构造 BM-BP 神经网络财务风险预警模型。并进一步利用 2000 ~ 2019 年中国 A 股上市公司数据，评价数据质量因子对财务风险预警模型预测准确性的影响，分析新模型预测准确性的稳定性。

利用非结构化数据并基于人工智能算法的上市公司财务欺诈识别方面，国内的研究成果相对较少。肖毅等[78]基于 TEI@I 方法论的理论框架，集成文本挖掘和深度学习构建企业财务风险预警模型。胡楠等[79]基于高层梯队理论和社会心理学中的时间导向理论，提出了管理者内在的短视主义特质与企业资本支出和研发支出的关系，并采用文本分析和机器学习技术构建出管理者短视主义指标并据此完成实证检验。徐凯等[80]运用计算机领域的自然语言处理技术，以 2016～2020 年沪深 A 股上市公司年报中的 MD&A 文本信息为基础，构建 Logistic 财务危机预警模型，研究了 MD&A 文本积极信息与文本信息可读性对企业财务危机的预警作用。谭建华和王雄元[81]以 2007～2019 年 A 股上市公司为研究样本，采用文本分析法识别年报非财务信息的"距离""难度""情感"等可视化信息，探讨上市公司在违规后对年报文本信息的操纵行为。陈朝焰等[82]以结构化的财报数据和非结构化的新闻文本数据为对象，在结构化数据特征中融入新闻文本的主题特征、观点特征、情绪特征和欺诈特征，然后提取时序信息，并基于树结构的方法实现上市公司财务欺诈预警。

综上所述，国内外的研究中，通常将非结构化文本数据作为对结构化数据的有效补充，这有利于提升上市公司财务欺诈的预警性能。一方面，现有研究中，结构化数据通常采用"企业－年度"或"企业－季度"数据，时间维的信息没有加以利用；另一方面，所采用的文本数据大多来自财报数据或年报数据，其发布时间存在一定的滞后性，而时效性很强的财经新闻文本鲜有研究。鉴于此，本书在结构化的指标数据中融合了时间维信息，且在非结构化数据中融入财经新闻文本特征，并以人工智能算法为基础构建财务欺诈识别新方法，为研究上市公司财务欺诈行为的识别方法提供新思路。

1.3　本书的研究内容和创新点

1.3.1　主要研究内容

本书旨在利用蓬勃发展的人工智能技术，开展上市公司财务欺诈识别新方法研究，其主要研究内容有如下几个方面：

1.3.1.1 两阶段上市公司财务欺诈识别框架

该部分研究从三个方面展开：第一，两阶段上市公司财务欺诈识别总体处理框架。首先，给出总体框架的数学描述，然后，利用人工智能的方法进行近似实现。第二，第一阶段处理。基于 ChiMerge 算法，采用卡方阈值，实现财务指标的特征映射，并利用证据权重（WOE）和信息值（IV）构建特征映射的自适应终止准则。第三，第二阶段处理。在第一阶段特征映射输出的离散特征基础上，利用人工智能算法，进行二次特征映射，得到高层次的低维特征，并据此完成上市公司财务欺诈的识别。

1.3.1.2 基于树结构人工智能算法的上市公司财务欺诈识别

该部分研究从三个方面展开：第一，财务指标与非财务指标数据预处理。首先为降低数据的维度，对上市公司财报数据库中的财务指标与非财务指标进行筛选，然后再进行数据预处理与特征变换。第二，财经新闻文本特征提取。对爬取的财经新闻文本，首先进行文本去重、文本分词和删除停用词等预处理，然后通过隐性狄利克雷分布（LDA）提取文本的主题特征，并通过情感词典的方法提取观点特征和情绪特征。最后，构造欺诈特征词典，提取财务欺诈特征。第三，融合新闻文本和时序信息的智能欺诈识别模型构建。首先，对结构化指标和非结构化指标进行数据集成，构造不同的特征组合。其次，挑选三种典型的树集成方法：随机森林、AdaBoost 和 XGBoost 构建智能财务欺诈识别模型，并利用 CART 作为基准模型进行性能比对。最后，对各种特征组合性能指标之差的置信区间进行检验，并形成相应结论。

1.3.1.3 基于深度神经网络算法的上市公司财务欺诈识别

该部分研究从三个方面展开：第一，时序信息提取。首先，对数据库中的财务指标进行挑选；其次，进行时序信息提取，并对其进行特征变换。第二，基于深度神经网络的公司财务欺诈识别框架。基于经典的 CNN、LSTM 和 GRU 等深度学习算法，为上市公司财务欺诈的智能识别提供深度神经网络方案。第三，时序信息效果检验与深度神经网络性能分析。首先，对引入时序信息前后的欺诈识别效果进行比对；其次，对三种经典的深度神经网络算法进行组合：CNN-LSTM、CNN-GRU、LSTM-CNN 和 GRU-CNN 等，并对三种算法及其组合的欺诈识别性能进行对比分析，为财务欺诈的智能识别提供可选的解决方案，并形成相应结论。

1.3.1.4 "时域－财务指标"二维联合域公司财务欺诈识别方法

该部分研究从三个方面展开：第一，"时域－财务指标域"二维联合域建模。将各财务指标的时间维信息放入二维矩阵，实现时域和财务指标域的联合建模，并对其进行数据预处理，以满足后续处理的需求。第二，建立二维联合域处理的公司财务欺诈识别框架。首先，利用 ChiMerge 算法实现特征映射，将指标数据转换成后续模型更容易处理的形式。其次，利用深度神经网络完成"时域－财务指标域"的二维联合域处理，并据此完成上市公司的财务欺诈识别。第三，实验结果分析。重点验证累积的季度时间点数目对识别性能的影响，首先，以方差分析（ANOVA）为工具，分析准确率、精准率、召回率和 F1 分数等指标在时间维的变异性。其次，分析时间维的累积效应，并形成相应结论。

1.3.2 研究创新点

本书创新点如下：

（1）分析了上市公司财务欺诈识别性能存在的时间累积效应，揭示了中国金融市场的有效积累边界。通过实验发现，3 年期也即 12 个季度的处理间隔，是识别中国上市公司财务欺诈行为的时域有效积累边界，使用 12 个季度的数据便可以完成上市公司财务欺诈识别任务。

（2）提出了两阶段上市公司财务欺诈识别框架。本书基于人工智能算法构建两阶段上市公司财务欺诈识别框架：第一阶段利用 ChiMerge 算法实现初次特征映射，第二阶段利用人工智能算法进行二次特征映射。该两阶段框架为准确识别上市公司的财务欺诈问题提供有力的方法支撑。

（3）建立了"时域－财务指标域"二维联合处理模型。打破了目前国内外学术界在使用"企业－年度"数据时没有考虑时间维信息的局限，首次实现对时间维财务指标的累积处理，为上市公司财务欺诈识别提供更完善的理论模型和实践模型。

（4）提取非结构化的财经新闻文本数据特征，验证了非结构化数据可作为结构化的财务指标与非财务指标的有益补充。一方面，通过隐性狄利克雷分布模型有效提取财经新闻文本的主题特征；另一方面，通过构建中文财务欺诈识别相关的观点、情绪与欺诈特征词典，统计各新闻文本中的特征词频。将主题、观点、情绪与欺诈特征与结构化的财务指标与非财务指标进行结合，以提高财务欺诈识别性能。

（5）构建了基于树结构的上市公司财务欺诈识别模型。对比分析了常见的树结构算法，例如，CART、RF、AdaBoost、XGBoost 等。研究发现，基于集成的方法（如随机森林等）和基于提升的方法（如 AdaBoost、XGBoost等），是构建上市公司财务欺诈识别人工智能算法的有效途径之一。

（6）构建了基于人工神经网络的上市公司财务欺诈识别模型。采用深度神经网络，例如，CNN、LSTM 和 GRU 等，能以较高的精度实现上市公司财务欺诈识别，是构建上市公司财务欺诈识别人工智能算法的另一有效途径。

1.4　本书的结构

本书的章节结构如图 1.4 所示。从图中可以看出，第 2 章是全书的共同基础。第 3 章以第 2 章为基础建立，而第 2 章和第 3 章则是后续第 4 章 ~ 第 6 章的基础。

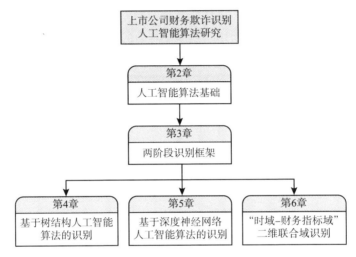

图 1.4　本书章节结构安排

本章参考文献

［1］汕头市金融工作局. 新《证券法》全文及修订要点［EB/OL］. 2020 – 04 – 26，https：//www. shantou. gov. cn/stsjrgzj/gkmlpt/content/1/1745/post_17 45321. html？eqid = fb1a24f30006eff80000000464646b6b#3740.

［2］郦金梁，吴谣，雷曜，等. 有效预警公司违规的递延所得税异动指标和人工智能模型［J］. 金融研究，2020（8）：149 – 168.

［3］Ngai E，Hu Y，Wong Y，et al. The application of data mining techniques in financial fraud detection：A classification framework and an academic review of literature［J］. Decision Support Systems，2011，50（3）：559 – 569.

［4］West J，Bhattacharya M. Intelligent financial fraud detection：A comprehensive review［J］. Computers & Security，2016（57）：47 – 66.

［5］ Al-Hashedi K, Magalingam P. Financial fraud detection applying data mining techniques: A comprehensive review from 2009 to 2019 ［J］. Computer Science Review, 2021（40）: 100402.

［6］ Razaee Z, Riley R. Financial Statement Fraud: Prevention and Detection ［M］. 2nd. John Wiley and Sons, Inc. , Hoboken, New Jersey, 2010.

［7］ Zack G M. Financial Statement Fraud: Strategies for Detection and Investigation ［M］. John Wiley & Sons, Inc. , Hoboken, New Jersey, 2013.

［8］ Cressey D R. Other People's Money: A Study in the Social Psychology of Embezzlement ［M］. California: Wadsworth, 1953.

［9］ Ravisankar P, Ravi V, Rao G R, et al. Detection of financial statement fraud and feature selection using data mining techniques ［J］. Decision Support Systems, 2011, 50（2）: 491 – 500.

［10］ Lin C C, Chiu A A, Huang S Y, et al. Detecting the financial statement fraud: The analysis of the differences between data mining techniques and experts' judgments ［J］. Knowledge-Based Systems, 2015, 89: 459 – 470.

［11］ Huang S Y, Lin C C, Chiu A A, et al. Fraud detection using fraud triangle risk factors ［J］. Information Systems Frontiers, 2017, 19: 1343 – 1356.

［12］ Klein B, Leffler K B. The role of market forces in assuring contractual performance ［J］. Journal of Political Economy, 1981, 89（4）: 615 – 641.

［13］ Karpoff J M. The future of financial fraud ［J］. Journal of Corporate Finance, 2021, 66: 101694.

［14］ Bologna G J, Lindquist R J, Wells J T. The Accountant's Handbook of Fraud and Commercial Crime ［M］. Wiley, New York, NY, 1993.

［15］ Xu X, Xiong F, An Z. Using machine learning to predict corporate fraud: Evidence based on the gone framework ［J］. Journal of Business Ethics, 2022: 1 – 22.

［16］Apostolou B A，Hassell J M，Webber S A，et al. The relative importance of management fraud risk factors ［J］. Behavioral Research in Accounting，2001，13（1）：1 – 24.

［17］Apostolou B，Hassell J M. An empirical examination of the sensitivity of the analytic hierarchy process to departures from recommended consistency ratios ［J］. Mathematical and Computer Modelling，1993，17（4 – 5）：163 – 170.

［18］Wolfe D T，Hermanson D R. The fraud diamond：Considering the four elements of fraud ［J］. The CPA Journal，2004，74（2），38 – 42.

［19］Marks J. Playing offence in a high-risk environment ［EB/OL］. http：// internalaudits. duke. edu/documentsarticles_archive/PlayingOffenseWhitePaper4_09，2009.

［20］Zhou W，Kapoor G. Detecting evolutionary financial statement fraud ［J］. Decision Support Systems，2011，50（3）：570 – 575.

［21］韦琳，徐立文，刘佳. 上市公司财务报告舞弊的识别：基于三角形理论的实证研究 ［J］. 审计研究，2011，160（2）：98 – 106.

［22］谢小莹，孙燕东. 基于舞弊三角形理论的会计舞弊影响因素研究 ［J］. 财会通讯，2014，647（27）：3 – 7，129.

［23］张竹怡. 基于舞弊三角形理论的财务报表舞弊识别的实证研究 ［J］. 纳税，2019，13（30）：41 – 43.

［24］Dellaportas S. Conversations with inmate accountants：Motivation，opportunity and the fraud triangle ［J］. Accounting Forum，2013，37（1）：29 – 39.

［25］Lokanan M E. Challenges to the fraud triangle：Questions on its usefulness ［J］. Accounting Forum，2015，39（3）：201 – 224.

［26］Persons O S. Using financial statement data to identify factors associated with fraudulent financial reporting ［J］. Journal of Applied Business Research

（JABR），1995，11（3）：38 - 46.

[27] Kwon T M, Feroz E H. A multilayered perceptron approach to predic-tion of the SEC's investigation targets [J]. IEEE Transactions on Neural Networks, 1996, 7 (5): 1286 - 1290.

[28] Green B P, Choi J H. Assessing the risk of management fraud through neural network technology [J]. Auditing, 1997, 16: 14 - 28.

[29] Fanning K M, Cogger K O. Neural network detection of management fraud using published financial data [J]. Intelligent Systems in Accounting, Finance & Management, 1998, 7 (1): 21 - 41.

[30] Beneish M D. The detection of earnings manipulation [J]. Financial Analysts Journal, 1999, 55 (5): 24 - 36.

[31] Feroz E H, Kwon T M, Pastena V S, et al. The efficacy of red flags in predicting the SEC's targets: An artificial neural networks approach [J]. Intelligent Systems in Accounting, Finance & Management, 2000, 9 (3): 145 - 157.

[32] Spathis C T. Detecting false financial statements using published data: some evidence from Greece [J]. Managerial Auditing Journal, 2002, 17 (4): 179 - 191.

[33] Lin J W, Hwang M I, Becker J D. A fuzzy neural network for assessing the risk of fraudulent financial reporting [J]. Managerial Auditing Journal, 2003, 18 (8): 657 - 665.

[34] Kotsiantis S, Koumanakos E, Tzelepis D, et al. Forecasting fraudulent financial statements using data mining [J]. International Journal of Computational Intelligence, 2006, 3 (2): 104 - 110.

[35] Ko P C, Lin P C. An evolution-based approach with modularized evalu-ations to forecast financial distress [J]. Knowledge-Based Systems, 2006, 19 (1): 84 - 91.

［36］Kirkos E, Spathis C, Manolopoulos Y. Data mining techniques for the detection of fraudulent financial statements ［J］. Expert Systems with Applications, 2007, 32 (4): 995 – 1003.

［37］Liou F M. Fraudulent financial reporting detection and business failure prediction models: A comparison ［J］. Managerial Auditing Journal, 2008, 23 (7): 650 – 662.

［38］Öğüt H, Aktaş R, Alp A, et al. Prediction of financial information manipulation by using support vector machine and probabilistic neural network ［J］. Expert Systems with Applications, 2009, 36 (3): 5419 – 5423.

［39］Cecchini M, Aytug H, Koehler G J, et al. Detecting management fraud in public companies ［J］. Management Science, 2010, 56 (7): 1146 – 1160.

［40］Cecchini M, Aytug H, Koehler G J, et al. Making words work: Using financial text as a predictor of financial events ［J］. Decision Support Systems, 2010, 50 (1): 164 – 175.

［41］Perols J. Financial statement fraud detection: An analysis of statistical and machine learning algorithms ［J］. Auditing: A Journal of Practice & Theory, 2011, 30 (2): 19 – 50.

［42］Humpherys S L, Moffitt K C, Burns M B, et al. Identification of fraudulent financial statements using linguistic credibility analysis ［J］. Decision Support Systems, 2011, 50 (3): 585 – 594.

［43］Dechow P M, Ge W, Larson C R, et al. Predicting material accounting misstatements ［J］. Contemporary Accounting Research, 2011, 28 (1): 17 – 82.

［44］Abbasi A, Albrecht C, Vance A, et al. Metafraud: A meta-learning framework for detecting financial fraud ［J］. Mis Quarterly, 2012: 1293 – 1327.

［45］ Throckmorton C S, Mayew W J, Venkatachalam M, et al. Financial fraud detection using vocal, linguistic and financial cues ［J］. Decision Support Systems, 2015, 74: 78 – 87.

［46］ Purda L, Skillicorn D. Accounting variables, deception, and a bag of words: Assessing the tools of fraud detection ［J］. Contemporary Accounting Research, 2015, 32 (3): 1193 – 1223.

［47］ Kim Y J, Baik B, Cho S. Detecting financial misstatements with fraud intention using multi-class cost-sensitive learning ［J］. Expert Systems with Applications, 2016, 62: 32 – 43.

［48］ Dutta I, Dutta S, Raahemi B. Detecting financial restatements using data mining techniques ［J］. Expert Systems with Applications, 2017, 90: 374 – 393.

［49］ Hajek P, Henriques R. Mining corporate annual reports for intelligent detection of financial statement fraud—A comparative study of machine learning methods ［J］. Knowledge-Based Systems, 2017, 128: 139 – 152.

［50］ Chen Y J, Wu C H, Chen Y M, et al. Enhancement of fraud detection for narratives in annual reports ［J］. International Journal of Accounting Information Systems, 2017, 26: 32 – 45.

［51］ Dong W, Liao S, Zhang Z. Leveraging financial social media data for corporate fraud detection ［J］. Journal of Management Information Systems, 2018, 35 (2): 461 – 487.

［52］ Chen Y J, Liou W C, Chen Y M, et al. Fraud detection for financial statements of business groups ［J］. International Journal of Accounting Information Systems, 2019, 32: 1 – 23.

［53］ Bao Y, Ke B, Li B, et al. Detecting accounting fraud in publicly traded US firms using a machine learning approach ［J］. Journal of Accounting Research, 2020, 58 (1): 199 – 235.

[54] Craja P, Kim A, Lessmann S. Deep learning for detecting financial statement fraud [J]. Decision Support Systems, 2020, 139: 113421.

[55] Brown N C, Crowley R M, Elliott W B. What are you saying? Using topic to detect financial misreporting [J]. Journal of Accounting Research, 2020, 58 (1): 237 – 291.

[56] Khan A T, Cao X, Li S, et al. Fraud detection in publicly traded US firmsusing Beetle Antennae Search: A machine learning approach [J]. Expert Systems with Applications, 2022, 191: 116148.

[57] Papík M, Papíková L. Detecting accounting fraud in companies reporting under US GAAP through data mining [J]. International Journal of Accounting Information Systems, 2022, 45: 100559.

[58] Chen Z Y, Han D. Detecting corporate financial fraud via two-stage mapping in joint temporal and financial feature domain [J]. Expert Systems with Applications, 2023, 217: 119559.

[59] Wang G, Ma J, Chen G. Attentive statement fraud detection: Distinguishing multimodal financial data with fine-grained attention [J]. Decision Support Systems, 2023, 167: 113913.

[60] Hobson J L, Mayew W J, Venkatachalam M. Analyzing speech to detect financial misreporting [J]. Journal of Accounting Research, 2012, 50 (2): 349 – 392.

[61] Larcker D F, Zakolyukina A A. Detecting deceptive discussions in conference calls [J]. Journal of Accounting Research, 2012, 50 (2): 495 – 540.

[62] 蔡志岳, 吴世农. 基于公司治理的信息披露舞弊预警研究 [J]. 管理科学, 2006 (4): 79 – 90.

[63] 王克敏, 姬美光. 基于财务与非财务指标的亏损公司财务预警研

究：以公司 ST 为例 [J]. 财经研究，2006 (7)：63 - 72.

[64] 张根明，向晓骥. 基于支持向量机的上市公司财务预警模型研究 [J]. 科技管理研究，2007, 170 (4)：234 - 235, 242.

[65] 谯虹，贺昌政. 我国上市公司虚假财务报告的 GMDH 识别模型 [J]. 软科学，2007, 91 (1)：45 - 48.

[66] 蒙肖莲，李金林，杨毓. 基于概率神经网络的欺诈性财务报告的识别研究 [J]. 数理统计与管理，2009, 28 (1)：36 - 45.

[67] 庞清乐，刘新允. 基于蚁群神经网络的财务危机预警方法 [J]. 数理统计与管理，2011, 30 (3)：554 - 561.

[68] 梁琪，过新伟，石宁. 基于随机效应 Logistic 模型的中小企业财务失败预警研究 [J]. 管理工程学报，2014, 28 (3)：126 - 134.

[69] 谢赤，赵亦军，李为章. 基于 CFaR 模型与 Logistic 回归的财务困境预警研究 [J]. 财经理论与实践，2014, 35 (1)：57 - 62.

[70] 张亮，张玲玲，陈懿冰，等. 基于信息融合的数据挖掘方法在公司财务预警中的应用 [J]. 中国管理科学，2015, 23 (10)：170 - 176.

[71] 李扬，李竟翔，马双鸽. 不平衡数据的企业财务预警模型研究 [J]. 数理统计与管理，2016, 35 (5)：893 - 906.

[72] 王小燕，袁欣. 基于惩罚组变量选择的 COX 财务危机预警模型 [J]. 系统工程，2018, 36 (3)：113 - 121.

[73] 杨贵军，周亚梦，孙玲莉. 基于 Benford-Logistic 模型的企业财务风险预警方法 [J]. 数量经济技术经济研究，2019, 36 (10)：149 - 165.

[74] 侯旭华，彭娟. 基于熵值法和功效系数法的互联网保险公司财务风险预警研究 [J]. 财经理论与实践，2019, 40 (5)：40 - 46.

[75] 王昱，杨珊珊. 考虑多维效率的上市公司财务困境预警研究 [J]. 中国管理科学，2021, 29 (2)：32 - 41.

[76] 袁先智，周云鹏，严诚幸，等. 财务欺诈风险特征筛选框架的建立

和应用 [J]. 中国管理科学, 2022, 30 (3): 43－54.

[77] 杨贵军, 杜飞, 贾晓磊. 基于首末位质量因子的 BP 神经网络财务风险预警模型 [J]. 统计与决策, 2022, 38 (3): 166－171.

[78] 肖毅, 熊凯伦, 张希. 基于 TEI@I 方法论的企业财务风险预警模型研究 [J]. 管理评论, 2020, 32 (7): 226－235.

[79] 胡楠, 薛付婧, 王昊楠. 管理者短视主义影响企业长期投资吗?: 基于文本分析和机器学习 [J]. 管理世界, 2021, 37 (5): 139－156, 11, 19－21.

[80] 徐凯, 李东阳, 江宇. 基于 MD&A 文本分析的上市公司财务危机预警研究 [J]. 会计之友, 2022, 689 (17): 88－95.

[81] 谭建华, 王雄元. 上市公司违规与年报文本信息操纵 [J]. 中国软科学, 2022, 375 (3): 99－111.

[82] 陈朝焰, 韩冬梅, 吴馨一. 融合新闻文本和时序信息的上市公司财务欺诈预警 [J]. 财会月刊, 2023, 44 (12): 30－39.

第2章

人工智能算法基础

2.1 引　言

人工智能算法范畴较广，包含各类搜索算法、计算智能算法、机器学习算法和深度学习算法（深度神经网络）等。图2.1给出了上市公司财务欺诈识别的人工智能方案，其中，$f(\cdot)$ 表示基于数据驱动的人工智能算法模型。可以看出，本部分仅涉及基于树结构的机器学习算法和基于深度神经网络的深度学习算法，而逻辑回归算法作为基准算法，用于性能比对，也一并引入。此外，在进行欺诈识别之前，一项非常重要的工作是进行特征映射，为此，引入基于 ChiMerge 的特征映射方法。

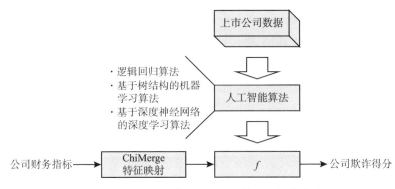

图 2.1　上市公司财务欺诈识别的人工智能方案

2.2　ChiMerge 特征映射

通过国泰安（CSMAR）金融数据库获取上市公司的财务指标数据与非财务指标数据后，即可对其进行特征变换，使其更加适合于后续的深度学习模型。此处的特征变换采用 ChiMerge 算法[1]，近年来该算法在特征工程领域获得了广泛的应用[2,3]。下面首先介绍卡方分布与卡方检验，然后引入 ChiMerge 算法和 Chi2 算法，最后引入 ChiMerge 算法的自适应终止准则。

2.2.1　卡方分布与卡方检验

2.2.1.1　卡方分布

上市公司财务欺诈识别是典型的有监督的分类问题，主要涉及分类数据。对分类数据进行统计分析主要利用卡方分布。卡方分布（χ^2-distribution，chi-squared distribution）是概率论中常见的概率分布，亦是统计推断中获得广泛应用的概率分布之一。卡方分布可用于测定两个分类变量之间的相关联程度，其以一种很简单的方式和正态分布产生联系：若 Z_1，Z_2，$\cdots$，Z_n 为一组独立同服从标准正态分布的 n 个随机变量，其平方和为：

$$X = \sum_{i=1}^{n} Z_i^2 \tag{2-1}$$

则 X 服从自由度为 n 的卡方分布，记作：

$$X \sim \chi^2(n) \tag{2-2}$$

或记作：

$$X \sim \chi_n^2 \tag{2-3}$$

这里自由度是指：当以样本的统计量来估计总体的参数时，样本中独立或能自由变化的统计量的个数。

卡方分布的概率密度函数（probability density function，PDF）为：

$$f(x, n) = \begin{cases} \dfrac{1}{2^{n/2} \Gamma(n/2)} x^{n/2-1} e^{-x/2}, & x > 0 \\ 0, & \text{其他} \end{cases} \tag{2-4}$$

式中，$\Gamma(\cdot)$ 为伽马函数（Gamma 函数），也叫欧拉第二积分，是阶乘函数在实数与复数上扩展的一类函数。在实数域上伽马函数定义为：

$$\Gamma(\alpha) = \int_0^{+\infty} t^{\alpha-1} e^{-t} \mathrm{d}t, \quad \alpha > 0 \tag{2-5}$$

伽马函数具有如下简单性质：

（1）$\Gamma(k) = (k-1)(k-2)\cdots(1)\Gamma(1)$，$k$ 为一正整数；

（2）$\Gamma(k) = (k-1)!$，k 为一正整数；

（3）$\Gamma(1) = 1$；

（4）$\Gamma(1/2) = \sqrt{\pi}$。

图 2.2 给出了自由度为 1、4、10 和 20 时，X 的概率密度函数。可以看出卡方密度函数的支撑集（即使得密度函数为正的自变量的集合）为 $(0, +\infty)$，且自由度 n 越大，卡方密度曲线越趋于对称，n 越小，曲线越不对称。当 $n = 1, 2$ 时，曲线是单调下降趋于 0 的；当 $n \geq 3$ 时曲线有单峰，从 0 开始先单

调上升，在一定位置达到峰值，然后再单调下降趋向于 0。

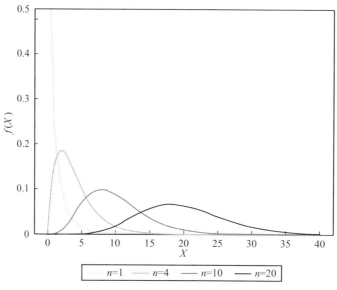

图 2. 2　卡方概率密度函数

卡方分布的累积分布函数（cumulative distribution function, CDF）为：

$$F(x, n) = \begin{cases} \dfrac{1}{\Gamma(n/2)} \gamma\left(\dfrac{x}{2}, \dfrac{n}{2} \right), & x > 0 \\ 0, \ 其他 \end{cases} \quad (2-6)$$

式中，$\gamma(x, n)$ 为不完全伽马函数。图 2.3 给出了自由度为 1、4、10 和 20 时，X 的累积分布函数。

卡方分布是伽马分布的一个特例，其熵为：

$$H = \int_{-\infty}^{+\infty} f(x, n) \ln[f(x, n)] dx = \frac{n}{2} + \ln\left[2\Gamma\left(\frac{n}{2} \right) \right] + \left(1 - \frac{n}{2} \right) \psi\left(\frac{n}{2} \right)$$

$$(2-7)$$

式中，$\psi(z)$ 为 Digamma 函数，且：

$$\psi(z) = \frac{\Gamma'(z)}{\Gamma(z)} \quad (2-8)$$

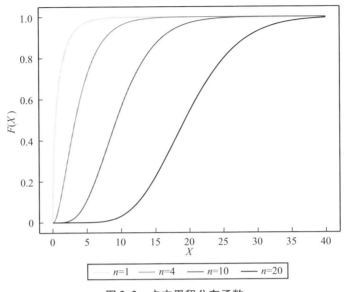

图 2.3 卡方累积分布函数

卡方分布具有如下的简单性质:

(1) 设随机变量 $X \sim \chi_n^2$,则有 $E(X) = n$,$\mathrm{var}(X) = 2n$;

(2) 设 $X_1 \sim \chi_{n_1}^2$,$X_2 \sim \chi_{n_2}^2$,且 X_1 和 X_2 独立,则 $X_1 + X_2 \sim \chi_{n_1+n_2}^2$。

表 2.1 较详细地给出了卡方分布的常用性质。根据检验统计量 X 的卡方分布,可求出 P 值(P-value),用于度量在原假设为真的前提下出现观察样本以及更极端情况的概率。显著性水平 $\alpha = 0.05$,即有 95% 的可信度,通常用作显著和不显著结果之间的分界点。低于所选显著性水平的低 P 值表示统计显著性,即有足够的证据拒绝零假设。

表 2.1 卡方分布的性质

性质	描述
参数	自由度 n
值域	$[0, +\infty)$

性质	描述
概率密度函数（PDF）	$\begin{cases} \dfrac{1}{2^{n/2}\Gamma(n/2)}x^{n/2-1}e^{-x/2}, & x>0 \\ 0, & \text{其他} \end{cases}$
累积分布函数（CDF）	$\begin{cases} \dfrac{1}{\Gamma(n/2)}\gamma(x/2, n/2), & x>0 \\ 0, & \text{其他} \end{cases}$
期望值	n
中位数	$\approx n\left(1-\dfrac{2}{9n}\right)^3$
众数	$\max(n-2, 0)$
方差	$2n$
偏态	$\sqrt{8/n}$
峰态	$12/n$
熵	$\dfrac{n}{2}+\ln\left[2\Gamma\left(\dfrac{n}{2}\right)\right]+\left(1-\dfrac{n}{2}\right)\psi\left(\dfrac{n}{2}\right)$
动差生成函数（MGF）	$(1-2t)^{-\frac{n}{2}},\ t<\dfrac{1}{2}$
特征函数（CF）	$(1-2it)^{-\frac{n}{2}}$

2.2.1.2　卡方检验

上市公司财务欺诈数据是典型的分类数据，对某个属性特征进行统计分析时，通常会考察欺诈的频数，这时可利用卡方检验对各属性特征的欺诈频数进行统计分析。卡方检验可对分类变量之间的独立性进行检验，用于测定两个分类变量之间的相关程度，其根据样本数据推断总体的分布与期望分布是否具有显著性差异，或推断两个分类变量之间是否相关或独立。一般可设原假设为：观察频数与期望频数没有显著差异，或者两个变量相互独立或不相关。

实际应用中，我们先假设原假设成立，计算出卡方的值，用于衡量实际观察值与理论值的差异程度。卡方值的计算公式为：

$$\chi_n^2 = \sum \frac{(A - E)^2}{E} \tag{2-9}$$

式中，A 为实际观察的频数，E 为期望频数。所计算的卡方值 χ_n^2 包含了实际观察值与理论值间偏差的绝对大小，同时还包含了差异程度与理论值的相对大小。根据卡方分布的自由度参数，可确定在原假设成立的情况下获得当前统计量以及更极端情况的概率值。具体应用中，若 $X \sim \chi_n^2$，记 $P(x > c) = \alpha$，则 $c = \chi_n^2(\alpha)$ 称为 χ_n^2 分布的上侧 α 分位数。当 n 和 α 给定时可通过查找数学手册中的卡方分布表求出 $\chi_n^2(\alpha)$ 之值，如 $\chi_1^2(0.05) = 3.841$、$\chi_2^2(0.05) = 5.991$、$\chi_3^2(0.05) = 7.815$ 等。据此可完成卡方检验。

2.2.2　ChiMerge 算法

ChiMerge 算法是一种自下而上的批处理算法，其利用卡方统计量对连续特征进行离散化映射。ChiMerge 算法采用自底向上的特征映射策略，递归地找出最优特征映射。由于特征映射中利用了企业样本的欺诈类别信息，故是一种有监督的映射方法。ChiMerge 算法的关键点在于其由一个初始化步骤和一个自底向上的融合过程组成：

（1）初始化步骤：将每个观测特征值看作是一个独立的模式类型；

（2）自底向上融合：当两个模式类型被认为没有显著区别时，将对这两个模式类型进行融合。

对上市公司财务欺诈行为进行预警为二分类任务，数据集 χ_{diff}、χ_{ratio} 和 χ_{rela} 中的 M 个财务指标，每次仅挑选一个指标，并连同目标类别标签 y 一起加以考虑。此处的分类标签 y 是二元的，也即存在欺诈行为（+）和无欺诈行为（-）两种取值。算法的初始化步骤将每一个观测值赋予特定的模式，然后考虑两个临近的模式 p_1 和 p_2，这时基于零假设 H_0 和备择假设 H_1 可以进行如下的假设检验：

$$H_0：相邻的两个模式来自相同分布$$
$$H_1：相邻的两个模式来自不同分布$$
$$(2-10)$$

表 2.2 给出了模式 p_1 和 p_2 关于类别标签（＋）和（－）的列联表。表 2.2 中，观测频数 A_{ij} 是第 i 个模式匹配第 j 个类别的次数；边缘频率 $R_i = A_{i1} + A_{i2}$ 是属于第 i 个模式的样本个数；边缘频率 $C_j = A_{1j} + A_{2j}$ 是属于第 j 个类别的样本个数；总和 N 为样本的总个数。

表 2.2   **模式 p_1 和模式 p_2 的列联表**

模式	欺诈（＋）	无欺诈（－）	合计
p_1	A_{11}	A_{12}	R_1
p_2	A_{21}	A_{22}	R_2
合计	C_1	C_2	N

有了列联表即可进行卡方统计检验，且其自由度 n 表示列联表中可以自由填充的单元数目。当给定边缘频率 R_i、C_j 以及总和 N 时，自由度 n 可通过下式获得：

$$n = (2-1) \times (2-1) = 1 \quad (2-11)$$

式中，两个数字 2 分别代表所关联的特征数目和类别数目。

为检验假设 H_0，可引入如下测度进行卡方统计检验：

$$\chi^2 = \sum_{i=1}^{2} \sum_{j=1}^{2} \frac{(A_{ij} - E_{ij})^2}{E_{ij}} \quad (2-12)$$

式中，$E_{ij} = \frac{1}{N} R_i C_j$ 是列联表的第 i 行第 j 列单元中的期望频数。需要注意的是，上式中的求和范围需遍历列联表中的所有元素，且各边缘合计的值等于对应的行或列的期望频数的总和。这样，计算得到的 χ^2 值可与自由度为 1 的临界值 $\chi_1^2(\alpha)$ 进行比较，该临界值由显著性水平 α 决定，且可通过查找卡方表获得。例如，假定显著性水平 $\alpha = 0.05$，且 $n = 1$，则 χ^2 的临界值为 $\chi_n^2(\alpha) = \chi_1^2(0.05) = 3.841$。如果 $\chi^2 > 3.841$，则在显著性水平 0.05 下拒绝零假设 H_0，并选择备择假设 H_1；否则，接受零假设 H_0，并将这两个模式融合成一个新模式。

算法 2.1 给出了 ChiMerge 算法的详细实现过程。

算法 2.1   ChiMerge 算法实现过程

ChiMerge 算法：χ^2 表，χ^2 阈值，分类标签
   1   结合分类标签，将数据按序排列
   2   将每个值放入到不同的特征区间
   3   while 特征区间的 χ^2 值小于 χ^2 阈值
   4   计算每一对邻近特征区间的 χ^2 值
   5   将 χ^2 值小的特征区间进行合并
   6   end while

2.2.3   Chi2 算法

Chi2 算法[4,5]基于 χ^2 统计量对属性值与类别之间的关系进行显著性检验。Chi2 算法以 ChiMerge 算法为基础。在很多情况下，为 ChiMerge 算法指定合适的 α 是困难的。为此，Chi2 算法基于训练数据本身计算 α。这样，属性和属性之间具有不同的 α 值，仅仅合并需要合并的特征区间。该算法由两个阶段构成：Phase 1 和 Phase 2，如算法 2.2 所示[5]。

算法 2.2　ChiMerge 算法实现过程

Chi2 算法：
```
Phase 1：            / * att 表示属性 * /
    1        set α = 0.5；
    2        do while( InConCheck( data) < δ) ｝
    3          for each numeric att ｝
    4            Sort( att,data)；/ * 在 att 上排序数据 * /
    5            chi-sq-init( att,data)；/ * 更新数据 * /
    6                do ｝
    7                    chi-sq-calculation( att,data)；
    8                ｝while( Merge( data) ) ｝
    9            α0 = α；
    10           α = decreSigLevel( α)；｝
Phase 2：
    11       set all sigLvl[ i] = α0 for att i；
    12       do until no-att-can-be-merged ｝
    13         for each mergeable att i ｝
    14           Sort( att,data)；/ * 在 att 上排序数据 * /
    15           chi-sq-init( att,data)；/ * 更新数据 * /
    16           do ｝
    17               chi-sq-calculation( att,data)；
    18           ｝while( Merge( data)
    19           if( InConCheck( data) < δ)
    20               sigLvl[ i] = decreSigLevel( sigLvl[ i])；
    21           else att i is not mergeable；｝｝
```

算法 2.2 中，InConCheck(·) 函数用于计算不一致率，其通过如下方式进行：

（1）如果两个样本除标签外是匹配的，则其被认为是不一致的。

（2）对于匹配的样本（除标签外），不一致数等于样本总数减去各类别标签下对应样本数目的最大值。例如，有 n 个匹配样本，其中对应于标签 1、标签 2 的样本数目分别为 n_1、n_2，且 $n = n_1 + n_2$，则不一致数为 $n - \max(n_1, n_2)$。

不一致率等于不一致数的总和除以样本总个数。Chi2 算法中的 Phase 1 可看作是 ChiMerge 算法的扩展。与 ChiMerge 算法中使用预先指定显著性水平 $α$ 不同，Chi2 算法用一个循环将 ChiMerge 过程包含其中，并逐渐提高 χ^2 阈值

（也即逐步减少显著性水平 α）。此时，一致性检验被用作停止准则，以确保特征映射后的数据能准确地代表原始数据。

Phase2 是 Phase 1 过程的精细化。从 Phase 1 确定的显著性水平 $\alpha0$ 开始，每个属性 i 均与函数 sigLvl[i] 相关联，并依次进行合并。每次合并之后均进行一致性检查，当不一致率未超过阈值时，将减小 sigLvl[i] 在下一轮合并中的值。反之，当超过阈值时，属性 i 将被排除在下一轮合并之外。

2.2.4 自适应终止准则

上述 ChiMerge 算法通过固定的 χ^2 阈值构造停止准则，实现简单。为更好地实现特征分箱，Chi2 算法在执行过程中，Phase 1 工作在一个全局显著性水平 α，而 Phase 2 对各个属性均单独使用局部的显著性水平。这种停止准则相比原始的 ChiMerge 算法有所改进。下面引入一种通过证据权重（weight of evidence，WOE）和信息值（information value，IV）进行自适应终止的准则。

WOE 反映的是类概率在给定某一特征值下的类概率的差。该指标从信用评分领域演变而来，其通常被描述为区分好客户和坏客户的衡量标准[6]，坏客户是指拖欠贷款的客户，好客户则指的是按时偿还贷款的客户。本章则将其作为区分有欺诈公司和无欺诈公司的衡量标准。WOE 的计算公式如下：

$$WOE_i = \ln\left(\frac{p_i/p}{n_i/n}\right) = \ln\left(\frac{p_i}{p}\right) - \ln\left(\frac{n_i}{n}\right) \tag{2-13}$$

式中，p_i 和 n_i 分别为第 i 组中正类（有欺诈）和负类（无欺诈）样本的个数，$p = \sum_i p_i$ 和 $n = \sum_i n_i$ 分别为正类和负类样本的总个数。

在特征工程的初期往往会衍生出数量较多的属性特征变量，但是并不能保证这些特征变量对于模型训练来说都很重要。为此，可通过计算 IV 来衡量其重要性。IV 用来表征每个特征变量对目标变量来说有多少信息量，是衡量该特征对模型预测能力的贡献的指标，常用作模型训练前进行特征筛选的参考依据。IV 的计算公式如下：

$$IV_i = \left(\frac{p_i}{p} - \frac{n_i}{n} \right) \times WOE_i \qquad (2-14)$$

因此，IV 可看作是 WOE 的加权和：

$$IV = \sum_i IV_i = \sum_i \left(\frac{p_i}{p} - \frac{n_i}{n} \right) \times WOE_i \qquad (2-15)$$

表 2.3 对 WOE 指标和 IV 指标的计算过程进行了总结。

表 2.3　　　　　　　　　　WOE 和 IV 的计算过程

组	正类个数	负类个数	正类比例	负类比例	WOE	IV
1	p_1	n_1	$\frac{p_1}{p}$	$\frac{n_1}{n}$	$\ln\left(\frac{p_1/p}{n_1/n}\right)$	$\left(\frac{p_1}{p} - \frac{n_1}{n}\right)\ln\left(\frac{p_1/p}{n_1/n}\right)$
2	p_2	n_2	$\frac{p_2}{p}$	$\frac{n_2}{n}$	$\ln\left(\frac{p_2/p}{n_2/n}\right)$	$\left(\frac{p_2}{p} - \frac{n_2}{n}\right)\ln\left(\frac{p_2/p}{n_2/n}\right)$
…	…	…	…	…	…	…
N	p_N	n_N	$\frac{p_N}{p}$	$\frac{n_N}{n}$	$\ln\left(\frac{p_N/p}{n_N/n}\right)$	$\left(\frac{p_N}{p} - \frac{n_N}{n}\right)\ln\left(\frac{p_N/p}{n_N/n}\right)$
总和	p	n	100%	100%		$\sum_i \left(\frac{p_i}{p} - \frac{n_i}{n} \right) \times WOE_i$

IV 指标表征了对应特征的预测能力。不同的 IV 取值区间对应的预测能力如表 2.4 所示。从表 2.4 可以看出，当 IV ≥ 0.5 时，预测能力过于强，以至于不大可能是真实的，为此，需检查数据进行确认或停止进行。

表 2.4　　　　　　　　　IV 指标取值范围与对应的预测能力

IV 范围	预测能力
IV < 0.02	几乎没有
0.02 ≤ IV < 0.1	较弱
0.1 ≤ IV < 0.3	中等
0.3 ≤ IV < 0.5	较强
IV ≥ 0.5	超强，以至于不太可能

将 IV 指标引入 ChiMerge 算法的停止准则中，通过计算特征映射后的 IV 值实现 ChiMerge 特征映射的自适应终止。当 IV ≥ 0.5 时，结束 ChiMerge 算法的迭代过程。上市公司的财务数据经 ChiMerge 特征变换后即可作为机器学习模型或深度学习模型的输入，利用机器学习或深度学习模型完成上市公司财务欺诈的得分估计，并据此实现上市公司财务欺诈风险识别。

2.3　线性回归算法

人工智能算法在可解释性和精确性方面很难两全。图 2.4 给出了几种常见的人工智能算法的模型可解释性与精确性[7]。可以看出，线性回归模型具有比较好的可解释性，但精确性偏低。在复杂系统的分析中，例如，经济管理系统、生物系统等，探究某个变量（因变量）与一个或多个影响因素（自变量）之间的关系时，线性回归模型因其简单和可解释性广受欢迎，在计量生物学和计量经济学中被广泛采用。鉴于线性回归算法是逻辑回归算法的重要基础，本部分加以简单介绍。

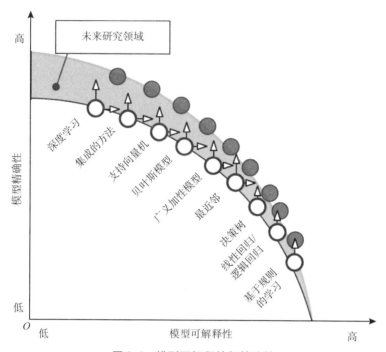

图 2.4 模型可解释性与精确性

假定样本数据 $\boldsymbol{x} = (x_1, \cdots, x_M)^T$ 均有 M 个属性或者特征 $x_1, \cdots, x_M$，其中，$(\cdot)^T$ 表示向量的转置。现欲探讨这 M 个属性与另一属性 y 之间的线性关系，给定含有 L 个样本的数据集 $\mathcal{D} = \{(\boldsymbol{x}_l, y_l)\}_{l=1}^{L} \subset \mathbb{R}^M \times \mathbb{R}$，线性回归的任务是利用线性模型并基于某个特定的准则（或损失函数），获得属性 y 的最优估计 $\hat{y}$。

线性回归中，通常采用具有如下形式的广义线性模型：

$$y = w_0 + w_1 x_1 + \cdots + w_M x_M \qquad (2-16)$$

式中，$w_0, w_1, \cdots, w_M$ 为模型的 M 个参数，估计值 $\hat{y}$ 为输入变量或属性 $x_1, \cdots, x_M$ 的线性组合。用向量形式可描述为：

$$y = \boldsymbol{w}^T \boldsymbol{x} + b \qquad (2-17)$$

式中，$\boldsymbol{w} = (w_1, \cdots, w_M)^T$ 为所要估计的系数，$\boldsymbol{x} = (x_1, \cdots, x_M)^T$ 为样本数

据的 M 个属性，$b = w_0$ 称为截距，$(\cdot)^T$ 表示向量的转置。当获得系数 w 和截距 b 的估计后，所需要的线性回归模型也随即确定。

线性回归通过数据集 $\mathcal{D}$ 中的 L 个训练样本学习模型的参数 w 和 b：

$$\hat{y}_l = \hat{w}^T x_l + \hat{b} \tag{2-18}$$

式中，$\hat{w}$ 和 $\hat{b}$ 为通过训练样本学习得到的参数。为方便后续求梯度起见，通常记 $x_0 = 1$、$w_0 = b$，且将数据集 $\mathcal{D}$ 中 L 个样本表示为具有如下的 L 行 $M + 1$ 列的矩阵形式：

$$X = \begin{bmatrix} 1 & x_1^T \\ 1 & x_2^T \\ \vdots & \vdots \\ 1 & x_L^T \end{bmatrix} = \begin{bmatrix} 1 & x_{11} & \cdots & x_{1M} \\ 1 & x_{21} & \cdots & x_{2M} \\ \vdots & \vdots & & \vdots \\ 1 & x_{L1} & \cdots & x_{LM} \end{bmatrix} \tag{2-19}$$

上述基于 L 个训练样本的学习模型可记为另一种更简洁的形式：

$$\hat{y} = X\hat{w} \tag{2-20}$$

式中，$\hat{y} = (\hat{y}_1, \cdots, \hat{y}_L)^T$ 为因变量列向量或标签列向量，X 为属性矩阵，$\hat{w}$ 为参数向量的估计。然而，模型输出的估计值和真实值之间通常有差别。

鉴于均方误差（mean-square error，MSE）具有很好的几何解释，通常采用 MSE 来度量这种差别。为此，引入误差（或残差）向量：

$$\varepsilon = y - \hat{y} = y - X\hat{w} \tag{2-21}$$

则可基于最小均方误差（minimum mean squared error，MMSE）准则获得参数 w 的最优估计：

$$\hat{w}_{MMSE} = \arg \min_{\hat{w}} \varepsilon^T \varepsilon = \arg \min_{\hat{w}} \| y - X\hat{w} \|^2 \tag{2-22}$$

这种基于 MMSE 准则求解模型参数的方法称为普通最小二乘法（ordinary least squares，OLS），此时得到的参数估计 $\hat{w} = (\hat{w}_0, \hat{w}_1, \cdots, \hat{w}_n)^T$ 被称为普通最小二乘估计量（OLS estimators）。

利用梯度下降法（gradient descent）对上式求梯度可得：

$$\frac{\partial \|\boldsymbol{y} - \boldsymbol{X}\hat{w}\|^2}{\partial \hat{w}} = \frac{\partial \left[(\boldsymbol{y} - \boldsymbol{X}\hat{w})^T (\boldsymbol{y} - \boldsymbol{X}\hat{w}) \right]}{\partial \hat{w}}$$

$$= 2\boldsymbol{X}^T \boldsymbol{X}\hat{w} - 2\boldsymbol{X}^T \boldsymbol{y} \qquad (2-23)$$

令上式为 0，即可获得 $\hat{w}$ 的 OLS 最优解。对于单变量的情形，求解比较简单，但对于多变量的情况，因涉及矩阵 $\boldsymbol{X}^T\boldsymbol{X}$ 的求逆运算，故需对 $\boldsymbol{X}^T\boldsymbol{X}$ 满秩与否加以讨论。

2.2.4.1　矩阵 $\boldsymbol{X}^T\boldsymbol{X}$ 满秩

当矩阵 $\boldsymbol{X}^T\boldsymbol{X}$ 满秩时，令公式（2-23）为 0，即可获得参数向量 $\hat{w}$ 的 OLS 估计：

$$\hat{w}_{OLS} = (\boldsymbol{X}^T\boldsymbol{X})^{-1} \boldsymbol{X}^T y \qquad (2-24)$$

式中，$(\boldsymbol{X}^T\boldsymbol{X})^{-1}$ 为矩阵 $\boldsymbol{X}^T\boldsymbol{X}$ 的逆。此时的决定系数（coefficient of determination）可通过下式计算：

$$R^2 = 1 - \frac{\boldsymbol{\varepsilon}^T \boldsymbol{\varepsilon}}{\sum (y_l - \bar{y})} \qquad (2-25)$$

式中，$\bar{y}$ 为 y 的均值。

图 2.5 给出了单个自变量情况下 40 个点的 OLS 拟合结果，拟合的均方误差为 3309.16，决定系数为 0.42，$\hat{w}_0 = 152.90$，$\hat{w}_1 = 955.44$。从图 2.5 中可以看出，x 和 y 存在一定的线性关系。

对于普通最小二乘的系数估计问题，其高度依赖于模型中各变量或各属性之间的相互独立性。然而，当各属性之间存在相关性时，将导致最小二乘估计对于随机误差非常敏感，可能产生很大的方差。特别地，当数据中各属性存在多于一个的线性关系时，会产生多重共线性（multicollinearity）问题，文献 [8] 对此进行了深入讨论。

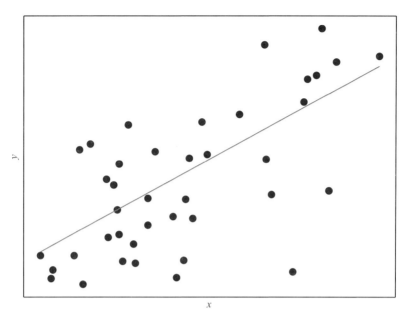

图 2.5　一元线性回归示例

2.2.4.2　矩阵 $\boldsymbol{X}^T\boldsymbol{X}$ 不满秩

实际应用中，如果属性变量数目过多而样本数目过少，导致 X 的行数小于列数的情况，此时矩阵 $\boldsymbol{X}^T\boldsymbol{X}$ 不满秩。当矩阵 $\boldsymbol{X}^T\boldsymbol{X}$ 不满秩时，典型的做法是引入正则化项：

$$\hat{\boldsymbol{w}} = \arg \min_{\hat{\boldsymbol{w}}} \left\{ \|\boldsymbol{y} - \boldsymbol{X}\hat{\boldsymbol{w}}\|^2 + \alpha J(\hat{\boldsymbol{w}}) \right\} \qquad (2-26)$$

式中，$J(\hat{\boldsymbol{w}})$ 为引入的正则化项（regularization term）或惩罚项（penalty term），α 为惩罚系数。正则化项可以取不同的函数形式，最常用的惩罚项有两种：L1 范数和 L2 范数。下面分别对其加以说明。

（1）L2 正则化与 Ridge 回归。

L2 正则化采用的是 L2-范数惩罚项：

$$J(\hat{\boldsymbol{w}}) = \|\hat{\boldsymbol{w}}\|_2^2 = \sum_i \hat{w}_i^2 \qquad (2-27)$$

式中，$\|\hat{\boldsymbol{w}}\|_2$ 为参数向量 $\hat{\boldsymbol{w}}$ 的 L2-范数。这种在代价函数（残差的平方和）中

施加 L2-范数惩罚的回归称为 Ridge 回归，亦称为岭回归：

$$\hat{\boldsymbol{w}}_{\text{ridge}} = \arg \min_{\hat{\boldsymbol{w}}} \left\{ \|\boldsymbol{y} - \boldsymbol{X}\hat{\boldsymbol{w}}\|^2 + \alpha \|\hat{\boldsymbol{w}}\|_2^2 \right\} \qquad (2-28)$$

上述正则化问题可描述为如下等价形式：

$$\hat{\boldsymbol{w}}_{\text{ridge}} = \arg \min_{\hat{\boldsymbol{w}}} \|\boldsymbol{y} - \boldsymbol{X}\hat{\boldsymbol{w}}\|^2$$
$$\text{s. t.} \quad \|\hat{\boldsymbol{w}}\|_2^2 \leqslant t \qquad (2-29)$$

通过上式能更清楚地看出对参数 $\hat{\boldsymbol{w}}$ 施加约束的范围，其对应于图 2.6 所示的阴影区域。α 是控制系数 $\hat{\boldsymbol{w}}$ 收缩量的模型复杂性参数，而 t 则是与 α 一一对应的参数。α 的值越大，$\hat{\boldsymbol{w}}$ 的收缩量也就越大，模型对共线性的稳健性也就越强。这是因为，当线性回归模型中有多个线性相关的属性变量时，这些变量的系数 $\hat{\boldsymbol{w}}$ 的估计精度很差且方差亦很大，通过对系数施加一定的约束（或惩罚），有助于缓解这种多重共线性问题。

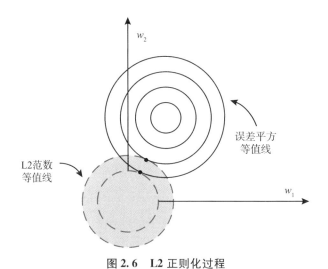

图 2.6　L2 正则化过程

L2 正则化在图 2.6 阴影区域内求解最优解 $\hat{\boldsymbol{w}}_{\text{ridge}}$，图 2.6 展示了该正则化过程。L2 正则化优化的目标是在阴影区域内寻找误差平方最小的点，其通过加入惩罚项来促使参数最小化，从而降低模型对训练数据的依赖性。

　　图 2.7 展示了属性变量间的多重共线性对 Ridge 模型参数估计的影响。如曲线的前部分所示，当 α 较大时，施加的正则化约束很强，权系数 $\hat{w}_{\text{ridge}}$ 的估计值很小，趋近于 0；但随着 α 的逐渐减小，正则化约束逐渐减弱，权系数 $\hat{w}_{\text{ridge}}$ 估值的精度逐渐下降，方差逐渐变大。

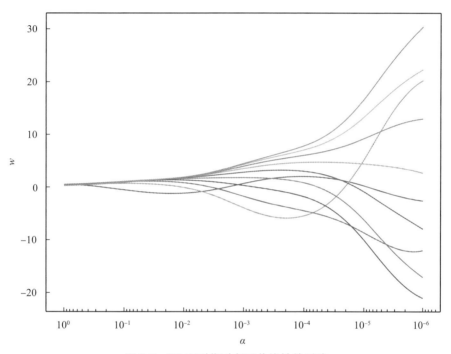

图 2.7　L2 正则化对多重共线性的影响

　　（2）L1 正则化与 Lasso 回归。

　　L1 正则化采用的是 L1-范数惩罚项：

$$J(\hat{w}) = \|\hat{w}\|_1 = \sum_i |\hat{w}_i| \qquad (2-30)$$

式中，$\|\hat{w}\|_1$ 为参数向量 $\hat{w}$ 的 L1-范数。这种在代价函数（残差的平方和）中施加 L1-范数惩罚的回归称为 Lasso 回归：

$$\hat{w}_{\text{lasso}} = \arg \min_{\hat{w}} \{ \|y - X\hat{w}\|^2 + \alpha \|\hat{w}\|_1 \} \qquad (2-31)$$

上述正则化问题可描述为如下等价形式：

$$\hat{\boldsymbol{w}}_{\text{lasso}} = \arg\min_{\hat{\boldsymbol{w}}} \|\boldsymbol{y} - \boldsymbol{X}\hat{\boldsymbol{w}}\|^2$$

$$\text{s. t.} \quad \|\hat{\boldsymbol{w}}\|_1 \leqslant t \qquad\qquad (2-32)$$

图 2.8 的阴影区域给出了上式对参数 $\hat{\boldsymbol{w}}$ 施加约束的范围。可以看出，L1-范数的约束为一正方形区域，这种特殊形状的约束通常会产生在单个特征变量上的权重不为 0 而在其他特征变量上的权重都为 0 的稀疏特征向量。因此，Lasso 及其变体被用于进行压缩感知[9]，在一定条件下，通过压缩感知技术，可恢复一组非零权重的精确值，实现稀疏信号恢复[10]。

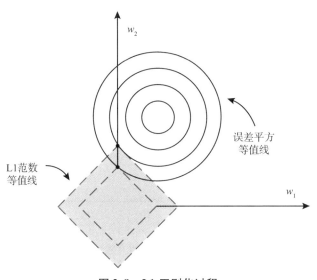

图 2.8 L1 正则化过程

图 2.9 展示了属性变量间的多重共线性对 Lasso 回归模型参数估计的影响。可以看出，L1 正则化对削弱多重共线性的影响，没有 L2 正则化的效果好。随着 α 的减小，参数 $\hat{\boldsymbol{w}}_{\text{lasso}}$ 的估计值迅速发散。

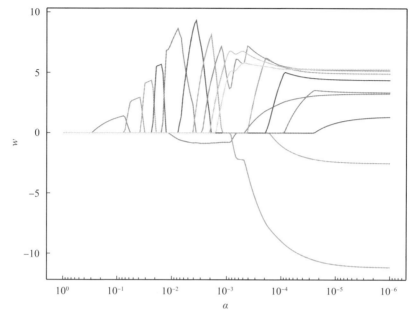

图 2.9　L1 正则化对多重共线性的影响

2.4　逻辑回归算法

逻辑回归又称 Logistic 回归，虽然名字中带有回归二字，但其并不是用于解决回归问题，而是解决分类问题的线性算法。下面仅讨论利用逻辑回归解决二分类问题的方法。

2.4.1　逻辑分布

设连续型随机变量 X 具有概率密度函数：

$$f(x) = \frac{\exp\left[-(x-\mu)/\gamma\right]}{\gamma\left\{1 + \exp\left[-(x-\mu)/\gamma\right]\right\}^2} \qquad (2-33)$$

式中，μ 为位置参数，$\gamma > 0$ 为形状参数，则称 X 服从参数为 μ，γ 的逻辑分布（logistic distribution），且其对应的概率分布函数为：

$$F(x) = \mathrm{P}\{X \leqslant x\} = \frac{1}{1 + \exp[-(x-\mu)/\gamma]} \qquad (2-34)$$

图 2.10 给出了 $\mu = 0$，$\gamma = 1$ 时逻辑分布的概率密度函数和分布函数的图形。从图中可以看出，逻辑分布的概率密度函数图形是中心对称的，而逻辑分布的概率分布函数图形是一条 S 形曲线（sigmoid curve），因此亦称具有该类形式的函数为 S 函数或 Sigmoid 函数：

$$S(x) = \frac{1}{1 + \exp(-x)} \qquad (2-35)$$

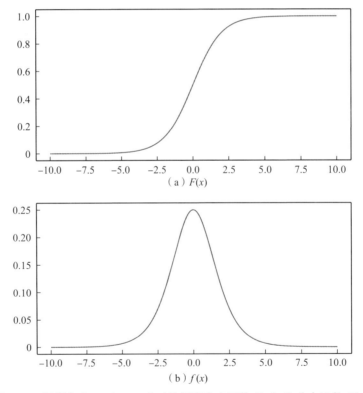

图 2.10 逻辑分布 $\mu = 0$，$\gamma = 1$ 时的概率密度函数 $f(x)$ 和分布函数 $F(x)$

从图 2.10 可以看出，S 函数的取值范围为（0，1）。

2.4.2 二分类逻辑回归模型

对于二分类问题，给定含有 L 个样本的数据集 $\mathcal{D} = \{(\boldsymbol{x}_l, y_l)\}_{l=1}^{L} \subset \mathbb{R}^M \times \mathbb{R}$，由于分类标签 y_l 是二值变量，前述线性回归模型 $y_l = \boldsymbol{w}^T \boldsymbol{x}_l + b$ 不能直接使用。为此，考虑到 S 函数的取值范围为（0，1），可利用 S 函数对线性回归模型的输出进行非线性变换：

$$p(x) = \frac{1}{1 + \exp(-y_l)} = \frac{1}{1 + \exp\left[-(\boldsymbol{w}^T \boldsymbol{x}_l + b)\right]} \qquad (2-36)$$

可喜的是，上述函数的值 $p(x)$ 具有特殊的含义，其可用于描述随机变量 Y 取值为 1 或 0 时的条件概率分布值：

$$P\{Y = 1 \mid \boldsymbol{x}_l\} = p(\boldsymbol{x}_l) = \frac{\exp(\boldsymbol{w}^T \boldsymbol{x}_l + b)}{1 + \exp(\boldsymbol{w}^T \boldsymbol{x}_l + b)} \qquad (2-37)$$

$$P\{Y = 0 \mid \boldsymbol{x}_l\} = 1 - p(\boldsymbol{x}_l) = \frac{1}{1 + \exp(\boldsymbol{w}^T \boldsymbol{x}_l + b)} \qquad (2-38)$$

因此，通过 S 函数的变换，可获得随机变量 X 取值为样本数据集中的点 $\boldsymbol{x}_l$ 时，随机变量 Y 取值为 0 或 1 的概率。

为更好地从条件概率模型中获得对回归模型的认知，引入优势比（odds-ratio）。优势比定义为某种推测为真的概率与某种推测为假的概率的比值：

$$odds = \frac{p(\boldsymbol{x}_l)}{1 - p(\boldsymbol{x}_l)} \qquad (2-39)$$

式中，p 为某一特定事件发生的概率。优势比将会告诉我们某种推测的概率比其反向推测的概率具体要大多少。进一步地，可定义对数优势比（log-odds）也即 Logit 函数：

$$\text{logit}[p(\boldsymbol{x}_l)] = \ln \frac{p(\boldsymbol{x}_l)}{1 - p(\boldsymbol{x}_l)} \qquad (2-40)$$

现利用 Logit 函数考察事件 $Y = 1$ 的对数优势比：

$$\ln \frac{P\{Y = 1 \mid \boldsymbol{x}_l\}}{1 - P\{Y = 1 \mid \boldsymbol{x}_l\}} = \boldsymbol{w}^T \boldsymbol{x}_l + b \tag{2-41}$$

从上式可以看出，事件 $Y = 1$ 的对数优势比是输入 $\boldsymbol{x}_l$ 的线性函数。

实际的二分类应用中，我们更感兴趣的是如何从逻辑回归模型的输出 $p(\boldsymbol{x}_l)$ 来判别 $\boldsymbol{x}_l$ 的类别标签估计 $\hat{y}_l$ 具体是 1（正类）还是 0（负类）。为此，引入阈值函数，对逻辑回归模型的输出进行门限判决：

$$\hat{y}_l = \begin{cases} 1, & \text{如果 } p(\boldsymbol{x}_l) \geq 0.5 \\ 0, & \text{其他} \end{cases} \tag{2-42}$$

这样，即利用逻辑回归完成了二分类任务。

2.4.3 逻辑回归模型的参数估计

逻辑回归模型的数学形式确定好后，需进行模型参数 $\boldsymbol{w}$ 的估计。在统计学习中，通常采用极大似然法估计逻辑回归模型的参数。对于给定含有 L 个样本的数据集 $\mathcal{D} = \{(\boldsymbol{x}_l, y_l)\}|_{l=1}^{L}$，其中，$\boldsymbol{x}_l \in \mathbb{R}^M$，$y_l \in \{0, 1\}$，且假定数据集中的样本都是相互独立的个体，则似然函数为：

$$
\begin{aligned}
L(\boldsymbol{w}) &= \prod_{l=1}^{L} (P\{Y = 1 \mid \boldsymbol{x}_l\})^{y_l} (P\{Y = 0 \mid \boldsymbol{x}_l\})^{1-y_l} \\
&= \prod_{l=1}^{L} (p(\boldsymbol{x}_l; \boldsymbol{w}))^{y_l} [1 - p(\boldsymbol{x}_l; \boldsymbol{w})]^{1-y_l}
\end{aligned} \tag{2-43}
$$

为求解方便，通常对上述似然函数进一步求自然对数，所得的对数似然函数为：

$$
\begin{aligned}
\ln L(\boldsymbol{w}) &= \sum_{l=1}^{L} \{y_l \ln[p(\boldsymbol{x}_l; \boldsymbol{w})] + (1 - y_l)\ln[1 - p(\boldsymbol{x}_l; \boldsymbol{w})]\} \\
&= \sum_{l=1}^{L} \left\{y_l \ln\left[\frac{p(\boldsymbol{x}_l; \boldsymbol{w})}{1 - p(\boldsymbol{x}_l; \boldsymbol{w})}\right] + \ln[1 - p(\boldsymbol{x}_l; \boldsymbol{w})]\right\} \\
&= \sum_{l=1}^{L} \{y_l(\boldsymbol{w}^T \boldsymbol{x}_l + b) - \ln[\exp(\boldsymbol{w}^T \boldsymbol{x}_l + b)]\}
\end{aligned} \tag{2-44}
$$

使得对数似然函数 $\ln L(\boldsymbol{w})$ 最大的参数被称作 $\boldsymbol{w}$ 的极大似然估计 $\hat{\boldsymbol{w}}_{\mathrm{ML}}$。此时，学习得到的逻辑回归模型为：

$$\mathrm{P}\{Y = 1 \mid \boldsymbol{x}_l\} = p(\boldsymbol{x}_l) = \frac{\exp(\hat{\boldsymbol{w}}_{\mathrm{ML}}^T \boldsymbol{x}_l + b)}{1 + \exp(\hat{\boldsymbol{w}}_{\mathrm{ML}}^T \boldsymbol{x}_l + b)} \qquad (2-45)$$

$$\mathrm{P}\{Y = 0 \mid \boldsymbol{x}_l\} = 1 - p(\boldsymbol{x}_l) = \frac{1}{1 + \exp(\hat{\boldsymbol{w}}_{\mathrm{ML}}^T x_l + b)} \qquad (2-46)$$

取定对数似然函数为优化的目标函数，将优化问题转化为求解最大化目标函数的参数，此时可用牛顿法或梯度下降法求解此类优化问题。与求解线性回归模型的优化问题类似，同样可以加入 L2 惩罚项或 L1 惩罚项进行正则化处理，此处不再赘述。

2.5　基于树结构的人工智能算法

具有树结构的机器学习算法具有良好的可解释性，在可解释人工智能（explainable artificial intelligence，XAI）领域备受青睐。早期主要基于决策树模型解决分类问题或回归问题，随后将单棵决策树推广至随机森林，性能得到大大提升。近期，多种提升算法的提出更是将树结构的机器学习算法推上了新高度。

2.5.1　决策树

决策树是一种常见的有监督的分类算法。常见的有 CART（classification and regression trees，分类与回归树）[11]、ID3（iterative dichotomiser 3，迭代二分 3）[12,13] 和 C4.5[14] 等。CART 算法由布雷曼（Breiman）等于 1984 年提出，其采用二叉树结构实现分类和回归。ID3 算法和 C4.5 算法均由昆兰（Quinlan）提出，ID3 算法的提出时间与 CART 相近，其于 1986 年公开发表，C4.5

算法可看作 ID3 算法的升级版。C4.5 算法使用信息增益比作为属性或特征的选择依据，克服了 ID3 算法中使用信息增益作为划分属性的依据时，倾向于选择拥有多个属性值的属性作为分裂属性的不足。

2.5.1.1 决策树的基本概念

决策树采用树根在上端、叶子节点在下端的树形结构，如图 2.11 所示。根节点位于树的最顶端；内部节点表示某个属性上的测试，且用矩形框表示；每个分支代表对应属性测试的一个输出；每个叶节点存放一个类别标号或标签，用椭圆表示。

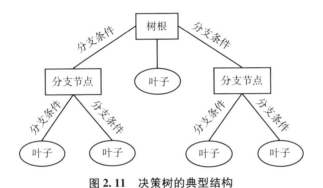

图 2.11　决策树的典型结构

给定含有 L 个样本的数据集 $\mathcal{D} = \{(\boldsymbol{x}_l, y_l)\}_{l=1}^{L}$，其中，$\boldsymbol{x}_l \in \mathbb{R}^M$，$y_l \in \{C_1, C_2, \cdots, C_n\}$，也即数据中含有 n 个类别标签。决策树学习的关键在于内部节点处如何挑选最佳的属性进行分裂，也即在每个分支节点（含树根）上如何选择最优的属性划分。一般而言，随着决策树层数的不断向前推进，我们希望各分支节点所包含的样本实例尽可能属于同一类别，也即希望节点的纯度（purity）越来越高。假设第 k 个节点对应的训练样本子集中的实例数为 N_k，其中对应 n 个类别标签 $C_1, C_2, \cdots, C_n$ 的实例数分别为 $N_k^1, N_k^2, \cdots,$

N_k^n，则 $N_k = \sum\limits_{i=1}^{n} N_k^i$。当某个实例到达该节点时，其属于类别标签 C_i 的概率为：

$$p(C_i;\ k) = \frac{N_k^i}{N_k} = p_i(k) \tag{2-47}$$

利用上述概率即可计算不纯度（impurity），并据此判断某个属性的优劣或某个划分的好坏。下面引入三种不纯度指标作为性能测度，以便进行定量分析。

（1）熵。

熵（entropy）也称信息熵或香农熵，度量的是识别数据实例的类标号所需的平均信息量。由到达节点 k 处训练样本实例的熵（也即实例类别标签的混乱程度）定义的不纯度为：

$$I_{\text{entropy}}(k) = -\sum\limits_{i=1}^{n} p_i(k)\log_2 p_i(k) \tag{2-48}$$

熵值越大，则到达该节点处样本实例标签的混乱程度越大，对应实例标签取值的不确定性也就越大。例如，如果该节点处各样本类别标签是均匀分布（最不纯的），则熵最大；如果该节点处所有样本均属于同一个类别标签（最纯的），则熵为 0。

对于二分类问题，$C_1 = 1$、$C_2 = 0$，上式简化为：

$$I_{\text{entropy}}(k) = -p(k)\log_2 p(k) - [1-p(k)]\log_2[1-p(k)] \tag{2-49}$$

式中，$p(k) = P\{Y=1 \mid k\}$ 为节点 k 处类别标签取值为 1 的概率，而 $1-p(k)$ 为节点 k 处类别标签取值为 0 的概率。此时，如果该节点处类别标签为均匀分布的，则 $p(k) = 0.5$，熵为 1；如果各样本均属于类别 1 [此时 $p(k) = 1$] 或类别 0 [此时 $p(k) = 0$]，则熵为 0。

（2）基尼系数。

基尼系数（Gini index）用于衡量样本实例在某个属性或某个节点处类别标签的不平衡程度，也即类别标签的不纯度。节点 k 处由基尼系数定义的不纯度为：

$$I_{\text{Gini}}(k) = \sum\limits_{i=1}^{n} p_i(k)[1-p_i(k)] = 1 - \sum\limits_{i=1}^{n} p_i^2(k) \tag{2-50}$$

对于二分类问题，上式简化为：

$$I_{\text{Gini}}(k) = 2p(k)\left[1 - p(k)\right] \qquad (2-51)$$

（3）误分类错误。

误分类错误（misclassification error）由各类标签发生概率的最大值决定。节点 k 处由误分类错误定义的不纯度为：

$$I_{\text{error}}(k) = 1 - \max\left[p_i(k),\ i = 1,\ \cdots,\ n\right] \qquad (2-52)$$

对于二分类问题，误分类概率只有两个：$p(k)$，$1 - p(k)$。上式可简化为：

$$I_{\text{error}}(k) = 1 - \max\left[p(k),\ 1 - p(k)\right] \qquad (2-53)$$

图 2.12 给出了二分类问题中熵、基尼系数和误分类错误指标的图示，为便于比较，熵值的一半也即熵之半 $\left[I_{\text{entropy}}\ (k)\ /2\right]$ 也一并呈现。可以看出，熵之半和基尼系数表征的不纯度非常接近，因此用熵和基尼系数来度量不纯度的性能是类似的。

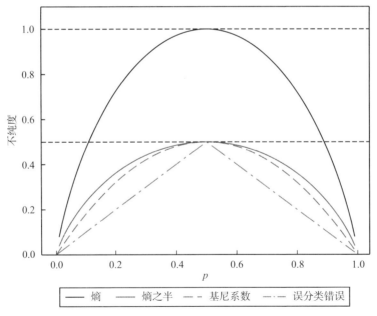

图 2.12　二分类问题中的 3 种不纯度指标

为进一步度量性能，还需引入信息增益和信息增益率的概念。

（4）信息增益。

信息增益（information gain，IG）用于表征引入某个属性前的信息需求与引入该属性后的信息需求之差。给定数据集 D 和属性 A（假定节点 k 与属性 A 对应），引入属性 A 之前，对数据集 D 进行分类所需的信息量为 $I(D)$，而引入属性 A 后，对 D 进行分类所需的信息量为 $I(D\mid A)$，故引入属性 A 所带来的信息增益为：

$$IG(A) = I(D) - I(D\mid A) \qquad (2-54)$$

式中，$I(D\mid A)$ 称为条件信息量，信息增益 $IG(A)$ 表征了通过 A 上的划分所获得的信息量。当采用熵、信息增益或误分类错误等性能测度时，式（2-54）中的信息量 $I(D\mid A)$ 可用节点 k 处的不纯度 $I_{\text{entropy}}(k)$、$I_{\text{Gini}}(k)$ 或 $I_{\text{error}}(k)$ 表征，而 $I(D)$ 则对应于节点 k 的父节点处的不纯度。

实际构建决策树时，应选择具有最高信息增益的属性作为分裂属性，使得完成数据实例的分类所需要的信息量最小。

（5）信息增益比。

信息增益比（information gain ratio）也称信息增益率，信息增益比为信息增益与该属性或节点处所需的条件信息量之比，用于解决信息增益在属性选择时取值较多的问题。其计算公式如下：

$$IGRatio = \frac{IG(A)}{I(D\mid A)} \qquad (2-55)$$

信息增益率在 C4.5 算法中被采用。

2.5.1.2 决策树的归纳过程

为便于理解决策树的归纳过程，下面以银行发放贷款前对申请贷款的客户有无欺诈风险进行判别为例，加以详细说明。表 2.5 给出了银行贷款申请客户的简单数据示例。从数据表可以看出，该简化数据共有 4 个属性：年龄

（青年、中青年、中年）、收入水平（高、中、低）、固定资产（有、无）和征信（一般、良好），以及最后一列的分类标签：有欺诈（＋）和无欺诈（－）。希望通过表2.5中的14个客户样本数据，学习出一个银行贷款申请客户有无欺诈风险的决策树。这样，当新客户提交银行贷款申请时，银行方面可利用该决策树模型评估该客户的欺诈风险。

表 2.5　　　　　　　　　　银行贷款申请客户数据示例

客户	年龄	收入水平	固定资产	征信	欺诈风险
1	青年	高	无	一般	＋
2	青年	高	无	良好	＋
3	中青年	高	无	一般	－
4	中年	中	无	一般	－
5	中年	低	有	一般	－
6	中年	低	有	良好	＋
7	中青年	低	有	良好	－
8	青年	中	无	一般	＋
9	青年	低	有	一般	－
10	中年	中	有	一般	－
11	青年	中	有	良好	－
12	中青年	中	无	良好	－
13	中青年	高	有	一般	－
14	中年	中	无	良好	＋

注："＋"表示有欺诈，"－"表示无欺诈。

（1）对初始数据集进行决策树归纳。

初始数据集 D 含有14个训练样本，其中有欺诈的5个、无欺诈的9个。对于根节点，此时：

$$p = P\{C_1 = 1\} \approx \frac{5}{14} \qquad (2-56)$$

$$1 - p = P\{C_2 = 0\} \approx \frac{9}{14} \qquad (2-57)$$

故由信息熵定义的不纯度为：

$$I_{\text{entropy}}(D) = \underbrace{\left(-\frac{5}{14}\log_2\frac{5}{14}\right)}_{\text{有欺诈风险}} + \underbrace{\left(-\frac{9}{14}\log_2\frac{9}{14}\right)}_{\text{无欺诈风险}} = 0.940 \qquad (2-58)$$

接下来，计算引入某个属性后的不纯度。对于树根，表 2.5 中的 4 个属性均可选择，为此分别针对引入年龄、收入水平、固定资产和征信等情况计算信息熵不纯度和信息增益。

①根据年龄进行划分。

依据年龄属性的 3 种取值重新划分数据，可得年龄属性分别取值青年、中青年和中年时的新数据表如表 2.6 ~ 表 2.8 所示。

表 2.6　　　　　　　　年龄属性取值青年时的子数据集

客户	收入水平	固定资产	征信	欺诈风险
1	高	无	一般	+
2	高	无	良好	+
8	中	无	一般	+
9	低	有	一般	−
11	中	有	良好	−

注："+"表示有欺诈，"−"表示无欺诈。

表 2.7　　　　　　　　年龄属性取值中青年时的子数据集

客户	收入水平	固定资产	征信	欺诈风险
3	高	无	一般	−
7	低	有	良好	−

客户	收入水平	固定资产	征信	欺诈风险
12	中	无	良好	－
13	高	有	一般	－

注:"＋"表示有欺诈,"－"表示无欺诈。

表 2.8　　　　　　　　　　年龄属性取值中年时的子数据集

客户	收入水平	固定资产	征信	欺诈风险
4	中	无	一般	－
5	低	有	一般	－
6	低	有	良好	＋
10	中	有	一般	－
14	中	无	良好	＋

注:"＋"表示有欺诈,"－"表示无欺诈。

依据表 2.6,年龄属性值为青年时,所得到的新数据表子集 D_1 中,3 个有欺诈风险、2 个无欺诈风险,据此计算信息熵:

$$I_{entropy}(D_1) = \underbrace{\left(-\frac{3}{5}\log_2\frac{3}{5}\right)}_{\text{有欺诈风险}} + \underbrace{\left(-\frac{2}{5}\log_2\frac{2}{5}\right)}_{\text{无欺诈风险}} = 0.971 \qquad (2-59)$$

当年龄属性取值为中青年时,依据表 2.7,所得到的新数据表子集 D_2 中,全都无欺诈风险,因此信息熵为:

$$I_{entropy}(D_2) = \underbrace{\left(-\frac{4}{4}\log_2\frac{4}{4}\right)}_{\text{无欺诈风险}} = 0 \qquad (2-60)$$

同样地,依据表 2.8,年龄属性值为中年时,所得到的新数据表子集 D_3 中,2 个有欺诈风险、3 个无欺诈风险,据此计算信息熵:

$$I_{entropy}(D_3) = \underbrace{\left(-\frac{2}{5}\log_2\frac{2}{5}\right)}_{\text{有欺诈风险}} + \underbrace{\left(-\frac{3}{5}\log_2\frac{3}{5}\right)}_{\text{无欺诈风险}} = 0.971 \qquad (2-61)$$

因此,条件信息量为:

$$I(D \mid 年龄) = \frac{5}{14}I_{\text{entropy}}(D_1) + \frac{4}{14}I_{\text{entropy}}(D_2) + \frac{5}{14}I_{\text{entropy}}(D_3)$$

$$= 0.694 \tag{2-62}$$

最终可以获得利用年龄属性对原数据集进行划分所获得的信息增益为：

$$IG(年龄) = I(D) - I(D \mid 年龄) = 0.940 - 0.694 = 0.246 \tag{2-63}$$

② 根据收入水平、固定资产和征信进行划分。

与根据年龄进行划分类似，可以计算出根据属性收入水平进行划分，所获得的信息增益为：

$$IG(收入水平) = I(D) - I(D \mid 收入水平) = 0.029 \tag{2-64}$$

根据属性固定资产进行划分，所获得的信息增益为：

$$IG(固定资产) = I(D) - I(D \mid 固定资产) = 0.940 - 0.789 = 0.151$$

$$\tag{2-65}$$

根据属性征信进行划分，所获得的信息增益为：

$$IG(征信) = I(D) - I(D \mid 征信) = 0.940 - 0.892 = 0.048 \tag{2-66}$$

表 2.9 给出了在根节点处挑选 4 种不同属性对原始数据集进行划分时，所获得的信息增益。从表中可以看出，根节点处应该挑选年龄属性进行数据划分，此时能够获得的最大信息增益为 0.246。图 2.13 给出了根节点处依据年龄属性进行数据划分后的结果，形成了如表 2.6 ~ 表 2.8 所示的 3 个数据子集 D_1、D_2 和 D_3，下面分别对这 3 个数据子集进行再次分裂。

表 2.9　　　　　　　　根节点处挑选不同属性获得的信息增益

挑选的属性	获得的信息增益
年龄	**0.246**
收入水平	0.029
固定资产	0.151
征信	0.048

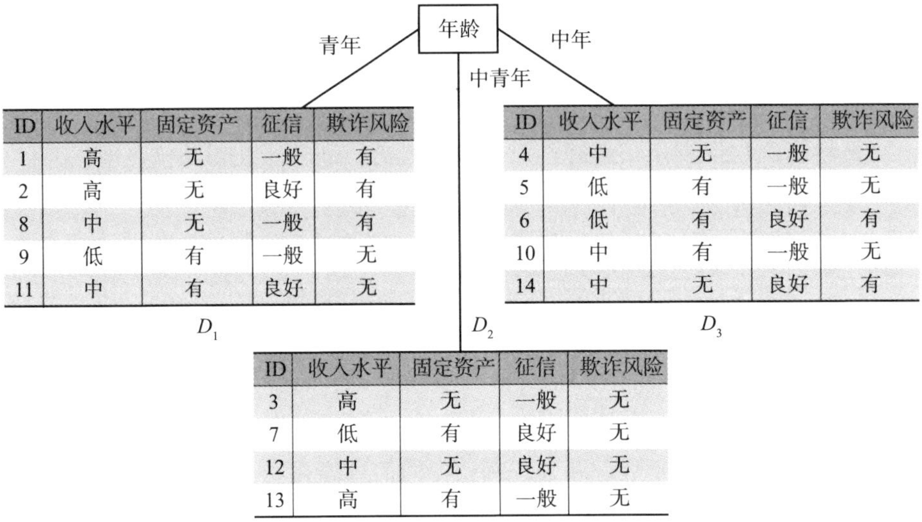

ID	收入水平	固定资产	征信	欺诈风险
1	高	无	一般	有
2	高	无	良好	有
8	中	无	一般	有
9	低	有	一般	无
11	中	有	良好	无

D_1

ID	收入水平	固定资产	征信	欺诈风险
4	中	无	一般	无
5	低	有	一般	无
6	低	有	良好	有
10	中	有	一般	无
14	中	无	良好	有

D_3

ID	收入水平	固定资产	征信	欺诈风险
3	高	无	一般	无
7	低	有	良好	无
12	中	无	良好	无
13	高	有	一般	无

D_2

图 2.13　根节点处的数据划分结果

（2）对数据子集 D_1 进行决策树归纳。

数据子集 D_1（见表 2.6）中由信息熵定义的不纯度为 0.971［见公式（2-59）］。分别依据 D_1 中的三个属性进行数据划分，获得的信息增益分别为：

$$IG(收入水平) = I(D_1) - I(D_1 | 收入水平) = 0.971 - 0.400 = 0.571 \quad (2-67)$$

$$IG(固定资产) = I(D_1) - I(D_1 | 固定资产) = 0.971 - 0 = 0.971 \quad (2-68)$$

$$IG(征信) = I(D_1) - I(D_1 | 征信) = 0.971 - 0.951 = 0.020 \quad (2-69)$$

表 2.10 给出了对数据子集 D_1 进行分裂时，挑选不同属性进行分裂后所获得的信息增益。可以看出，当挑选固定资产属性进行分裂时，可获得最大的信息增益 0.971。

表 2.10　　　　挑选不同属性对数据子集 D_1 进行分裂的信息增益

挑选的属性	获得的信息增益
收入水平	0.571
固定资产	**0.971**
征信	0.020

此时获得的决策树如图 2.14 所示。

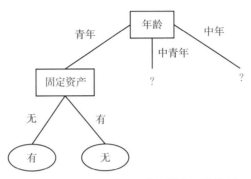

图 2.14 对数据子集 D_1 进行划分后的结果

（3）对数据子集 D_2 进行决策树归纳。

对于数据子集 D_2（见表 2.7），由于所有的类别标签均相同，故无须再对数据集进行分裂，直接生成叶子节点即可。对数据子集 D_2 进行决策树归纳后的树状图如图 2.15 所示。

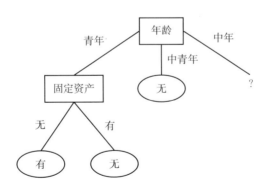

图 2.15 对数据子集 D_2 进行划分后的结果

（4）对数据子集 D_3 进行决策树归纳。

同样地，对于数据子集 D_3（见表 2.8）中由信息熵定义的不纯度为

0.971 [见公式（2-61）]。分别依据 D_3 中的三个属性进行数据划分，获得的信息增益分别为：

$$IG(收入水平) = I(D_3) - I(D_3|收入水平) = 0.971 - 0.951 = 0.020 \quad (2-70)$$

$$IG(固定资产) = I(D_3) - I(D_3|固定资产) = 0.971 - 0.951 = 0.020 \quad (2-71)$$

$$IG(征信) = I(D_3) - I(D_3|征信) = 0.971 - 0 = 0.971 \quad (2-72)$$

表 2.11 给出了对数据子集 D_3 进行分裂时，挑选不同属性进行分裂后所获得的信息增益。可以看出，挑选征信属性进行分裂可获得最大的信息增益 0.971。

表 2.11　　挑选不同属性对数据子集 D_3 进行分裂的信息增益

挑选的属性	获得的信息增益
收入水平	0.020
固定资产	0.020
征信	**0.971**

挑选征信属性进行分裂所获得的决策树如图 2.16 所示。可以看出，此时决策树中的所有底层节点均为叶节点，故决策树的分类过程已结束，图 2.16 中的决策树即为对原始数据集进行分类的最优决策树。

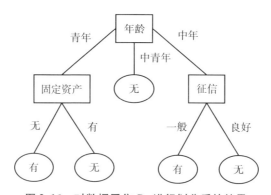

图 2.16　对数据子集 D_3 进行划分后的结果

上述算法的实现过程也就是 ID3 算法的实现过程。而 C4.5 引入信息增益比划分属性，可看作 ID3 的改进版。

2.5.1.3　CART 算法

（1）分类树的生长。

CART 算法可实现分类树。前述 ID3 算法利用信息熵度量数据标签的不纯度，而 CART 算法进行分类时采用的是基尼指数不纯度。用 CART 算法进行分类树的生长过程与前述 ID3 算法的实现过程类似，由 CART 算法所构造的决策树与由 ID3 所构造的决策树基本相同，在此不再赘述。

（2）回归树的生长。

CART 算法还可以实现回归树。与线性回归中类似，假定样本数据 $\boldsymbol{x} = (x_1, \cdots, x_M)^T$ 均有 M 个属性或者特征 $x_1, \cdots, x_M$，给定含有 L 个样本的数据集 $\mathcal{D} = \{(\boldsymbol{x}_l, y_l)\}_{l=1}^L \subset \mathbb{R}^M \times \mathbb{R}$。接下来，现考虑如何利用回归树模型获得属性 y 的估计 $\hat{y}$。

首先，考虑样本空间 R，并假定回归树对于 R 中的样本标签均有固定的输出：

$$c = \frac{1}{|I|} \sum_{i \in I} y_i \qquad (2-73)$$

式中，$I = \{i;\ \boldsymbol{x}_i \in R\}$，而 $|I|$ 则表示集合 I 中的元素个数。这时回归树的输出为：

$$\hat{y} = c \times I_R(\boldsymbol{x}) \qquad (2-74)$$

式中，$I_R(\boldsymbol{x})$ 为指示函数：

$$I_R(\boldsymbol{x}) = \begin{cases} 1, & \boldsymbol{x} \in R \\ 0, & \text{其他} \end{cases} \qquad (2-75)$$

其次，将样本空间 R 一分为二。假定选定某个回归变量 x_j，当其为连续随机变量时，可选定某个实数 a，将 R 分为两个区间：

$$R_1 = \{ \boldsymbol{x}_i \in R;\ x_{ij} \leq a \} \qquad (2-76)$$

$$R_2 = \{ \boldsymbol{x}_i \in R;\ x_{ij} > a \} \qquad (2-77)$$

此外，当 x_j 为标称型随机变量时，假定其有 p 个标称类型取值：a_1，a_2，$\cdots$，a_p，其构成区间 $I = \{ a_1,\ a_2,\ \cdots,\ a_p \}$，这时选定某个子集 $I_1 \subset I$，$I_2 = I - I_1$，则可定义：

$$R_1 = \{ \boldsymbol{x}_i \in R;\ x_{ij} \in I_1 \} \qquad (2-78)$$

$$R_2 = \{ \boldsymbol{x}_i \in R;\ x_{ij} \in I_2 \} \qquad (2-79)$$

这时回归树的输出为：

$$\hat{y} = c_1 \cdot I_{R_1}(\boldsymbol{x}) + c_2 \cdot I_{R_2}(\boldsymbol{x}) \qquad (2-80)$$

其中，常数 c_1 和 c_2 分别为：

$$c_1 = \frac{1}{|I_1|} \sum_{i \in I_1} y_i \qquad (2-81)$$

$$c_2 = \frac{1}{|I_2|} \sum_{i \in I_2} y_i \qquad (2-82)$$

再其次，还需挑选最佳的用于划分的属性变量 x_j，以及在 x_j 上的最优划分点 a。此时可以使用最小均方误差准则：

$$(x_j,\ a) = \arg \min_{x_j, a} \frac{1}{|I|} \sum_{i \in I} (y_i - \hat{y}_i)^2 \qquad (2-83)$$

上式等价于求解下面的优化问题[15]：

$$(x_j,\ a) = \arg \min_{x_j, a} \left[\min_{c_1} \sum_{x_i \in R_1} (y_i - c_1)^2 + \min_{c_2} \sum_{x_i \in R_2} (y_i - c_2)^2 \right] \qquad (2-84)$$

一种简单的方式是，先选定某个属性变量 x_j，并寻找在 x_j 上的最优划分点 a，然后再遍历所有的属性变量 x_j，从而挑选出全局最优的 $(x_j,\ a)$ 对。

最后，利用寻找的最优划分 $(x_j,\ a)$ 对，将样本空间划分为两个区域。然后，重复上述划分过程，直至满足停止条件为止。依据这些划分即可生成一棵回归树。下面以鸢尾花数据集为例展示 CART 分类回归树。

Iris 数据集，也称鸢尾花数据集，是常用的分类实验数据集，由费舍尔（Fisher）于 1936 年收集整理。该数据集包含 150 个数据样本，分为三类：山鸢尾（setosa）、杂色鸢尾（versicolour），以及维吉尼亚鸢尾（virginica），其中的一个种类与另外两个种类是线性可分离的，后两个种类是非线性可分离的。每类含有 50 个数据，每个数据包含 4 个属性：萼片长度、萼片宽度、花瓣长度和花瓣宽度。可通过这 4 个属性预测鸢尾花卉属于 3 个种类中的哪一类。

为简单起见，下面仅考虑鸢尾花数据集中的两个属性（花瓣长度和花瓣宽度）的二维变量情况。此时，样本空间 R 为二维平面中的矩形，而 R_1 和 R_2 为对该矩形的一个划分。重复该划分过程，直至满足停止条件或均方误差已经足够小。图 2.17 给出了树深度分别为 1~4 时的 CART 决策树对鸢尾花数据集的划分结果。可以看出，深度为 4 的 CART 树对鸢尾花数据集实现了较好的分类。

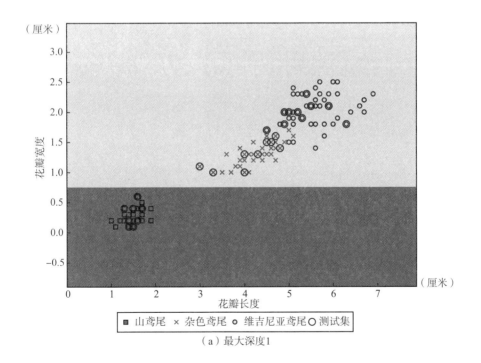

（a）最大深度1

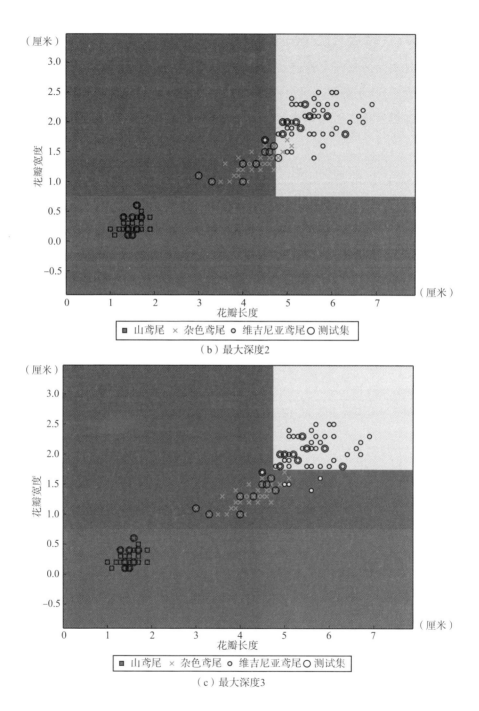

（b）最大深度2

（c）最大深度3

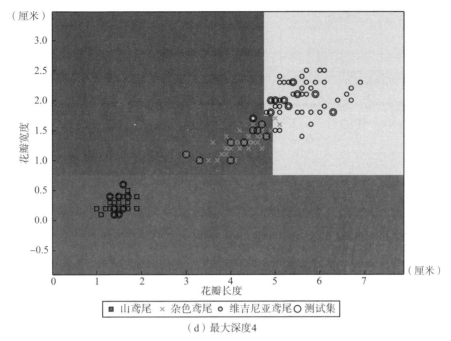

（d）最大深度4

图 2.17　不同最大深度时 CART 的数据划分结果

CART 算法最终生成的是一棵二叉树，如图 2.18 所示。图中的左子节点对应于数据划分中的矩形 R_1，右子节点对应于矩形 R_2。

（3）树的剪枝。

实际大数据应用中，所生成的决策树可能存在过拟合问题，因而需要对其进行剪枝，以提高其在未知数据上的性能，也即提高所生成的决策树的泛化能力。记 CART 算法所生成的决策树为 T_0，从 T_0 的内部节点开始，自底向上进行剪枝，每次剪掉一个内部节点下面的树枝，并把该内部节点变成叶节点，直到 T_0 的根节点结束。最终，获得了一个对应于 T_0 的子树序列 $[T_0,$ $T_1, \cdots, T_n]$，其中，T_0 为初始决策树，T_n 为仅包含根节点的树。

对于任意的决策树 T，将其在数据集 I 上的均方误差作为损失：

$$L(T) = \frac{1}{|I|} \sum_{i \in I} (y_i - \hat{y}_i)^2 \qquad (2-85)$$

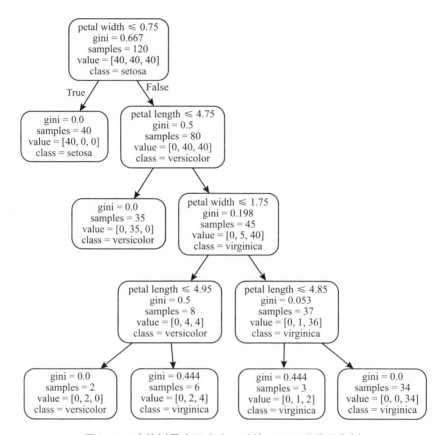

图 2.18　决策树最大深度为 4 时的 CART 分类回归树

上式表征了决策树模型对数据的拟合程度。为防止过拟合，需进一步考虑决策树模型的复杂度。由于叶节点在一定程度上表征了决策树模型的复杂程度，为此在上面的损失函数中加入惩罚项，对决策树中过多的叶节点进行惩罚：

$$L_\alpha(T) = L(T) + \alpha \text{Leaves}(T) \tag{2-86}$$

式中，α 为惩罚系数，且 $0 \leqslant \alpha < +\infty$，$\text{Leaves}(T)$ 为决策树 T 中的叶节点数目。这样，便实现了决策树模型的拟合精度与模型复杂度之间的折中。

对于给定的 α，一定存在某个子树 T_α，使得其在损失函数 $L_\alpha(T)$ 最小的意义下是最优的。当 $\alpha = 0$ 时，$T_\alpha = T_0$；当 α 足够大时，$T_\alpha = T_0$ 为只含有根节点的子树。当 α 从 0 增加至 $+\infty$ 时，存在有限个区间 $[\alpha_i, \alpha_{i+1})$，$i = 0$，1，$\cdots$，n，使得 T_α 分别一一对应于 T_0 的子树序列 $[T_0, T_1, \cdots, T_n]$。

假定正在考察是否需要在内部节点 t 处进行剪枝。为此考虑将该内部节点 t 替换成叶节点时的损失函数为：

$$L_\alpha(t) = L(t) + \alpha \tag{2-87}$$

而以节点 t 为树根的子树 T_t 的损失函数为：

$$L_\alpha(T_t) = L(T_t) + \alpha\text{Leaves}(T_t) \tag{2-88}$$

①当 $L_\alpha(T_t) < L_\alpha(t)$ 时，说明惩罚系数 α 太小或者剪枝不够；

②当 $L_\alpha(T_t) > L_\alpha(t)$ 时，说明惩罚系数 α 太大或者剪枝过度；

③当 $L_\alpha(T_t) = L_\alpha(t)$ 时，说明用叶节点替代子树 T_t 的性能相同，故对 T_t 进行剪枝。

令 $L_\alpha(T_t) = L_\alpha(t)$ 可解得 $\alpha = \dfrac{L(t) - L(T_t)}{\text{Leaves}(T_t) - 1}$，故引入函数：

$$g(t) = \frac{L(t) - L(T_t)}{\text{Leaves}(T_t) - 1} \tag{2-89}$$

式中，$g(t)$ 表示对节点 t 剪枝后损失函数的减少情况。这样，对于初始决策树 T_0 的内部节点 t，如果 $g(t) = \alpha$，则对其进行剪枝。

（4）最优树的选择。

剪枝完成后，需从子树序列 $[T_0, T_1, \cdots, T_n]$ 中挑选最优子树。这时可采用 K 折交叉验证技术，每次采用独立的验证集数据对各子树进行测试，挑选使均方误差最小的剪枝树作为最终的最优决策树。

2.5.2　随机森林

随机森林（random forest）算法[16]采用了集成（ensemble）的思想，其以决策树为基学习器，且随机选择属性构建决策树，通过 Bagging 集成方式构建强学习器[17]。

2.5.2.1　集成方法

集成方法（ensemble method）与中国谚语"三个臭皮匠顶个诸葛亮"的智慧类似，通过组合多个弱学习器来实现强学习器。典型的集成方法有Bagging方法和Boosting方法。

Bagging的英文全称为"引导聚集"（bootstrap aggregating），因其缩写Bagging和算法的基本思想很相似，且名称更便于记忆，因此Bagging方法又称为装袋方法。图2.19给出了Bagging方法的实现过程，其对训练数据进行有放回的随机抽样，构建数据子集，并利用这些数据子集训练多个弱学习器。最终的学习结果由这些弱学习器结果的平均或投票决定。

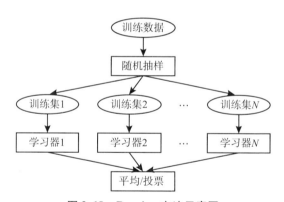

图2.19　Bagging方法示意图

Boosting方法是目前主流的集成方法，其实现过程如图2.20所示。可以看出，Boosting方法是迭代实现的。Boosting方法没有对样本进行重采样，而是对样本的分布进行了调整。每次在新学习器中重点关注被上一个学习器错误学习的样本，增加错误学习样本的权重，且降低正确学习样本的权重，最后将这些模型加以组合形成强学习器。

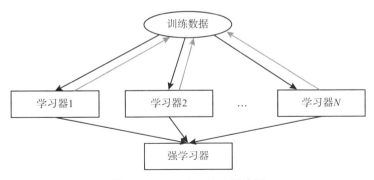

图 2.20　Boosting 方法示意图

表 2.12 对 Bagging 方法和 Boosting 方法进行了对比。

表 **2.12**　　　　　　　　　　**Bagging 方法和 Boosting 方法对比**

对比项	Bagging	Boosting
思想	独立训练多个学习器，并加以集成	迭代训练多个学习器，并加以集成
示意图	图 2.19	图 2.20
特点	学习器相互独立	学习器前后依赖
集成方式	并行	串行
效果	降低方差	降低偏差
典型代表	随机森林	GBDT、AdaBoost、XGBoost

2.5.2.2　由随机树集成随机森林

随机森林可看作由多棵随机树集成而来，此处多采用随机的 CART 树。随机森林的生成过程如图 2.21 所示，其采用 Bagging 集成框架，具体步骤如下：

（1）Bootstrap 随机抽样。从原始数据样本中随机有放回抽取样本，每次抽样得到的一个样本子集称为一个 Bootstraped 数据集。

（2）随机挑选属性。从样本所具有的属性中随机挑选属性子集，用于构建随机树。

（3）生成随机树。利用 Bootstraped 数据集对所挑选的属性子集进行分类，构建决策树。

（4）重复上述过程构建多棵随机树，即可构建随机森林。

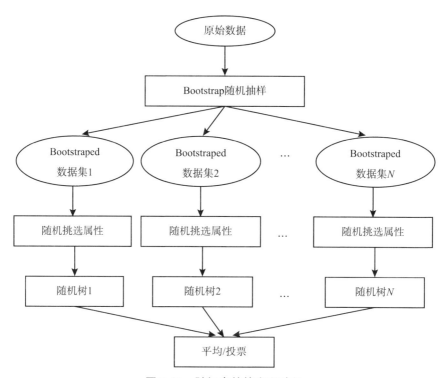

图2.21　随机森林的实现过程

为更清楚地展现随机森林，图 2.22 给出了由不同棵数随机树构成的随机森林在鸢尾花数据集上的决策边界。可以看出，规模为 5 棵树的随机森林在鸢尾花数据集上更具有很好的分类性能。

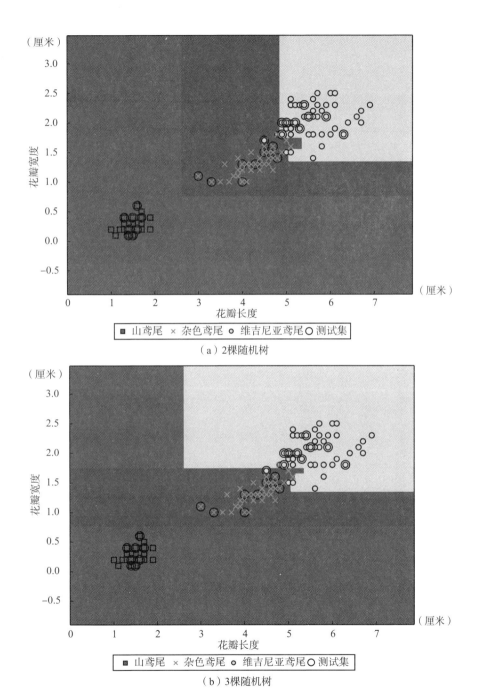

（a）2棵随机树

（b）3棵随机树

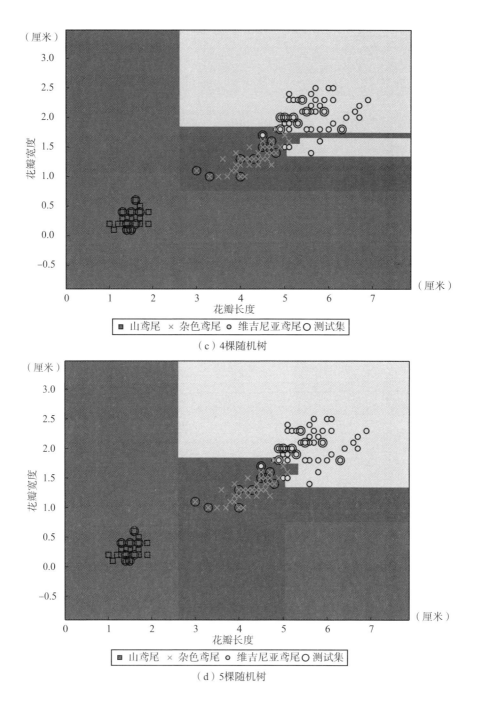

（c）4棵随机树

（d）5棵随机树

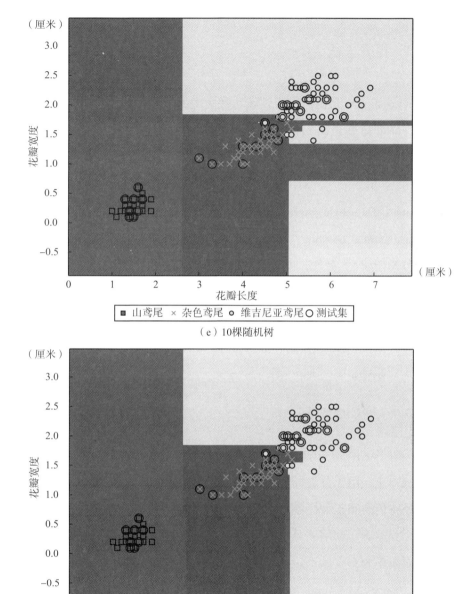

（e）10棵随机树

（f）25棵随机树

图 2.22 不同规模随机森林在鸢尾花数据集上的决策边界

2.5.3 提升方法

提升（boosting）是机器学习领域非常实用的学习工具，其最初用于解决分类问题，亦可拓展至回归问题。提升方法中较为典型的算法有 AdaBoost（adaptive boosting，自适应提升）[18,19]、GBDT（gradient boosting decision tree，梯度提升决策树）[20,21]、XGBoost（extreme gradient boosting，极限梯度提升）[22]、LightGBM（light gradient boosting machine，轻量的梯度提升机）[23] 和 CatBoost（categorical boosting，类别提升）[24] 等。下面仅介绍本书将要用到的 AdaBoost 和 XGBoost。另外，由于 GBDT 是 XGBoost 的重要基础，在此也一并介绍。

提升方法的基本思想是通过多个弱学习器来集成强学习器。为更好地区分强学习器和弱学习器，需引入概率近似正确（probably approximately correct，PAC）[25] 模型。

2.5.3.1 PAC 模型

对于二分类问题，给定含有 L 个样本的训练样本数据集 $\mathcal{D} = \{(\boldsymbol{x}_l, y_l)\}_{l=1}^{L} \subset \mathbb{R}^M \times \mathbb{R}$，由于分类标签 y_l 是二值变量，故 $y_l \in \{-1, +1\}$，为方便起见，此处将负类和正类标签分别标记为 -1 和 $+1$。利用训练样本数据可学习得到一个分类器，利用该分类器可获得类别标签的估计 $\hat{y}_l$，此时在训练数据集上的误差率为：

$$\bar{e} = \frac{1}{L} \sum_{x_l \in \mathcal{D}} I(y_l \neq \hat{y}_l) \tag{2-90}$$

式中，$I(\cdot)$ 为指示函数：

$$I(y_l \neq \hat{y}_l) = \begin{cases} 1, & y_l \neq \hat{y}_l \\ 0, & \text{其他} \end{cases} \tag{2-91}$$

该分类器在未知样本 $\boldsymbol{X}$ 上的误差率为：

$$\overline{e}(\boldsymbol{X}) = \boldsymbol{E}\{I(Y \neq \hat{Y})\} \tag{2-92}$$

式中，Y 为随机数据对应的真实分类标签，而 $\hat{Y}$ 则为分类器对随机样本的标签估计。

强 PAC 学习器是指满足如下条件的学习器：该学习器以关于 $1/\epsilon$ 和 $1/\delta$ 的多项式时间（polynomial time）解决学习问题，且误差率对于 ϵ 和 δ 满足 $P\{\overline{e}(\boldsymbol{X}) < \epsilon\} \geq 1 - \delta$，$0 < \epsilon$，$\delta < 0.5$。可以看出，强学习器以多项式时间解决学习问题，且错误率很低。类似地，弱 PAC 学习器则是满足如下条件的学习器：该学习器以关于 p 和 q 的多项式时间解决学习问题，且误差率满足 $P\{\overline{e}(\boldsymbol{X}) \leq 0.5 - 1/p\} \geq 1/p$。可以看出，弱学习器同样以多项式时间解决学习问题，但学习的错误率仅仅比随机猜测时稍微小点。文献［26］指出，通过提升的方法，可将弱学习器集成为一个强学习器。

2.5.3.2 AdaBoost

AdaBoost 算法名称中的自适应体现在训练数据权重的自适应更新上。同样给定含有 L 个样本的训练样本数据集 $\mathcal{D} = \{(\boldsymbol{x}_l, y_l)\}_{l=1}^{L} \subset \mathbb{R}^M \times \mathbb{R}$，对于二分类问题，分类标签 y_l 是二值变量，$y_l \in \{-1, +1\}$。AdaBoost 算法的实现过程如下：

步骤 1：权值初始化。训练数据的权值分布 D_1 初始化为均匀分布：

$$D_1(l) = \frac{1}{L}, \ l = 1, \cdots, L \tag{2-93}$$

也即初始阶段各训练数据采用等值系数加权。

步骤 2：权值自适应更新与弱学习器构建。对于第 t 轮迭代，$t = 1, \cdots, T$：

（1）利用权值分布 $D_t = \{w_{t1}, \cdots, w_{tL}\}$ 训练弱学习器 $h_t(\boldsymbol{x}_l): \boldsymbol{x}_l \rightarrow \{-1, +1\}$。

（2）获得弱学习器 h_t 对训练数据 $\boldsymbol{x}_l$ 的分类标签估计 $\hat{y}_l$。

（3）计算误差率：

$$\bar{e}_t = \sum_{x_l \in \mathcal{D}} w_{tl} I(y_l \neq \hat{y}_l) \qquad (2-94)$$

（4）通过误差率 $\bar{e}_t$ 定义系数：

$$\alpha_t = \frac{1}{2}\ln\frac{1-\bar{e}_t}{\bar{e}_t} \qquad (2-95)$$

（5）更新数据加权系数：

$$D_{t+1}(l) = \frac{D_t(l)\exp(-\alpha_t y_l \hat{y}_l)}{Z_t}, \quad l=1, \cdots, L \qquad (2-96)$$

式中，Z_t 为归一化系数，其作用是使加权系数 $D_{t+1}(l)$ 满足概率的 $[0, 1]$ 取值区间限制。可以看出，误分类样本对应的加权系数 $D_{t+1}(l)$ 较大，也即下一轮将重点关注误分类的样本，从而达到自适应的目的。

步骤 3：弱学习器的提升。采用加权的投票机制，对弱学习器进行集成：

$$h(\boldsymbol{x}_l) = \sum_{t=1}^{T} \alpha_t h_t(\boldsymbol{x}_l) \qquad (2-97)$$

最终得到分类器输出的标签估计为：

$$\hat{y}_l = \text{sign}[h(\boldsymbol{x}_l)] = \text{sign}[\sum_{t=1}^{T} \alpha_t h_t(\boldsymbol{x}_l)] \qquad (2-98)$$

式中，$\text{sign}(x)$ 为符号函数：

$$\text{sign}(x) = \begin{cases} 1, & x \geq 0 \\ -1, & x < 0 \end{cases} \qquad (2-99)$$

理论上任何弱学习器都可以用于 AdaBoost。但最广泛使用的 AdaBoost 弱学习器是决策树和人工神经网络。当使用决策树作为弱学习器时，AdaBoost 分类器使用的是 CART 分类树，而 AdaBoost 回归器使用的是 CART 回归树。图 2.23 给出了基于 CART 分类树构建的 AdaBoost 分类器，在集成不同数目弱估计器时在鸢尾花数据集上的决策边界。可以看出，当估计器数目为 5 时，AdaBoost 分类器能很好地分类鸢尾花数据集。

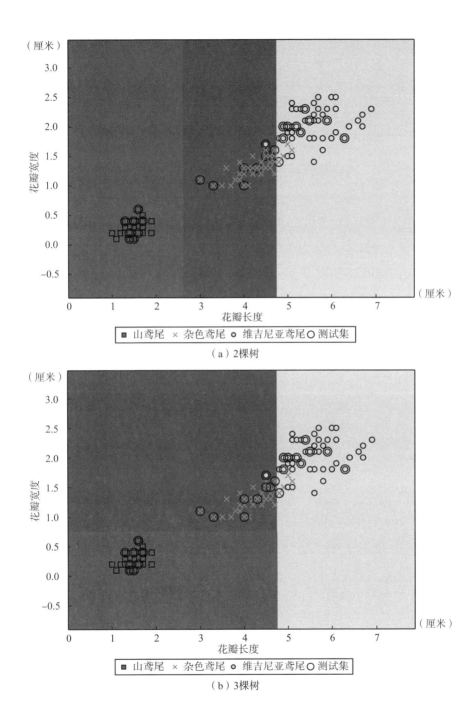

（a）2 棵树

（b）3 棵树

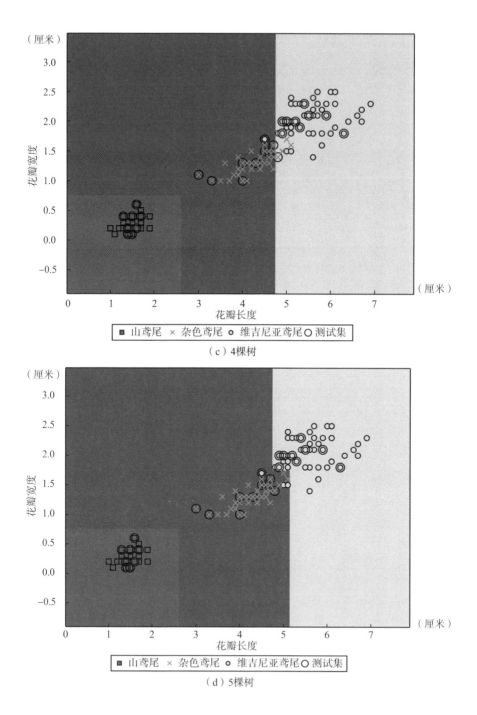

（c）4棵树

（d）5棵树

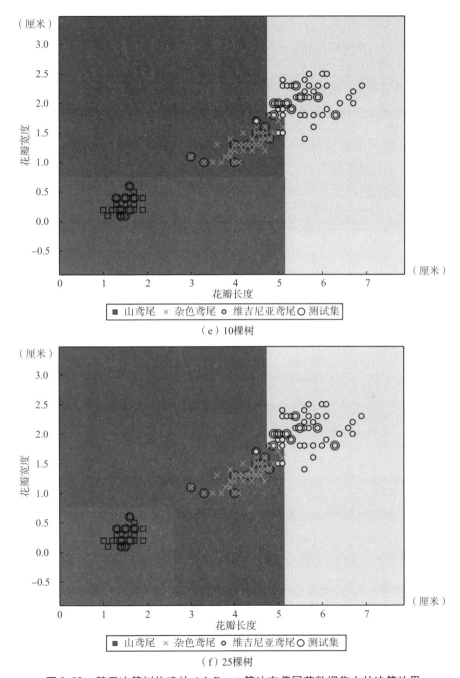

（e）10棵树

（f）25棵树

图 2.23　基于决策树构建的 **AdaBoost** 算法在鸢尾花数据集上的决策边界

2.5.3.3 梯度提升树

随着可解释人工智能的兴起，梯度提升（gradient boosting）类算法越来越受到广泛关注。将梯度提升策略与决策树相结合即可构造梯度提升树。梯度提升树的原始雏形的详细建立过程及相关应用见文献［21］。下面以文献［21］为蓝本对梯度提升树的建立过程加以介绍。

（1）函数估计。

在函数估计问题中，将系统的响应函数记为 $F(\boldsymbol{x})$，系统的输入（解释变量）记为 $\boldsymbol{x} = \{x_1, \cdots, x_n\}$（含 n 个属性），系统的输出（响应变量）记为 y。此时的目标是：利用训练样本上已知的关于 $(y, \boldsymbol{x})$ 对的 N 个样本值 $\{y_i, \boldsymbol{x}_i\}_{i=1}^{N}$，获得从 $\boldsymbol{x}$ 到 y 的最优映射函数 $F^*(\boldsymbol{x})$ 的近似估计 $\hat{F}(\boldsymbol{x})$。该最优函数 $F^*(\boldsymbol{x})$ 能在 $(y, \boldsymbol{x})$ 的联合分布上最小化某特定损失函数 $L(y, F(\boldsymbol{x}))$ 的期望：

$$F^*(\boldsymbol{x}) = \arg\min_{F} E_{y,x}\{L(y, F(\boldsymbol{x}))\}$$
$$= \arg\min_{F} E_x(E_y\{L(y, F(\boldsymbol{x}))\} | \boldsymbol{x}) \qquad (2-100)$$

式中，常用的损失函数有：

①平方误差：$[y - F(\boldsymbol{x})]^2$，对于 $y \in \mathbb{R}$（回归问题）；

②绝对误差：$|y - F(\boldsymbol{x})|$，对于 $y \in \mathbb{R}$（回归问题）；

③负贝努利对数似然：$\log[1 + e^{-2yF(x)}]$，对于 $y \in \{-1, +1\}$（分类问题）。

通常引入有限的参数集 $\boldsymbol{P} = \{P_1, \cdots, P_M\}$，用于标识各个类别成员，并将函数 $F(\boldsymbol{x})$ 限制为函数类 $F(\boldsymbol{x}; \boldsymbol{P})$ 中的一个。此处，取定 $\boldsymbol{P} = \{\beta_m, \boldsymbol{a}_m\}_{m=1}^{M}$，且考虑具有加性展开式形式的函数 $F(\boldsymbol{x}; \boldsymbol{P})$：

$$F(\boldsymbol{x}; \boldsymbol{P}) = F(\boldsymbol{x}; \{\beta_m, \boldsymbol{a}_m\}_{m=1}^{M}) = \sum_{m=1}^{M} \beta_m h(\boldsymbol{x}; \boldsymbol{a}_m) \qquad (2-101)$$

式中，泛型函数（generic function）$h(\boldsymbol{x}; \boldsymbol{a}_m)$ 通常是由特征参数 $\boldsymbol{a} = \{a_1, \cdots, a_M\}$ 刻画的关于输入变量 $\boldsymbol{x}$ 的简单函数。上式中的每一项随着特征参数 $\boldsymbol{a}_m$

的不同而不同。这种加性展开式形式的 $F(\boldsymbol{x}; \boldsymbol{P})$ 在许多函数逼近方法中占有重要地位，例如，人工神经网络、支持向量机、径向基函数、小波和多元自适应回归样条法（multivariate adaptive regression splines，MARS）等。当采用 CART 决策树时，此处的每个函数 $h(\boldsymbol{x}; \boldsymbol{a}_m)$ 都是一棵小型回归树，且特征参数 $\boldsymbol{a}_m$ 表征了该小型回归树的分裂属性、分裂位置和终端叶节点样式等。

通常情况下，选择一个参数化模型 $F(\boldsymbol{x}; \boldsymbol{P})$，可将函数优化问题转化为关于某个参数的数值优化问题：

$$\boldsymbol{P}^* = \arg \min_{\boldsymbol{P}} \Phi(\boldsymbol{P}) \tag{2-102}$$

式中，

$$\Phi(\boldsymbol{P}) = E_{y,\boldsymbol{x}} \{ L(y, F(\boldsymbol{x}; \boldsymbol{P})) \} \tag{2-103}$$

此时有：

$$F^*(\boldsymbol{x}) = F(\boldsymbol{x}; \boldsymbol{P}^*) \tag{2-104}$$

对于大多数的 $F(\boldsymbol{x}; \boldsymbol{P})$ 和 L，求解最优解 $\boldsymbol{P}^*$ 均需运用数值优化方法，且可获得如下形式的最优解：

$$\boldsymbol{P}^* = \sum_{m=0}^{M} \boldsymbol{p}_m \tag{2-105}$$

式中，$\boldsymbol{p}_0$ 是初始化的猜测，$\{\boldsymbol{p}_m\}_{m=1}^{M}$ 是连续提升步上的增量，且各个取值均取决于前一个步上的值。这样，所选用的数值优化方法便决定了各个 $\boldsymbol{p}_m$ 的计算方式。

最陡下降法是一种简单且常用的数值优化方法。利用最陡下降法定义提升增量的过程如下：

首先，计算当前提升步上的梯度：

$$\boldsymbol{g}_m = \{ g_{jm} \} = \left\{ \left[\frac{\partial \Phi(\boldsymbol{P})}{\partial P_j} \right]_{\boldsymbol{P} = \boldsymbol{P}_{m-1}} \right\} \tag{2-106}$$

式中，

$$\boldsymbol{P}_{m-1} = \sum_{i=0}^{m-1} \boldsymbol{p}_i \tag{2-107}$$

其次，计算当前提升步上的步长：

$$\boldsymbol{p}_m = -\rho_m \boldsymbol{g}_m \qquad (2-108)$$

式中，

$$\rho_m = \arg\min_\rho \Phi\ (\boldsymbol{P}_{m-1} - \rho \boldsymbol{g}_m) \qquad (2-109)$$

上式中的负梯度 $-\boldsymbol{g}_m$ 定义了最陡下降的方向，而公式（2-109）则被称为沿最陡下降方向上的线性搜索。

（2）函数空间中的数值优化。

下面通过在函数空间中进行数值优化，来实现函数的非参数估计。为此，将各个点 $\boldsymbol{x}$ 处获得的 $F(\boldsymbol{x})$ 作为参数，并试图最小化下面的函数：

$$\Phi(F(\boldsymbol{x})) = E_{y,\boldsymbol{x}}\{L(y,\ F(\boldsymbol{x}))\} = E_\boldsymbol{x}\{E_y\{L(y,\ F(\boldsymbol{x}))\}\,|\,\boldsymbol{x}\}$$

$$(2-110)$$

或者，等价的直接在各个 $\boldsymbol{x}$ 处关于 $F(\boldsymbol{x})$ 最小化：

$$\Phi(F(\boldsymbol{x})) = E_y\{L(y,\ F(\boldsymbol{x}))\,|\,\boldsymbol{x}\} \qquad (2-111)$$

在函数空间中，有无穷多个这样的参数 $F(\boldsymbol{x})$，但是，对于某个特定的数据集，仅仅涉及有限个参数 $\{F(\boldsymbol{x}_i)\}_{i=1}^N$。这样，即可按照数值优化的方法，获得下面的最优解：

$$F^*(\boldsymbol{x}) = \sum_{m=0}^M f_m(\boldsymbol{x}) \qquad (2-112)$$

式中，$f_0(\boldsymbol{x})$ 是初始猜测，且 $\{f_m\ (\boldsymbol{x})\}_{m=1}^M$ 是所采用优化方法的各提升步中的增量函数。

同样地，采用最陡下降法进行求解可得：

$$f_m(\boldsymbol{x}) = -\rho_m \boldsymbol{g}_m(\boldsymbol{x}) \qquad (2-113)$$

式中，

$$\boldsymbol{g}_m(\boldsymbol{x}) = \left[\frac{\partial \Phi(F(\boldsymbol{x}))}{\partial F(\boldsymbol{x})}\right]_{F(\boldsymbol{x}) = F_{m-1}(\boldsymbol{x})}$$

$$= \left[\frac{\partial E_y\{L(y,\ F(\boldsymbol{x}))\,|\,\boldsymbol{x}\}}{\partial F(\boldsymbol{x})}\right]_{F(\boldsymbol{x}) = F_{m-1}(\boldsymbol{x})} \qquad (2-114)$$

且

$$F_{m-1}(\boldsymbol{x}) = \sum_{i=0}^{m-1} f_i(\boldsymbol{x}) \qquad (2-115)$$

进一步地，假设有充分的正则性可以交换微分和积分，则有当前提升步的梯度：

$$\boldsymbol{g}_m(\boldsymbol{x}) = \left[E_y \left\{ \frac{\partial L(y, \ F(\boldsymbol{x}))}{\partial F(\boldsymbol{x})} \bigg| \boldsymbol{x} \right\} \right]_{F(\boldsymbol{x}) = F_{m-1}(\boldsymbol{x})} \qquad (2-116)$$

而当前提升步的乘积因子 ρ_m 可通过线性搜索形式给出：

$$\rho_m = \arg \min_{\rho} E_{y,\boldsymbol{x}} \{ L(y, \ F_{m-1}(\boldsymbol{x}) - \rho \boldsymbol{g}_m(\boldsymbol{x})) \} \qquad (2-117)$$

（3）有限数据下的函数估计。

当 $(y, \boldsymbol{x})$ 的联合分布由有限数据样本 $\{y_i, \ \boldsymbol{x}_i\}_{i=1}^{N}$ 估计得到时，上述非参数函数估计方法将失效。在这种情况下，$E_y\{\cdot|\boldsymbol{x}\}$ 无法通过每个样本点 $\boldsymbol{x}$ 的数据值来准确估计，即便可能，也希望在最优的 $\boldsymbol{x}$ 值处估计 $F^*(\boldsymbol{x})$，而不是在训练样本上进行估计。这时，可通过在解上施加平滑，以期从附近的数据点处得到帮助。一种可行的方法是，采用如公式（2-101）所示的参数化形式，并利用参数化方法进行函数估计，以最小化相应的基于数据的期望损失估计：

$$\{\boldsymbol{\beta}_m, \ \boldsymbol{a}_m\}_{m=1}^{M} = \arg \min_{|\beta_m', a_m'|_{m=1}^{M}} \sum_{i=1}^{N} L\left[y_i, \sum_{m=1}^{M} \beta_m' h(\boldsymbol{x}_i; \ a_m') \right] \qquad (2-118)$$

上式的求解是复杂的，为此尝试采用分阶段的贪婪方法。对于 $m = 1$，$2, \cdots, M$，有：

$$(\beta_m, \ \boldsymbol{a}_m) = \arg \min_{\beta,a} \sum_{i=1}^{N} L[y_i, \ F_{m-1}(\boldsymbol{x}_i) + \beta h(\boldsymbol{x}_i; \ \boldsymbol{a})] \qquad (2-119)$$

且此时，

$$F_m(\boldsymbol{x}) = F_{m-1}(\boldsymbol{x}) + \beta_m h(\boldsymbol{x}; \ \boldsymbol{a}_m) \qquad (2-120)$$

需注意的是，该分阶段策略与分步的方法不同，分步的方法在添加新项时重新调整了先前输入的项。

在小波信号处理中，上述分阶段策略被称为匹配追踪（matching pursuit），其中，损失函数 $L(y, F(x))$ 采用的是平方误差损失，且 $\{h(x; a_m)\}_{m=1}^{M}$ 被称为基函数，其通常是从一个过完备的类小波字典中取得；在机器学习领域中，如公式（2-119）和公式（2-120）之类的优化过程，被称为提升，且损失函数 $L(y, F(x))$ 要么是一个指数损失准则 $e^{-yF(x)}$，要么是负二项对数似然。函数 $h(x; a)$ 被称为"弱学习器"或"基学习器"，通常为一棵分类树。

假定对于某个特定的损失 $L(y, F(x))$ 和/或基学习器 $h(x; a)$，公式（2-119）的解很难求得。给定任意的逼近 $F_{m-1}(x)$，在提升步前进方向 $h(x; a_m)$ 需为参数化函数类 $h(x; a)$ 中的一员的约束条件下，如公式（2-119）和公式（2-120）中的 $\beta_m h(x; a_m)$ 可看作朝向公式（2-100）中基于数据的最优估计 $F^*(x)$ 迈进的最佳提升步。在该约束条件下，公式（2-113）中的提升步可看作是最陡下降步。进一步地，可构造公式（2-116）中基于数据的无约束负梯度的等价形式：

$$-\mathbf{g}_m(x_i) = -\left[\frac{\partial L(y_i, F(x_i))}{\partial F(x_i)}\right]_{F(x) = F_{m-1}(x)} \tag{2-121}$$

上式给出了在 $F_{m-1}(x)$ 的 N 维数据空间中的最陡下降步进方向 $-\mathbf{g}_m = \{-\mathbf{g}_m(x_i)\}_{i=1}^{N}$。然而，这种梯度只有在数据点 $\{x_i\}_{i=1}^{N}$ 上有定义，不能推广到其他的 x 值处。一种可行的推广方案是，挑选那些能产生最平行于 $-\mathbf{g}_m$ 的 $\mathbf{h}_m = \{h(x; a_m)\}_{i=1}^{N}$ 的参数化类的成员 $h(x; a_m)$。这是在数据分布上同 $-\mathbf{g}_m(x)$ 最相关的弱学习器 $h(x; a)$，其可通过下式求解得到：

$$a_m = \arg\min_{\beta, a} \sum_{i=1}^{N} \left[-\mathbf{g}_m(x_i) - \beta h(x_i; a)\right]^2 \tag{2-122}$$

这时，约束负梯度 $h(x; a_m)$ 用来替代公式（2-116）最陡下降策略中的无约束项 $-\mathbf{g}_m(x)$。具体地，公式（2-117）中的线性搜索通过下式进行：

$$\rho_m = \arg\min_{\rho} \sum_{i=1}^{N} L(y_i, F_{m-1}(x_i) + \rho h(x_i; a_m)) \tag{2-123}$$

最终梯度提升的结果近似更新为：

$$F_m(\boldsymbol{x}) = F_{m-1}(\boldsymbol{x}) + \rho_m h(\boldsymbol{x};\ \boldsymbol{a}_m) \tag{2-124}$$

通常都是通过采用 $h(\boldsymbol{x};\ \boldsymbol{a})$ 拟合公式（2-117）中的伪响应 $\{\tilde{y}_i = -\boldsymbol{g}_m(\boldsymbol{x}_i)\}_{i=1}^N$ 来将约束条件应用于无约束（粗糙）的解，而不是采用如公式（2-119）中的平滑约束获得最优解。这样，可将公式（2-119）中较难求解的函数最小化问题，替换成最小化公式（2-122）中的最小二乘函数问题，这样即可基于公式（2-123）中的基本准则进行单参数的优化求解。因此，对于任意的 $h(\boldsymbol{x};\ \boldsymbol{a})$，若存在求解公式（2-122）的可行最小二乘算法，则可以使用这种方法结合前向分阶段加性模型，来最小化任何可微的损失函数 $L(y,\ F(\boldsymbol{x}))$。这就引出了下面使用最陡下降的梯度提升算法的通用框架。

梯度提升算法的实现过程如下：

步骤1：初始化。初始化初始猜测：

$$f_0(\boldsymbol{x}) = \arg\min_{\rho} \sum_{i=1}^N L(y_i,\ \rho) \tag{2-125}$$

步骤2：循环迭代。对于 $m = 1,\ 2,\ \cdots,\ M$，进行如下操作：

①对于 $i = 1,\ \cdots,\ N$，计算 $\tilde{y}_i$：

$$\tilde{y}_i = -\left[\frac{\partial L(y_i,\ F(\boldsymbol{x}_i))}{\partial F(\boldsymbol{x}_i)}\right]_{F(\boldsymbol{x}) = F_{m-1}(\boldsymbol{x})} \tag{2-126}$$

②计算 a_m：

$$\boldsymbol{a}_m = \arg\min_{\beta, \boldsymbol{a}} \sum_{i=1}^N \left[\tilde{y}_i - \beta h(\boldsymbol{x}_i;\ \boldsymbol{a})\right]^2 \tag{2-127}$$

③计算 ρ_m：

$$\rho_m = \arg\min_{\rho} \sum_{i=1}^N L\left[y_i,\ F_{m-1}(\boldsymbol{x}_i) + \rho h(\boldsymbol{x}_i;\ \boldsymbol{a}_m)\right] \tag{2-128}$$

步骤3：更新提升结果。更新公式为：

$$F_m(\boldsymbol{x}) = F_{m-1}(\boldsymbol{x}) + \rho_m h(\boldsymbol{x};\ \boldsymbol{a}_m) \tag{2-129}$$

最终得到梯度提升树为：

$$\hat{f}(\boldsymbol{x}) = F_M(\boldsymbol{x}) = \sum_{m=1}^M \rho_m h(\boldsymbol{x};\ \boldsymbol{a}_m) \tag{2-130}$$

　　需注意的是，原则上，任何估计给定 x 的条件下的条件期望的拟合准则，都可用来估计梯度提升树算法中如公式（2-116）所示的梯度。由于最小二乘类算法具有优越的计算性能，因此如公式（2-127）中最小二乘是一种自然选择。依据处理问题类型的不同，基于上述梯度提升框架的梯度提升树算法有两种：GBDT 和 GBRT。

　　（4）GBDT 和 GBRT。

　　通常将用于分类问题的梯度提升树称为梯度提升决策树（gradient boosted decision tree，GBDT），而将用于回归问题的梯度提升树称为梯度提升回归树（gradient boosted regression tree，GBRT）。本书主要讨论分类问题，为此下面给出如图 2.24 所示的，采用 CART 决策树作为基分类器构建的 GBDT 算法，在鸢尾花数据集上的决策边界情况。可以看出，采用 4 棵树即可较好地完成分类任务。

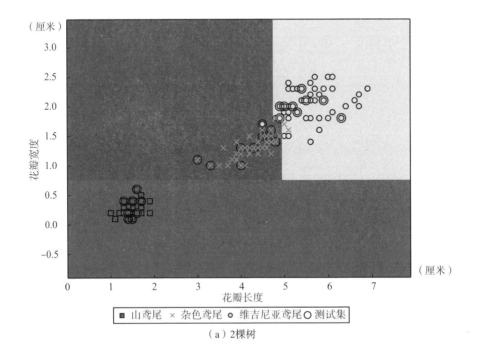

（a）2棵树

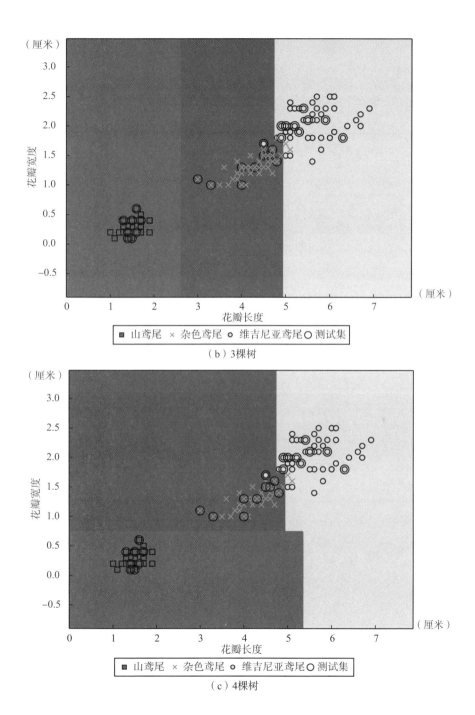

（b）3棵树

（c）4棵树

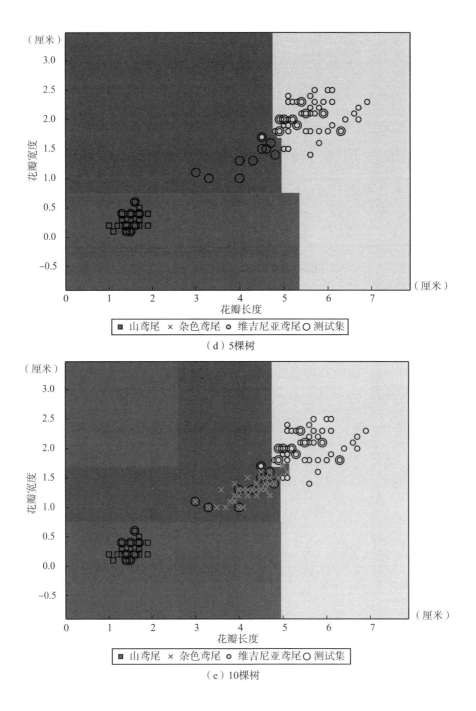

（d）5棵树

（e）10棵树

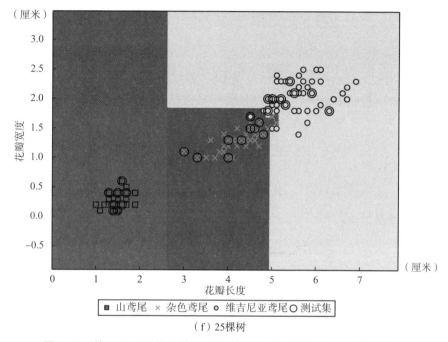

（f）25棵树

图 2.24　基于 CART 构建的 GBDT 算法在鸢尾花数据集上的决策边界

2.5.3.4　XGBoost

XGBoost 算法可看作是 GBDT 算法的一种高效实现，其能够在大规模数据集上运行，并且具有很强的泛化能力。XGBoost 算法是基于梯度提升树的算法，算法的核心思想是：使用多个弱学习器，通过逐步优化损失函数来提升构建一个强学习器。XGBoost 算法在构建学习的目标函数时，同时考虑了训练误差的大小和训练模型的复杂度。下面以文献［22］为蓝本，详细介绍 XGBoost 算法的实现过程。

（1）学习目标函数的正则化。

给定一含有 n 个样本 m 个属性的数据集 $\mathcal{D} = \{(y_i, x_i)\}_{i=1}^{n}$，其中，$|\mathcal{D}| = n$，$x_i \in \mathbb{R}^m$，$y_i \in \mathbb{R}$。对于分类或回归任务，机器学习的常见做法是，利用给定的训练样本 x_i，如何学习出一个模型，尽可能准确地给出 y_i 的预

测 $\hat{y}_i$。这时，需要对模型的参数 Θ 进行估计。为此，需定义如下的目标函数：

$$\mathcal{L}(\Theta) = \underbrace{L(\Theta)}_{\text{训练损失}} + \underbrace{\Omega(\Theta)}_{\text{模型复杂度}} \qquad (2-131)$$

式中，$L(\Theta)$ 为训练损失，用于度量模型对数据的拟合程度：

$$L = \sum_{i=1}^{n} l(y_i, \hat{y}_i) \qquad (2-132)$$

式中，损失函数 $l(y_i, \hat{y}_i)$ 可以是平方损失：

$$l(y_i, \hat{y}_i) = (y_i - \hat{y}_i)^2 \qquad (2-133)$$

亦可以是逻辑损失：

$$l(y_i, \hat{y}_i) = y_i \ln(1 + e^{-\hat{y}_i}) + (1 - y_i)\ln(1 + e^{\hat{y}_i}) \qquad (2-134)$$

$\Omega(\Theta)$ 为正则化项，用于对模型复杂度进行惩罚，其可以是 L2-范数惩罚项：

$$\Omega(w) = \lambda \|w\|^2 \qquad (2-135)$$

亦可以是 L1-范数惩罚项：

$$\Omega(w) = \lambda \|w\|_1 \qquad (2-136)$$

在模型的优化过程中，若对训练损失 $L(\Theta)$ 施加惩罚，则倾向于学习到预测性能更好的模型；另外，若施加正则化惩罚项 $\Omega(\Theta)$，则倾向于学习到结构更简单的模型。因此实际的工程应用中，需对两者进行折中。

XGBoost 模型可看作是 K 个弱学习器的线性集成，其输出可描述为：

$$\hat{y}_i = \phi(x_i) = \sum_{k=1}^{K} f_k(x_i), \; f_k \in \mathcal{F} \qquad (2-137)$$

式中，$\mathcal{F} = \{f(x) = w_{q(x)}\}$，且 $q: \mathbb{R}^m \rightarrow \{1, 2, \cdots, T\}$，$w \in \mathbb{R}^T$。假定此处采用的弱学习器为 CART 决策树，则 $\mathcal{F}$ 为 CART 所对应的函数空间。$q(x)$ 表征了将各个样本映射至叶节点的树结构，T 则为该树中叶节点的数目。这样，每一个 f_k 对应于一棵独立的树结构 q 和叶节点的权值 w。

与常规的学习器中将权值 w 作为优化学习的对象不同，此处将 XGBoost 模型中的基学习器 $f_1, f_2, \cdots, f_K$ 作为所要学习的参数 $\Theta = \{f_1, f_2, \cdots, f_k\}$，也即直接将 CART 决策树作为优化学习的对象。为此，需最小化下面的正则化目标函数：

$$\mathcal{L}(\phi) = \underbrace{\sum_{i=1}^{n} l(y_i, \hat{y}_i)}_{\text{训练损失}} + \underbrace{\sum_{k=1}^{K} \Omega(f_k)}_{\text{模型复杂度}} \qquad (2-138)$$

式中，损失函数 $l(y_i, \hat{y}_i)$ 为一可微的凸函数，$\Omega(f_k)$ 为对学习器参数 $\Theta = \{f_1, f_2, \cdots, f_K\}$ 施加的正则化惩罚：

$$\Omega(f) = \gamma T + \frac{1}{2} \lambda \|w\|^2 \qquad (2-139)$$

式中，最后一项 γ 为引入新的叶节点所导致的模型复杂度增加，也即损失。

下面详细介绍 XGBoost 算法中，构成基学习器的 CART 决策树的提升学习过程。

（2）梯度树的提升。

与常规的数值优化不同，公式（2-138）中优化的是 CART 决策树，也即是函数空间中的优化，无法采用常规的欧氏空间中的优化方法，如随机梯度下降（stochastic gradient descent，SGD）等。因此，此处采用前向加法的提升方案，获得对应于第 i 个输入样本 x_i 的预测输出：

首先，起始于常数预测：

$$\hat{y}_i^{(0)} = 0 \qquad (2-140)$$

其次，在每个时间步 t，均添加一个新的函数：

$$\hat{y}_i^{(1)} = f_1(x_i) = \hat{y}_i^{(0)} + f_1(x_i) \qquad (2-141)$$

$$\hat{y}_i^{(2)} = f_1(x_i) + f_2(x_i) = \hat{y}_i^{(1)} + f_2(x_i) \qquad (2-142)$$

$$\cdots$$

$$\hat{y}_i^{(t)} = \sum_{k=1}^{t} f_k(x_i) = \hat{y}_i^{(t-1)} + f_t(x_i) \qquad (2-143)$$

因此，对于第 t 步的学习模型，其输出 $\hat{y}_i^{(t)}$ 只需在前一步的预测 $\hat{y}_i^{(t-1)}$ 的基础上，添加一项新的函数值 $f_t(x_i)$ 即可。此时的目标函数可写为如下的函数形式：

$$\mathcal{L}(\phi) = \sum_{i=1}^{n} l(y_i, \hat{y}_i^{(t)}) + \sum_{k=1}^{t} \Omega(f_k)$$

$$= \underbrace{\sum_{i=1}^{n} l(y_i, \hat{y}_i^{(t-1)} + f_t(x_i))}_{\text{训练损失}} + \underbrace{\Omega(f_t)}_{\text{模型复杂度}} + C \qquad (2-144)$$

式中，常数项 C 包含了先前步当中的已知项。因此，对于当前步 t，优化的目标变为寻找最优的函数 $f_t(x_i)$，能以可以接受的模型复杂度实现较小的训练损失。这样，依据公式（2-138）中的优化目标，在每一步均贪婪地加入最能改善模型的函数 f_t，即可实现梯度提升。下面从训练损失和模型复杂度两个方面加以展开。

①训练损失的优化。

优化训练损失时，可考虑如下两种情况：

第一，采用平方损失。如果在公式（2-144）中引入平方损失函数，则可进一步将优化目标简化为：

$$\mathcal{L}^{(t)} = \sum_{i=1}^{n} (y_i - (\hat{y}_i^{(t-1)} + f_t(x_i)))^2 + \Omega(f_t) + C$$

$$= \sum_{i=1}^{n} [2(\hat{y}_i^{(t-1)} - y_i)f_t(x_i) + f_t^2(x_i)] + \Omega(f_t) + C'$$

$$(2-145)$$

第二，更一般的情况。对式（2-144）中的损失函数 $l(y_i, \hat{y}_i^{(t-1)} + f_t(x_i))$ 进行二阶泰勒展开，可获得优化目标函数的二阶近似：

$$\mathcal{L}^{(t)} \approx \sum_{i=1}^{n} \left[l(y_i, \hat{y}_i^{(t-1)}) + g_i f_t(x_i) + \frac{1}{2} h_i f_t^2(x_i) \right] + \Omega(f_t) \qquad (2-146)$$

式中，g_i 和 h_i 分别为损失函数的一阶和二阶偏导数，且：

$$g_i = \frac{\partial l(y_i, \hat{y}^{(t-1)})}{\partial \hat{y}^{(t-1)}} \qquad (2-147)$$

$$h_i = \frac{\partial^2 l(y_i, \hat{y}^{(t-1)})}{\partial (\hat{y}^{(t-1)})^2} \qquad (2-148)$$

此时，当取定损失函数为平方损失函数时，有：

$$g_i = \frac{\partial(y_i - \hat{y}^{(t-1)})^2}{\partial \hat{y}_i^{(t-1)}} = 2(\hat{y}^{(t-1)} - y_i) \qquad (2-149)$$

$$h_i = \frac{\partial^2(y_i - \hat{y}^{(t-1)})^2}{\partial(\hat{y}^{(t-1)})^2} = 2 \qquad (2-150)$$

将公式（2-149）和公式（2-150）代入公式（2-146），即可获得与公式（2-145）相同的损失函数。

由于在第 t 步中，$\hat{y}^{(t-1)}$ 为一已知的值，故 $l(y_i, \hat{y}^{(t-1)})$ 为一固定的常数值。将公式（2-146）中的常数项移除，即可获得如下的目标函数：

$$\mathcal{L}^{(t)} \approx \sum_{i=1}^{n}\left[g_i f_t(x_i) + \frac{1}{2}h_i f_t^2(x_i) \right] + \Omega(f_t) \qquad (2-151)$$

这样，只需求出每一步上的损失函数的一阶偏导数 g_i 和二阶偏导数 h_i，即可依据优化的目标函数，确定每一步上的最佳更新函数值 $f_t(x_i)$，并依据前向加法方案获得在损失函数上最优的提升模型。

②模型复杂度的优化。

XGBoost 算法基于 CART 决策树模型实现，因此将 CART 决策树定义为一组叶节点对应的权向量 $f_t(x) = w_{q(x)}$，其中，叶节点的权 $w \in \mathbb{R}^T$，且映射 $q: \mathbb{R}^m \rightarrow \{1, 2, \cdots, T\}$ 将各个样本映射至叶节点，其表征了树的结构。这样，模型的复杂度可由叶节点数目和叶节点处的权重共同决定：

$$\Omega(f_t) = \gamma T + \frac{1}{2}\lambda \sum_{j=1}^{T} w_j^2 \qquad (2-152)$$

可以看出，叶节点个数越多模型越复杂，且叶节点处权重所组成的向量的 L2-范数越大，模型越复杂。

将叶节点 j 处的样本集合记为 $I_j = \{i \mid q(x_i) = j\}$，则优化的目标函数可进一步写成如下形式：

$$\begin{aligned}\mathcal{L}^{(t)} &\approx \sum_{i=1}^{n}\left[g_i f_t(x_i) + \frac{1}{2}h_i f_t^2(x_i) \right] + \Omega(f_t) \\ &= \sum_{i=1}^{n}\left[g_i w_{q(x_i)} + \frac{1}{2}h_i w_{q(x_i)}^2 \right] + \gamma T + \frac{1}{2}\lambda \sum_{j=1}^{T} w_j^2\end{aligned}$$

$$= \sum_{j=1}^{T} \left[\left(\sum_{i \in I_j} g_i \right) w_j + \frac{1}{2} \left(\sum_{i \in I_j} h_i + \lambda \right) w_j^2 \right] + \gamma T \qquad (2-153)$$

上式在求取目标函数的过程中，将原来的按样本点遍历的计算方式，转换成按照叶节点遍历的计算方式。

为简单起见，记 $G_j = \sum_{i \in I_j} g_i$，$H_j = \sum_{i \in I_j} h_i$，则上述目标函数可进一步简化为：

$$\mathcal{L}^{(t)} = \sum_{j=1}^{T} \left[G_j w_j + \frac{1}{2} (H_j + \lambda) w_j^2 \right] + \gamma T \qquad (2-154)$$

由于 G_j 和 H_j 的值均取决于前 $t-1$ 步的结果，故 G_j 和 H_j 可视为常数。假定树的结构 $q(x)$ 已固定，则对公式（2-154）中的 w_j 求一阶导数，并令其为 0，即可求得各叶节点处的最优权值：

$$w_j^* = -\frac{G_j}{H_j + \lambda} \qquad (2-155)$$

且所获得的最优目标函数值为：

$$\mathcal{L}^* = -\frac{1}{2} \sum_{j=1}^{T} \frac{G_j^2}{H_j + \lambda} + \gamma T \qquad (2-156)$$

公式（2-156）中的值 $\mathcal{L}^*$ 可用于度量树结构 $q(x)$ 的好坏。

实际应用中，通常无法穷举所有可能的树结构 $q(x)$，因此采用贪婪搜索策略：首先从深度为 0 的树开始搜索；然后逐步向树中添加分支，迭代进行。对于某次属性划分，划分后会产生新的左节点和右节点，分别记 I_L 和 I_R 为对应于新的左右节点的样本集合，则有 $I = I_L \cup I_R$。这时，进行属性分裂前的损失为：

$$Loss_{before} = -\frac{1}{2} \frac{(G_L + G_R)^2}{H_L + H_R + \lambda} + \gamma \qquad (2-157)$$

完成一次属性分裂后，引入了左右两个新的叶节点。在新的左叶节点上的损失为：

$$Loss_{left} = -\frac{1}{2} \frac{G_L^2}{H_L + \lambda} + \gamma \qquad (2-158)$$

在新的右叶节点上的损失为：

$$Loss_{\text{right}} = -\frac{1}{2}\frac{G_R^2}{H_R + \lambda} + \gamma \qquad (2-159)$$

这样，引入某个属性划分后的收益，也即引入该属性划分前后的损失减少量为：

$$Gain_{\text{split}} = Loss_{\text{before}} - (Loss_{\text{left}} + Loss_{\text{right}})$$

$$= \frac{1}{2}\left[\frac{G_L^2}{H_L + \lambda} + \frac{G_R^2}{H_R + \lambda} - \frac{(G_L + G_R)^2}{H_L + H_R + \lambda}\right] - \gamma \qquad (2-160)$$

下面将着重阐述如何寻找最优的划分。

（3）最优划分算法。

XGBoost 算法基于 CART 决策树构建，与常规决策树的生长过程类似，同样地存在如何寻找最优的分裂点进行属性划分的问题。

①精确分裂算法。

利用精确的贪婪搜索算法进行 XGBoost 基决策树的分裂过程如下：

步骤 1：从深度为 0 的树开始，遍历所有可用的属性。

步骤 2：对每个属性，依据属性值对每个样本进行排序。

步骤 3：通过线性扫描，决定该属性上的最佳分裂点。

步骤 4：选择收益最大的属性作为分裂属性，用该属性上的最佳分裂点作为分裂位置，分裂出左右两个新的叶节点，并为每个新叶节点关联上相对应的样本点。

步骤 5：如满足停止条件，则确定出所有属性上的最佳分裂属性和分裂点；否则返回步骤 1。

利用精确贪婪算法挑选分裂属性的搜索过程如算法 2.3 所示。

算法 2.3　精确贪婪算法挑选最佳分裂属性的搜索过程

精确贪婪算法：
　　输入：I，当前节点的样本集合

---

d，属性个数

$Gain \leftarrow 0$

$G \leftarrow \sum\limits_{i \in I_j} g_i$，$H \leftarrow \sum\limits_{i \in I_j} h_i$

for $k = 1$ to m do

    $G_L \leftarrow 0$，$H_L \leftarrow 0$

    for j（依据 x_{jk} 排序后的 I）do

        $G_L \leftarrow G_L + g_j$，$H_L \leftarrow H_L + h_j$

        $G_R \leftarrow G - G_L$，$H_R \leftarrow H - H_L$

        $Gain \leftarrow \max\left(Gain, \dfrac{G_L^2}{H_L + \lambda} + \dfrac{G_R^2}{H_R + \lambda} - \dfrac{G^2}{H + \lambda} \right)$

    end

end

输出：具有最大 Gain 值的分裂属性

---

②近似分裂算法。

精确贪婪算法的使用存在一定的局限性。当数据量太大时，可能导致内存溢出，且不利于分布式计算。为更好地进行梯度树的提升，需对上述精确贪婪搜索加以近似实现，算法 2.4 给出了该近似方案的详细实现过程。可以看出，该近似框架首先依据属性值的分位点确定切分点，将属性值映射至由这些切分点划分的数据桶中，然后收集统计信息，并依据这些统计信息找到最佳分裂点。

算法 2.4　挑选最佳分裂属性的两种近似算法

挑选分裂属性的近似算法：

    for $k = 1$ to m do

        依据第 k 个属性上的分位点给出候选切分点 $S_k = \{s_{k1}, s_{k2}, \cdots, s_{kl}\}$

        候选切分点 S_k 的给出方式：全局（针对每棵树一次性给出）、局部（按分裂点逐次给出）

    end

    for $k = 1$ to m do

        $G_{kv} \leftarrow = \sum\limits_{j \in \{j \mid s_{k,v} \geq x_{jk} > s_{k,v-1}\}} g_j$

        $H_{kv} \leftarrow = \sum\limits_{j \in \{j \mid s_{k,v} \geq x_{jk} > s_{k,v-1}\}} h_j$

    end

    接下来的步骤与精确贪婪算法相同，输出具有最大 Gain 值的分裂属性

从算例 2.4 还可以看出，有两种产生候选切分点的方案：

第一，全局方案。在决策树构建的起始阶段便确定了所有的候选切分点，且后续决策树的构建中均采用相同的候选切分点集合。

第二，局部方案。在每一次划分时均重新产生候选切分点。

直观印象是全局方案只需产生一次候选切分点，产生步骤比局部方案简单。但实际上，由于全局方案后续步骤不再产生候选切分点，因此需要产生比局部方案更多数量的候选切分点。由于局部方案中每次划分时均产生候选切分点，故局部方案更适合于深层次决策树的情况。

在文献［22］中，陈天奇等在 Higgs Boson 数据集上对比了精确贪婪算法、全局近似和局部近似的测试集 AUC 性能曲线，其结果如图 2.25 所示。此处用 eps 代表取分位点的颗粒度，例如，$eps = 0.25$ 代表将数据集划分为 $1/0.25 = 4$ 个桶。从图 2.25 中可以看出，相同颗粒度情况下，局部近似算法

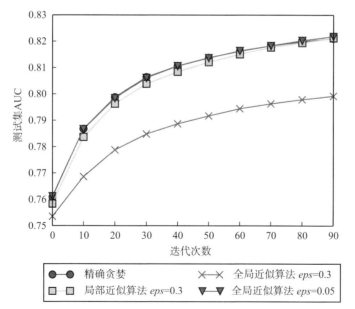

图 2.25 在 Higgs Boson 10M 数据集上，精确贪婪算法、全局近似和

局部近似的测试集 AUC 收敛性的比较

性能更优，也即局部近似算法确实只需要较少数量的候选切分点。此外，当颗粒度足够小时，全局近似算法（$eps=0.05$）和局部近似算法（$eps=0.3$）均能达到和精确贪婪算法非常接近的性能。

③候选切分点的生成。

通常利用属性特征的分位数来均匀地产生候选切分点。令多重集合 $\mathcal{D}_k = \{(x_{1k}, h_1), (x_{2k}, h_2), \cdots, (x_{nk}, h_n)\}$，其表征了训练样本上第 k 个特征值和相应的二阶导数统计信息。定义分级函数 $r_k: \mathbb{R} \to [0, +\infty)$ 如下：

$$r_k(z) = -\frac{\sum_{(x,h)\in\mathcal{D}_k, x<z} h}{\sum_{(x,h)\in\mathcal{D}_k} h} \tag{2-161}$$

上式中的分级函数表征了特征值 x 小于 z 的样本所占的比率。接下来的目标是寻找候选划分点 $\{s_{k1}, s_{k2}, \cdots, s_{kl}\}$，使得下式成立：

$$|r_k(s_{k,j}) - r_k(s_{k,j+1})| < \epsilon \tag{2-162}$$

其中，$s_{k1} = \min_i x_{ik}$，$s_{kl} = \max_i x_{ik}$，ϵ 为一近似因子。候选划分点的个数可粗略描述为 $1/\epsilon$。此时，每个样本点均通过 h_i 加权。为更好地理解 h_i 的加权作用，对公式（2-151）中的损失函数进行重组如下：

$$\begin{aligned}\mathcal{L}^{(t)} &\approx \sum_{i=1}^n \left[g_i f_t(x_i) + \frac{1}{2} h_i f_t^2(x_i) \right] + \Omega(f_t) \\ &= \sum_{i=1}^n \left[g_i f_t(x_i) + \frac{1}{2} h_i f_t^2(x_i) + \frac{g_i^2}{2h_i} \right] + \Omega(f_t) - \frac{g_i^2}{2h_i} \\ &= \sum_{i=1}^n \frac{1}{2} h_i \left[f_t(x_i) + \frac{g_i}{h_i} \right]^2 + \Omega(f_t) + C \end{aligned} \tag{2-163}$$

式中，$-\frac{g_i^2}{2h_i}$ 的取值为固定值，故将其并入了常数项。通过上式可清楚地观察到平方损失项的加权为 h_i。

对于大规模数据集，寻找满足公式（2-162）的最优候选划分点 $\{s_{k1}, s_{k2}, \cdots, s_{kl}\}$ 是烦琐的。当每个样本具有相同的权重时，可采用分位点概要图解[27,28]决此类问题。对于样本间的权重不同的情况，则需采用加权分位点概要图[29]。

④稀疏感知分裂搜索。

实际工程应用中，输入 x 为稀疏的情况比较常见。这种稀疏性有多种可能的原因：第一，数据中存在缺失值；第二，统计数据中经常出现零项；第三，特征工程的人为因素，例如，独热编码。让算法意识到数据中的稀疏性模式是很重要的。为此，文献［22］在每个节点均加入一个缺省分支方向，如图 2.26 所示，具体的学习过程如算法 2.5 所示。

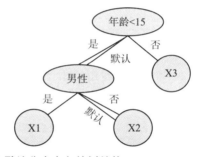

图 2.26 具有默认分支方向的树结构

算法 2.5 稀疏感知分裂搜索过程

稀疏感知分裂搜索算法：
    输入：I，当前节点的样本集合
        $I_k = \{i \in I \mid x_{ik} \neq 缺失值\}$
        d，属性个数
        对于近似算法，仅将非缺失值的统计信息收集放进数据桶内
    $Gain \leftarrow 0$
    $G \leftarrow \sum_{i \in I} g_i$，$H \leftarrow \sum_{i \in I} h_i$
    for $k = 1$ to m do
      //穷举缺失值进入右分支
      $G_L \leftarrow 0$，$H_L \leftarrow 0$
      for j（依据 x_{jk} 排序后的 I）do
        $G_L \leftarrow G_L + g_j$，$H_L \leftarrow H_L + h_j$

$G_R \leftarrow G - G_L$, $H_R \leftarrow H - H_L$

$$Gain \leftarrow \max\left(Gain, \frac{G_L^2}{H_L + \lambda} + \frac{G_R^2}{H_R + \lambda} - \frac{G^2}{H + \lambda} \right)$$

end

//穷举缺失值进入左分支

$G_R \leftarrow 0$, $H_R \leftarrow 0$

for j （依据 x_{jk} 排序后的 I) do

$G_R \leftarrow G_R + g_j$, $H_R \leftarrow H_R + h_j$

$G_L \leftarrow G - G_R$, $H_L \leftarrow H - H_R$

$$Gain \leftarrow \max\left(Gain, \frac{G_L^2}{H_L + \lambda} + \frac{G_R^2}{H_R + \lambda} - \frac{G^2}{H + \lambda} \right)$$

end

end

输出：具有最大 Gain 值的分裂属性

从图 2.26 和算法 2.5 可以看出，改良的关键点在于仅仅考虑非缺失值 I_k，且在每个节点处增加了一个缺省方向。当需要分裂的属性值缺失时，该样本将被分类进入缺省分支中。每个分支有左右两个默认方向可供选择，具体哪个方向最优则是从数据中学习得到。

从算法 2.5 可以看出，学习过程中，首先分别穷举具有缺失特征值的样本归类为左、右分支后的增益，然后挑选具有最大增益的方向作为最优缺失值的方向，从而完成缺省分支的构建。

由于 XGBoost 算法直接将存在属性缺失值的样本放入缺省分支，这样其计算开销仅仅与非缺失值样本的数量成正比，故对于稀疏数据的处理，将大大节省处理时间。文献［22］给出了稀疏感知算法在 Allstate-10K 数据集上的性能提升情况，结果如图 2.27 所示。Allstate-10K 数据集由于采用了独热编码，因此是非常稀疏的。与没有考虑稀疏性的基准算法相比，稀疏感知算法快了 50 倍以上。

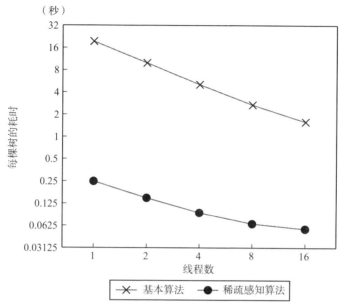

图 2.27　稀疏感知算法的性能提升

2.6　基于人工神经网络结构的人工智能算法

　　人工神经网络结构的学习算法，在人工智能算法中占有核心地位。尤其是近些年深度学习技术的飞速发展，使得基于人工神经网络结构的人工智能算法的应用越来越广泛。

2.6.1　ANN 模型

　　关于人工神经网络（artificial neural network，ANN）方面的研究，很早便已出现。经历了几次大起大落，如今已发展成为人工智能领域最庞大、影响最深远的分支。

2.6.1.1 神经元与单层感知机

ANN 模型的基本组成单元是神经元（neuron）。为了设计人工智能算法，研究者们尝试从动物大脑的工作原理中获得灵感。大脑中的神经元的结构示意图如图 2.28 所示。神经元主要由多个树突、细胞体、轴突和突触构成。神经元和神经元之间通过树突和突触进行首尾相连，而神经递质则在突触传递中充当信使的作用。生物信号的传递方式是：多个信号到达树突，传递给神经递质，神经递质上附加了生物电，当生物电累积到一定量并超过阈值时，便会激发突触发送信号出去。

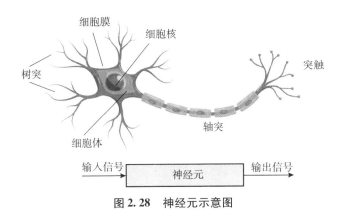

图 2.28　神经元示意图

麦卡洛克（McCulloch）和皮茨（Pitts）[30] 首次将神经元抽象为简单模型。对脑细胞进行了数学建模，后人将其称为 M-P 神经元模型。随后，罗森布拉特（Rosenblatt）[31] 引入单层感知机，其原理如图 2.29 所示。

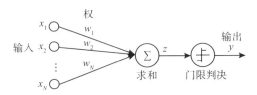

图 2.29　单层感知机示意图

　　为简单起见，对于二分类任务，可将两个类别分别记为 +1（正类）和 -1（负类）。输入信号的列向量记为：

$$\boldsymbol{x} = (x_1, x_2, \cdots, x_N)^T \tag{2-164}$$

权重的列向量记为：

$$\boldsymbol{w} = (w_1, w_2, \cdots, w_N)^T \tag{2-165}$$

则输入信号经过加权后的输出为：

$$z = \boldsymbol{w}^T \boldsymbol{x} = w_1 x_1 + w_2 x_2 + \cdots + w_N x_N \tag{2-166}$$

该输出为一个数值，将其作为阈值判决函数的输入，即可获得最终的输出类别：

$$y = c(z) \tag{2-167}$$

式中，阈值函数的表达式为：

$$c(x) = \begin{cases} 1, & x \geq T \\ -1, & x < T \end{cases} \tag{2-168}$$

其中，T 为判决门限。可以看出，阈值函数将输入映射成 +1 和 -1，且 +1 和 -1 分别对应于神经元的兴奋和抑制。

　　上述这种只有输入层和输出层的网络称为单层感知机。由于感知机中采用的是线性变换，仅仅是加权和偏移操作，过于简单，限制了其对复杂任务的处理能力。为此，考虑引入激活函数，在模型中引入非线性，以增强网络的学习能力。

2.6.1.2　前向人工神经网络

　　引入激活函数后的人工神经网络基本组成单元如图 2.30 所示。可以看出，该基本组成单元与感知机具有相似的结构，差别是在后端引入了激活函数。所谓的激活函数（activation function）是一种添加到人工神经网络中的函数，旨在帮助人工神经网络更好地学习输入信号中的非线性模式。

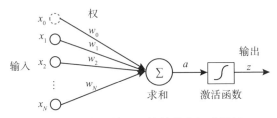

图 2.30　人工神经网络的基本组成单元

人工神经网络基本组成单元的输出可描述为：

$$z = h(a) \qquad (2-169)$$

式中，a 为求和单元的输出：

$$a = \boldsymbol{w}^T \boldsymbol{x} = \sum_{i=0}^{N} w_i x_i \qquad (2-170)$$

其中，w_0 为截距项，且 $x_0 = 1$。而 $h(x)$ 为激活函数，常用的激活函数有 Sigmoid 函数、tanh 函数、Relu 函数和 Softmax 函数等，表 2.3 给出了这四种常用激活函数的表达式和相应的图形。

表 2.13　　　　　　　　　　人工神经网络中常用的 12 种激活函数

名称	表达式	图形
Sigmoid	$h(x) = \dfrac{1}{1 + e^{-x}}$	
tanh	$h(x) = \dfrac{e^x - e^{-x}}{e^x + e^{-x}}$	
Relu	$h(x) = \begin{cases} x, & x > 0 \\ 0, & x \leqslant 0 \end{cases}$	

续表

名称	表达式	图形
Softmax	$h(x) = \dfrac{e^{x_i}}{\sum\limits_{j=1}^{N} e^{x_j}}$	

将多个人工神经网络的基本组成单元按照一定的层次结构加以连接，便构成了人工神经网络。人工神经网络是在感知机模型的基础上，增加了隐藏层的网络结构。隐藏层中节点的数量没有限制，且隐藏层的总层数也没有限制。为简单起见，下面仅讨论含有输入层、隐藏层和输出层等共计三层的人工神经网络。

图 2.31 给出了典型的具有三层结构的人工神经网络结构示意图。可以看出，该网络在对输入信号进行加权求和后，通过非线性的激活函数进行非线性运算。

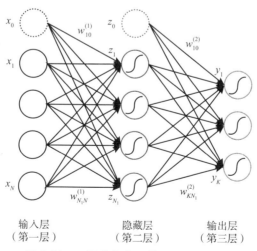

图 2.31　三层前向人工神经网络示意图

下面以图 2.31 所示的三层前向人工神经网络为例，给出相应的数学模型。

第一步，对中间的隐藏层进行建模。隐藏层的各个节点首先对输入信号进行加权求和：

$$a_j = \left(\boldsymbol{w}_j^{(1)} \right)^T \boldsymbol{x} = \sum_{i=0}^{N} w_{ji}^{(1)} x_i \qquad (2-171)$$

式中，j 为隐藏层节点的标号，且 $j=1, \cdots, M$。w_{ji}，$i=1, \cdots, N$ 为对应于输入层的权值，且 w_{j0} 为偏差项或截距项。然后，将求和结果 a_j 作为激活函数的输入，所得到的输出为：

$$z_j = h_1(a_j) \qquad (2-172)$$

式中，$h_1(\cdot)$ 为隐藏层所使用的激活函数，其输出 z_j 将作为下一层的输入。

第二步，对输出层进行建模。对上一层的输出进行加权求和：

$$a_k = \left(\boldsymbol{w}_k^{(2)} \right)^T \boldsymbol{z} = \sum_{j=0}^{N_1} w_{kj}^{(2)} z_j \qquad (2-173)$$

式中，k 为输出层节点的标号，且 $k=1, \cdots, K$，也即输出层共有 K 个节点。与隐藏层类似，w_{kj}，$j=1, \cdots, N_1$ 为对应于隐藏层输出的权向量，且 w_{k0} 为截距项。K 个输出层节点的输出为：

$$y_k = h_2(a_k) \qquad (2-174)$$

式中，$h_2(\cdot)$ 为输出层所使用的激活函数，其输出可看作是对应于类别 k 的概率。对各层的输入和输出加以整合，可得最终的输出公式为：

$$y_k = f_{ANN}(\boldsymbol{x}; \boldsymbol{w}) = h_2\left[\sum_{j=0}^{N_1} w_{kj}^{(2)} h_1\left(\sum_{i=0}^{N} w_{ji}^{(1)} x_i \right) \right] \qquad (2-175)$$

上式描述了如图 2.31 所示的前向神经网络的信息传播过程。

2.6.1.3　网络参数的学习

上述的前向传播人工神经网络将输入向量 $\boldsymbol{x}$ 映射成输出向量 $\boldsymbol{y}$，且人工神经网络的参数模型定义了一个分布 $p(y \mid \boldsymbol{x}; \boldsymbol{w})$。目前，大多数的现代人工神经网络均采用最大似然的方法进行训练，且定义损失函数为负的对数似然函数：

$$\mathcal{L}(y \mid \boldsymbol{x}; \boldsymbol{w}) = -E\{\log p(y \mid \boldsymbol{x}; \boldsymbol{w})\} = -\log \prod_{i=1}^{N} p(y \mid \boldsymbol{x}; \boldsymbol{w}) \quad (2-176)$$

此时模型参数的最大似然估计（maximum likelihood estimator，MLE）定义为能最小化损失（也即最大化似然）的参数：

$$\hat{\boldsymbol{w}}_{\mathrm{ML}} = \arg \min_{\boldsymbol{w}} L(y \mid \boldsymbol{x}; \boldsymbol{w}) \quad (2-177)$$

可以看出，损失函数的具体形式随着模型的变化而改变，取决于分布 $p(y \mid \boldsymbol{x}; \boldsymbol{w})$ 的具体形式。例如，假定模型的输出服从高维的标准正态分布，即 $p(y \mid \boldsymbol{x}; \boldsymbol{w}) = \mathcal{N}(y \mid f_{ANN}(\boldsymbol{x}; \boldsymbol{w}), \boldsymbol{I})$，则有：

$$\mathcal{L}(y \mid \boldsymbol{x}; \boldsymbol{w}) = \frac{1}{2} E\{\|\boldsymbol{y} - f_{ANN}(\boldsymbol{x}; \boldsymbol{w})\|^2\} + C \quad (2-178)$$

式中，常数项 C 吸收了基于正态分布的常数系数以及方差的对数值。可以看出，在正态分布的模型输出的假设下，模型参数的最大似然估计与最小化模型的均方误差是等价的。

实际应用中，并不需要预测 $\boldsymbol{y}$ 的完整概率分布 $p(y \mid \boldsymbol{x}; \boldsymbol{w})$，而是仅仅需要预测在给定 $\boldsymbol{x}$ 的条件下 $\boldsymbol{y}$ 的某种统计量即可。例如，想训练一个人工神经网络 $f_{ANN}(\boldsymbol{x}; \boldsymbol{w})$，能够用它来预测 $\boldsymbol{y}$ 的均值。此时，人工神经网络将输入向量 $\boldsymbol{x}$ 映射成给定 $\boldsymbol{x}$ 时 $\boldsymbol{y}$ 的期望值。与前述方法类似，给定一个含有 n 个样本 m 个属性的数据集 $\mathcal{D} = \{(y_i, x_i)\}_{i=1}^{N}$，其中，$|\mathcal{D}| = N$，$x_i \in \mathbb{R}^m$，$y_i \in \mathbb{R}$。同样地，利用给定的训练样本 x_i，如何学习出一个人工神经网络模型，尽可能准确地给出 y_i 的预测 $\hat{y}_i$。为此，只需考虑最小化如下的损失函数：

$$\mathcal{L}(\boldsymbol{y} \mid \boldsymbol{x}; \boldsymbol{w}) = \frac{1}{2} E\{\|\boldsymbol{y} - f_{ANN}(\boldsymbol{x}; \boldsymbol{w})\|^2\} = \frac{1}{2} \sum_{i=1}^{N} (y_i - \hat{y}_i)^2$$

$$(2-179)$$

下面利用人工神经网络解决分类问题。

（1）考虑二分类的情况。此时，只需要采用单个的输出节点，也即单个

的输出变量 y，且 $y = 1$ 表示正类（ + ）、$y = 0$ 表示负类（ – ）。通常，输出节点采用 Sigmoid 函数（也即 S 形激活函数）：

$$y = \sigma(a) = \frac{1}{1 + e^{-a}} \tag{2-180}$$

由于激活函数的输出满足 $y \in (0, 1)$，恰好与概率函数的取值一致，故可将输出 y 解释为正类实例发生的概率 $p(+|\boldsymbol{x}; \boldsymbol{w})$，而将 $1 - y$ 解释为负类实例发生的概率 $p(-|\boldsymbol{x}; \boldsymbol{w})$。可以看出，输出的目标变量服从贝努利（Bernoulli）分布：

$$p(\boldsymbol{y}|\boldsymbol{x}; \boldsymbol{w}) = p(+|\boldsymbol{x}; \boldsymbol{w})^y [1 - p(+|\boldsymbol{x}; \boldsymbol{w})]^{1-y} \tag{2-181}$$

当训练集中的样本取值相互独立时，损失函数具有如下的二元交叉熵的形式：

$$\mathcal{L}(\boldsymbol{y}|\boldsymbol{x}; \boldsymbol{w}) = -\sum_{i=1}^{N} [y_i \ln p_i + (1 - y_i) \ln(1 - p_i)] \tag{2-182}$$

对于二分类问题，采用二元交叉熵形式的损失函数比均方误差形式的损失函数更有效。

以 Sigmoid 函数作为激活函数的输出单元的结构图如图 2.32 所示。其包含两个操作：首先，使用一个线性层来实现加权求和操作；其次，使用 Sigmoid 激活函数进行非线性变换，转换成概率值。

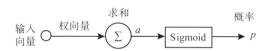

图 2.32 以 Sigmoid 函数作为激活函数的输出单元结构

（2）考虑具有 K 个单独二分类的情况。此时，可以简单地利用 K 个具有 Sigmoid 激活函数的输出单元实现，且各输出单元均对应一个二元的分类标签 $y_k \in \{0, 1\}$，其中 $k = 1, \cdots, K$。假定各分类标签相互独立，则分类标签的条件分布可描述为：

$$p(\boldsymbol{y} \mid \boldsymbol{x}; \boldsymbol{w}) = \prod_{k=1}^{K} (p_k)^{y_k} (1 - p_k)^{1-y_k} \qquad (2-183)$$

这样，利用负的对数似然函数定义的损失函数为：

$$\mathcal{L}(y \mid \boldsymbol{x}; \boldsymbol{w}) = - \sum_{i=1}^{N} \sum_{k=1}^{K} \left[y_{ik} \ln p_{ik} + (1 - y_{ik}) \ln(1 - p_{ik}) \right] \qquad (2-184)$$

（3）考虑多分类的情况。此时，每个输入样本均被映射成 K 个相互独立类别中的一个。假定随机变量 y 为具有 K 个可能取值的离散型随机变量，随机变量 y 取每一个值 $\hat{y}_k$ 的概率为 $p(y = k \mid \boldsymbol{x}; \boldsymbol{w}) \in [0, 1]$，$k = 1, \cdots, K$，且满足 $\sum_{k=1}^{K} \hat{y}_k = 1$。也即满足离散型随机变量的分布列中，概率之和为 1，且各概率值都需在 $[0, 1]$ 之间的性质。此时，随机变量 y 服从多项贝努利（mutinoulli）分布。二分类情况中用于贝努利分布的方法可推广至多项贝努利分布，可获得相对应的损失函数为：

$$\mathcal{L}(\boldsymbol{y} \mid \boldsymbol{x}; \boldsymbol{w}) = - \sum_{i=1}^{N} \sum_{k=1}^{K} y_{ik} \ln p_{ik} \qquad (2-185)$$

多分类中的输出 y_k 通常由 Softmax 函数进行指数化和归一化获得：

$$y_k = \mathrm{Softmax}(a_k) = \frac{e^{a_k}}{\sum_{j=1}^{K} e^{a_j}} \qquad (2-186)$$

以 Softmax 函数作为激活函数的输出单元的结构图如图 2.33 所示。其同样包含两个操作：首先，和二分类情况类似，使用一个线性层来实现加权求和操作；其次，使用 Softmax 激活函数进行非线性变换，转换成具有 K 个可能取值的离散型随机变量的概率取值。

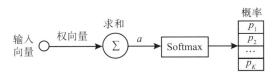

图 2.33　以 Softmax 函数作为激活函数的输出单元结构示意图

2.6.1.4 参数优化方法

理想情况下，公式（2－179）中的损失函数 $\mathcal{L}(y\,|\,x;\,w)$ 为一凸函数。三维空间中典型凸函数的性能曲面如图 2.34 所示。凸函数的局部极小点即为全局最小点。寻找凸函数最小点的过程可通过梯度下降的优化方法实现，梯度的方向即为函数值减少最快的方向。然而，实际应用中，损失函数的性能曲面与权值的变化存在高度的非线性依赖关系。三维空间中典型非凸函数的性能曲面如图 2.35 所示，其存在多处局部极小值、极大值和鞍点等。因此，在人工神经网络的参数优化过程中，达到全局最优是困难的，需借助于迭代的数值优化方法。

基于迭代的数值优化方法从初始化的权重 $w^{(0)}$ 出发，通过一定数量的反复迭代实现在权值空间中的游走：

$$w^{(l+1)} = w^{(l)} + \Delta w^{(l)} \tag{2－187}$$

式中，l 表示第 l 次迭代，而 $\Delta w^{(l)}$ 则表示迭代过程中的权值更新量，不同的方法将带来不同的权值更新量的计算方式。一种典型的方式是基于梯度信息的梯度下降（gradient descent，GD）方法。在每次迭代过程中，梯度下降方法均沿着负梯度方向前进一小步：

$$w^{(l+1)} = w^{(l)} - \eta \nabla \mathcal{L}(w^{(l)}) \tag{2－188}$$

式中，$\mathcal{L}(w^{(l)})$ 为将损失函数视作 $w^{(l)}$ 的函数形式，∇ 表示梯度运算，η 为学习率。当梯度为 0 时，停止迭代。除梯度值外，初始化的权重 $w^{(0)}$ 的位置也会影响最终的搜索结果。

梯度下降法为机器学习和深度学习领域中较常使用的优化算法，其有三种不同的形式：批量梯度下降（batch gradient descent，BGD）、随机梯度下降（stochastic gradient descent，SGD）、小批量梯度下降（mini-batch gradient descent，MBGD）。下面分别加以简单介绍。

（1）批量梯度下降。在每次的梯度计算中，一次性使用了整个训练集样

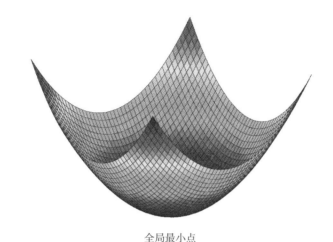

全局最小点

图 2.34 凸函数的全局最小点

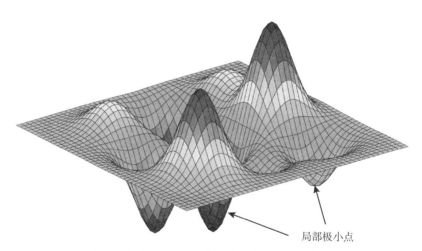

局部极小点

图 2.35 非凸函数的全局最小点与局部极小点

本。这样做的好处是，训练过程中的学习率较固定，且梯度方向来自样本总体，能更好地指向极值点所在方向。但当样本数目较大时，计算开销很大，收敛速度较慢。

（2）随机梯度下降。在迭代过程中，每访问一次数据便计算一次梯度。

这样，参数的更新速度很快，但是收敛性较差，且可能在最优点附近震荡。

（3）小批量梯度下降。在计算梯度时，使用一个以上而又不是全部的训练样本。这是一种在计算开销和收敛性能上进行了折中的方案。

2.6.1.5 反向传播算法

反向传播（back propagation，简称 backprop，BP）方法允许来自损失函数的信息在网络中反向流动，因而容易误解为是一种对整个网络参数的学习方法，但实际上反向传播的目的是方便于梯度计算。反向传播算法在计算各节点处的梯度值时，使用了微积分中的链式法则。为更好地理解链式法则在反向传播算法中的应用，图 2.36 给出了单向传播网络的图示，其中 $w \in \mathbb{R}$、$x = f(w)$、$y = g(x) = g(f(w))$、$z = h(y) = h(g(f(w)))$，且 f、g 和 h 均为从实数映射到实数的函数。

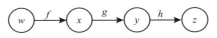

图 2.36　简化的单向传播网络

关于求微分的链式法则有：

$$\frac{\mathrm{d}z}{\mathrm{d}w} = \frac{\mathrm{d}z}{\mathrm{d}y} \times \frac{\mathrm{d}y}{\mathrm{d}x} \times \frac{\mathrm{d}x}{\mathrm{d}w} = h'(y)g'(x)f'(w) \tag{2-189}$$

接下来利用这一链式法则进行人工神经网络参数优化过程中的梯度计算。

考虑人工神经网络中的某个节点 j，其对与其连接的上一层单元的输出 z_i 进行加权求和：

$$a_j = \sum_i w_{ji} z_i \tag{2-190}$$

式中，z_i 为来自上一层节点的输入，而 w_{ji} 为对应的加权系数。而节点的输出则由一非线性激活函数获得：

$$z_j = h(a_j) \tag{2-191}$$

该节点处的权值更新依赖于与其连接的上一层节点对应的权系数，为此计算损失函数 $\mathcal{L}(w)$ 关于权系数的偏导数：

$$\frac{\partial \mathcal{L}}{\partial w_{ji}} = \frac{\partial \mathcal{L}}{\partial a_j} \times \frac{\partial a_j}{\partial w_{ji}} = \frac{\partial \mathcal{L}}{\partial a_j} z_i \qquad (2-192)$$

为清晰起见，引入 δ 变量，则上式进一步转化为更简洁的形式：

$$\frac{\partial \mathcal{L}}{\partial w_{ji}} = \delta_j z_i \qquad (2-193)$$

式中，δ_j 通常被称为误差，其表征了人工神经网络在节点 j 处聚集的误差：

$$\delta_j = \frac{\partial \mathcal{L}}{\partial a_j} \qquad (2-194)$$

下面计算各节点处聚集的误差 δ_j。对于输出层上的节点，误差的计算比较简单：

$$\delta_k = y_k - \hat{y}_k \qquad (2-195)$$

但对于隐藏层（倒数第二层）的节点，误差的计算需再次使用链式法则：

$$\delta_j = \frac{\partial \mathcal{L}}{\partial a_j} = \sum_k \frac{\partial \mathcal{L}}{\partial a_k} \times \frac{\partial a_k}{\partial w_{ji}} \qquad (2-196)$$

进一步结合公式（2-190）、公式（2-191）和公式（2-194）可得：

$$\delta_j = h'(a_j) \sum_k w_{kj} \delta_k \qquad (2-197)$$

上式即为误差从输出层反向传播至隐藏层的过程，这也是反向传播算法名称的由来。对于具有更多的中间层的人工神经网络，其误差的反向传播过程可很方便地类推。

综上所述，反向传播算法在前向人工神经网络的基础上，增加了误差的反向传播过程，以方便各节点处梯度的计算。在误差的反向传播过程中，各节点处的权值和阈值不断地得到修正和调整，直到输出的误差达到允许的范围之内，或训练次数达到预先设定的次数为止。反向传播算法的提出使人工神经网络获得广泛的关注，但由于存在梯度消失问题，其广泛应用受到了限制。

人工神经网络领域的另一起标志性事件是，2006 年辛顿（Hinton）等[32] 正式提出了深度信念网络的概念。深度学习概念的提出，立即在人工智能领域引起巨大的反响，众多的学者、研究机构和企业加入其中，全世界范围内掀起了研究深度学习的热潮，并迅速蔓延至工业界获得了广泛的应用。

2.6.2　RNN 模型

循环神经网络（recurrent neural network，RNN）通常用于处理序列数据。与传统的人工神经网络不同，RNN 网络具有循环通路，使得其在处理序列时能保持一定的记忆状态。典型的 RNN 网络的循环结构及其展开结构如图 2.37 所示，其循环处理不同时间步上的数据。

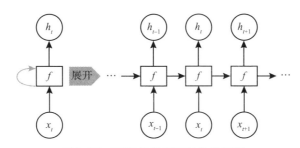

图 2.37　RNN 网络循环结构的展开

图 2.38 给出了具有 tanh 激活函数的 RNN 网络的结构框图。可以看出在 RNN 中，每个时间步都有一个隐藏状态（hidden state）h_t，其可以接收当前时间步的输入 $\boldsymbol{x}_t$ 和上一个时间步的隐藏状态 $\boldsymbol{h}_{t-1}$ 作为输入。隐藏状态的输出如下式所示：

$$h_t = \tanh(\boldsymbol{W}_{xh}\boldsymbol{x}_t + \boldsymbol{b}_{xh} + \boldsymbol{W}_{hh}\boldsymbol{h}_{t-1} + \boldsymbol{b}_{hh}) \qquad (2-198)$$

式中，$\boldsymbol{W}_{xh}$ 和 $\boldsymbol{W}_{hh}$ 为权向量参数，$\boldsymbol{b}_{xh}$ 和 $\boldsymbol{b}_{hh}$ 为偏差项。

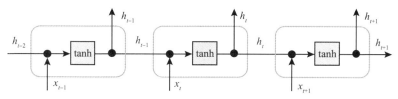

图 2.38　RNN 网络结构

由于 RNN 在时间步上的循环结构，隐藏状态的输出不仅取决于当前时间步的输入，还取决于之前所有时间步上的输入。这种循环结构使得 RNN 能够捕捉到序列中的时序信息，更适合于处理变长序列。由于 RNN 能够处理变长序列，并且可以保持记忆状态，其在处理自然语言时可考虑上下文间的信息，并能捕捉到词语之间的依赖关系和语义信息。因此 RNN 在自然语言处理（natural language processing，NLP）和文本挖掘等领域有广泛的应用。此外，由于 RNN 可根据历史的时间序列数据预测未来的值或趋势，因此 RNN 还可应用于时间序列预测，例如，股票价格预测、公司财务欺诈预测、天气情况预测等。

尽管在理论上，普通的 RNN 可以在之后的许多时间步上保留信息，但在实践中，由于梯度消失问题[33]，这种长期依赖关系是不可能用普通的 RNN 学习的。为了解决对长期依赖关系的建模问题，霍克雷特（Hochreiter）和施米德胡贝（Schmidhuber）[34] 开发出了 LSTM 模型，其为普通 RNN 的变体，通过引入门控机制来控制记忆状态的更新，进而提高对长期依赖的建模能力。

2.6.2.1　LSTM 单元

LSTM 单元可作为 RNN 循环结构的基本组成部分，其含有三个典型的门结构：遗忘门、输入门和输出门。图 2.39 给出了典型 LSTM 单元的门结构示意图。

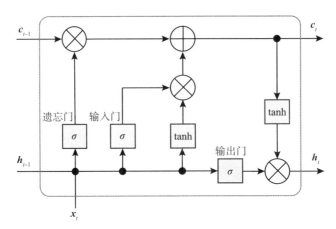

图 2. 39　LSTM 单元中的门结构

一个 LSTM 单元同时接收来自时间步 t 的输入 $\boldsymbol{x}_t$ 和来自上一时间步 $t-1$ 的隐藏状态 $\boldsymbol{h}_{t-1}$。一个典型 LSTM 单元的状态更新规则如下：

$$\boldsymbol{f}_t = \sigma(\boldsymbol{W}_{if}\boldsymbol{x}_t + \boldsymbol{b}_{if} + \boldsymbol{W}_{hf}\boldsymbol{h}_{t-1} + \boldsymbol{b}_{hf}) \qquad (2-199)$$

$$\boldsymbol{i}_t = \sigma(\boldsymbol{W}_{ii}\boldsymbol{x}_t + \boldsymbol{b}_{ii} + \boldsymbol{W}_{hi}\boldsymbol{h}_{t-1} + \boldsymbol{b}_{hi}) \qquad (2-200)$$

$$\boldsymbol{o}_t = \sigma(\boldsymbol{W}_{io}\boldsymbol{x}_t + \boldsymbol{b}_{io} + \boldsymbol{W}_{ho}\boldsymbol{h}_{t-1} + \boldsymbol{b}_{ho}) \qquad (2-201)$$

$$\widetilde{\boldsymbol{c}}_t = \tanh(\boldsymbol{W}_{ig}\boldsymbol{x}_t + \boldsymbol{b}_{ig} + \boldsymbol{W}_{hg}\boldsymbol{h}_{t-1} + \boldsymbol{b}_{hg}) \qquad (2-202)$$

$$\boldsymbol{c}_t = \boldsymbol{f}_t \odot \boldsymbol{c}_{t-1} + \boldsymbol{i}_t \odot \widetilde{\boldsymbol{c}}_t \qquad (2-203)$$

$$\boldsymbol{h}_t = \boldsymbol{o}_t \odot \tanh(\boldsymbol{c}_t) \qquad (2-204)$$

式中，$\boldsymbol{f}_t$、$\boldsymbol{i}_t$ 和 $\boldsymbol{o}_t$ 分别为遗忘门、输入门和输出门在时间步 t 上的状态，$\widetilde{\boldsymbol{c}}_t$ 和 $\boldsymbol{c}_t$ 分别是候选记忆单元和最终记忆单元在时间步时 t 上的状态，$\boldsymbol{h}_t$ 是时间步 t 上的隐藏状态，$\boldsymbol{W}_{if}$、$\boldsymbol{W}_{hf}$、$\boldsymbol{W}_{ii}$、$\boldsymbol{W}_{hi}$、$\boldsymbol{W}_{ig}$、$\boldsymbol{W}_{hg}$、$\boldsymbol{W}_{io}$ 和 $\boldsymbol{W}_{ho}$ 是权向量参数，$\boldsymbol{b}_{if}$、$\boldsymbol{b}_{hf}$、$\boldsymbol{b}_{ii}$、$\boldsymbol{b}_{hi}$、$\boldsymbol{b}_{ig}$、$\boldsymbol{b}_{hg}$、$\boldsymbol{b}_{io}$ 和 $\boldsymbol{b}_{ho}$ 是偏差参数，$\odot$ 是矩阵的哈达玛积，$\sigma(\cdot)$ 是 S 形函数：

$$\sigma(x) = \frac{1}{1 + e^{-x}} \qquad (2-205)$$

实际应用中，有三个实现细节需要特别重视：首先，LSTM 单元通过引

入遗忘门来决定 $\boldsymbol{x}_t$ 和 $\boldsymbol{h}_{t-1}$ 中的哪些信息应该被遗忘；其次，通过输入门决定哪些信息需要记忆下来，并输送给最终记忆单元；最后，输出门决定哪些信息应该更新，并输送至输出隐藏状态。

2.6.2.2　GRU 单元

GRU 可看作是 LSTM 的变种。与 LSTM 相比，GRU 具有更简易的结构，且更适合大规模数据集的情况。图 2.40 给出了典型 GRU 单元的门结构示意图。可以看出，GRU 含有两个典型的门结构：更新门和重置门。

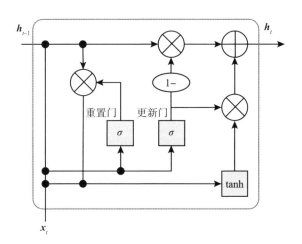

图 2.40　GRU 单元中的门结构

与 LSTM 不同，GRU 引入重置门来决定哪些过往信息需要被遗忘，且通过更新门来控制是否将新信息输送给隐藏状态 $\boldsymbol{h}_t$。

$$\boldsymbol{r}_t = \sigma\left(\boldsymbol{W}_{ir}\boldsymbol{x}_t + \boldsymbol{b}_{ir} + \boldsymbol{W}_{hr}\boldsymbol{h}_{t-1} + \boldsymbol{b}_{hr}\right) \qquad (2-206)$$

$$\boldsymbol{z}_t = \sigma\left(\boldsymbol{W}_{iz}\boldsymbol{x}_t + \boldsymbol{b}_{iz} + \boldsymbol{W}_{hz}\boldsymbol{h}_{t-1} + \boldsymbol{b}_{hz}\right) \qquad (2-207)$$

$$\tilde{\boldsymbol{h}}_t = \tanh\left[\boldsymbol{W}_{in}\boldsymbol{x}_t + \boldsymbol{b}_{in} + \boldsymbol{r}_t \odot \left(\boldsymbol{W}_{hn}\boldsymbol{h}_{t-1} + \boldsymbol{b}_{hn}\right)\right] \qquad (2-208)$$

$$\boldsymbol{h}_t = (1 - \boldsymbol{z}_t) \odot \tilde{\boldsymbol{h}}_t + \boldsymbol{z}_t \odot \boldsymbol{h}_{t-1} \qquad (2-209)$$

式中，r_t、z_t 和 $\tilde{h}_t$ 分别是重置信号、更新信号和新记忆状态，x_t 和 h_t 分别是时间步 t 上的输入和隐藏状态，h_{t-1} 是时间步 $t-1$ 上的隐藏状态。

新记忆状态 $\tilde{h}_t$ 是新输入 x_t 与过往隐藏状态 h_{t-1} 的整合，其依据过往的历史信息获得新输入的概要性描述。重置信号 r_t 用于确定隐藏状态 h_{t-1} 在概要性描述 $\tilde{h}_t$ 中的重要程度。如果过往隐藏状态 h_{t-1} 与新记忆状态 $\tilde{h}_t$ 的计算无关，则重置门将完全削弱 h_{t-1}。更新信号 z_t 用于确定参与更新下一状态的过往隐藏状态 h_{t-1} 的量，例如，当 z_t 接近于 1 时，h_{t-1} 几乎全部复制给 h_t。最终，在更新门的控制下，隐藏状态 h_t 由过往隐藏状态 h_{t-1} 和新记忆状态 $\tilde{h}_t$ 产生。

2.6.3　CNN 模型

相比上述 LSTM 模型和 GRU 模型，CNN 模型的架构多种多样，此处仅涉及一维或二维的 CNN 模型。虽然在不同应用背景中所采用的 CNN 模型结构可能会有较大不同，但其基本组成部分却很相似。CNN 模型通常由多个不同的层组成，除输入层和输出层外，常见的基本组成部分有卷积层（convolutional layer）、池化层（pooling layer）和丢弃层（dropout layer）等。

2.6.3.1　卷积层

卷积层用于从输入数据中提取特征表示，其核心部件是卷积核。与前述人工神经网络的基本组成单元类似，组成卷积核的每个元素也都对应一个权系数和一个偏差量。卷积核用于在上一层特征的邻近区域中提取更高层次的特征图谱，该邻近区域又被称作感受野（receptive field），其含义可类比人脑视觉皮层细胞的感受野。

卷积层内每个神经元都与前一层中位置接近区域内的多个神经元相连，区域的大小取决于卷积核的大小。卷积核在工作时，以滑窗的方式有规律地扫过输入的特征，在感受野内对输入特征做矩阵元素乘法求和并叠加偏差量，从而得到输出特征图（feature map）$\boldsymbol{Z}$，如下式所示：

$$\boldsymbol{Z}^{(l)} = \left[\boldsymbol{Z}^{(l-1)} \odot \boldsymbol{W}^{(l)} \right] + \boldsymbol{b} \qquad (2-210)$$

式中，$\boldsymbol{Z}^{(l-1)}$ 表示来自上一层的卷积核输入，$\boldsymbol{Z}^{(l)}$ 表示当前层的卷积核输出特征图。实际应用中，卷积层的输出形状由输入形状和卷积核窗口的形状共同决定。

图 2.41 给出了在实数空间中二维卷积运算的简单示例，一维或其他更高维的情况的计算过程类似。可以看出，卷积的输出中每一个位置上的值均由卷积核窗口在输入平面上滑动得到。相比输入的维数，输出的维数有一定的收缩。

图 2.41　二维卷积运算示意图

卷积层的另外两个超参数，即填充（padding）和步幅（stride），也可以进一步改变输出的形状。为抵消卷积运算中维数的收缩，需在进行卷积之前，人为增加特征图的尺寸。常见的填充方法有：按 0 填充和重复边界值填充（replication padding）。进行填充后的输出在行维和列维均有增加，行维和列维的具体增加值与卷积核的尺寸有关。实际应用中，需根据需要设置不同的填充方式。依据填充后输出特征图维数的不同，可分为如下三种情况：

（1）有效填充（valid padding）。有效填充只允许卷积核访问特征图中包含完整感受野的位置，此时实际上没有使用任何填充。这种使用有效填充的卷积被称为窄卷积（narrow convolution）。

（2）相同填充（same padding）。亦称为半填充（half padding），进行特定的填充，使得输入和输出的特征图形状尺寸相同。使用相同填充的卷积被称为等长卷积（equal-width convolution）。

（3）全填充（full padding）。只要特征图有任何元素进入感受野，便有卷积输出。此时，输出特征图的维数是最大的。使用全填充的卷积被称为宽卷积（wide convolution）。

图 2.42 给出了带有按 0 全填充操作的宽卷积运算过程。可以看出，填充步骤在原始输入外围填充了足够多的 0 值，使得卷积核与原始输入有重叠的所有区域均有对应的输出值。

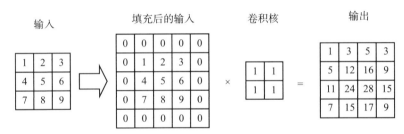

图 2.42　带有填充操作的卷积运算

图 2.43 给出了行维和列维的步幅分别为 3 和 2 时的卷积结果。可以看出，行维和列维均有所降低，且降低后的维数等于输入的行维和列维被相应维的步幅整除后的结果。

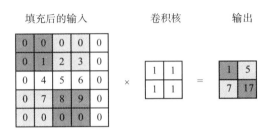

图 2.43　水平步幅为 2、垂直步幅为 3 时的卷积结果

2.6.3.2 池化层

池化层用于减小 CNN 输出特征图的尺寸，从而减少计算量、降低模型复杂性并提高模型的稳健性。在卷积层进行特征提取后，输出的特征图会被传递至池化层进行特征选择和信息过滤。与卷积层类似，池化层每次对输入特征图的一个固定形状窗口（也即池化窗口）中的元素进行统计输出，且输出结果受池化窗口大小、填充和步幅等超参数的控制。依据输出所采用的统计量的不同，可分为最大池化（max pooling）和平均池化（average pooling）等。

图 2.44 给出了步幅为 2、池化窗口 2×2 的最大池化的简单示例。可以看出，池化窗口以固定步幅滑动，并将落入窗口内元素的最大值统计量作为输出。

图 2.44 最大池化示例

图 2.45 给出了步幅为 2、池化窗口 2×2 的平均池化的简单示例。与最大池化类似，差别是将输出的统计量替换成了平均值。

图 2.45 平均池化示例

2.6.3.3　丢弃层

如果模型参数过多，而训练样本又太少的话，学习得到的模型很容易出现过拟合的问题，这时通常需要添加丢弃层（dropout layer）。标准的丢弃算法由文献［35］给出。该算法在训练时，每个神经元以概率 $1-p$ 被保留，其他未被保留的神经元则停止工作，且每次前向传播保留下来的神经元都不相同。

在神经网络的训练阶段，对第 $l-1$ 层神经元的输出进行加权求和，并通过激活函数，得到第 l 层神经元的输出：

$$z^{(l)} = h\left\{\left[\boldsymbol{w}^{(l)}\right]^T \boldsymbol{z}^{(l-1)}\right\} \qquad (2-211)$$

式中，$h(\cdot)$ 为所使用的激活函数。假定第 $l-1$ 层每个神经元节点的丢弃概率服从参数为 p 的贝努力分布：

$$r_i^{(l-1)} \sim \mathrm{Bernoulli}(p) \qquad (2-212)$$

则对该层的丢弃策略可描述为：

$$\tilde{z}^{(l-1)} = z^{(l-1)} \odot \boldsymbol{r}^{(l-1)} \qquad (2-213)$$

然后，对丢弃后的第 $l-1$ 层神经元的输出进行加权求和，并通过激活函数，即可得到使用丢弃策略后的第 l 层神经元的输出：

$$z^{(l)} = h\left\{\left[\boldsymbol{w}^{(l)}\right]^T \tilde{z}^{(l-1)}\right\} \qquad (2-214)$$

最终，第 l 层稀疏输出被用作下一层的输入，并重复应用丢弃策略于每一层。该过程相当于对较大的网络进行子网络采样。

在测试阶段，由于所有神经元都是活跃的，为了获得与训练阶段类似的丢弃效果，需依据保留概率 $1-p$ 对测试集的输出进行加权：

$$\boldsymbol{y} = (1-p)f_{CNN}(\boldsymbol{x}; \boldsymbol{w}) \qquad (2-215)$$

式中，f_{CNN} 为卷积神经网络的系统相应函数。

图 2.46 给出了对一简单人工神经网络采用丢弃策略前后的网络结构对

比。可以看出，当丢弃概率 $p = 0.5$ 时，有一半的网络节点被随机地丢弃，因此整个网络结构得到了大大简化。

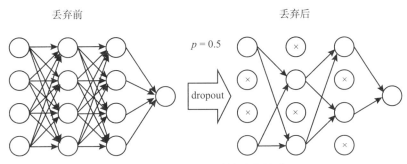

图 2.46 $p = 0.5$ 时的丢弃策略

由于在丢弃算法的实施过程中，两个神经元不一定每次都同时有效，权值的更新不再依赖于有固定连接关系节点的共同作用，从而避免网络过度依赖某些局部特征的情况。这样，网络能够学习到更加稳健的特征，这些特征随机地分散在网络节点的随机子集中。另外，丢弃掉不同的网络节点就等效于训练了不同的网络结构，整个丢弃过程就相当于对多个不同的人工神经网络取平均，这种平均也能在一定程度上防止过拟合。因此，丢弃层在一定程度上起到了正则化的效果，也正因如此，丢弃策略有时也被称为 dropout 正则化。

2.6.3.4 CNN 模型的拼搭

CNN 模型的构建如同拼搭积木。下面以经典的 LeNet-5 网络[36]为例展示 CNN 模型的搭建过程。LeNet-5 网络的结构如图 2.47 所示。可以看出，LeNet-5 网络共有 7 层（未包含输入），每层均包含可训练的参数，且每层均有多个特征图，每个特征图均通过卷积核提取特征。

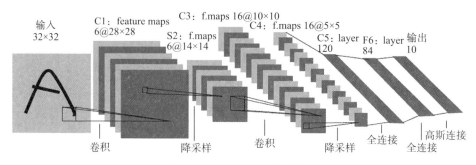

图 2.47　LeNet-5 网络结构

LeNet-5 网络在当时主要应用于识别数字和邮政编码,是第一个成功的卷积神经网络应用。虽然网络的体量较小,但其包含了 CNN 模型的基本组成模块:卷积层、池化层、全链接层等,是学习其他 CNN 模型的基础。为此下面对其各层的结构加以详细介绍。

(1)输入层。输入图像统一规范化为 32×32 的图片。文献 [36] 未将该层作为 LeNet-5 网络的层次结构。

(2)卷积层(C1)。该层采用 5×5 的卷积核,得到 28×28 的特征图。此处采用的是有效填充的窄卷积。该层的通道数为 6 个(对应 6 种卷积核),输出维数为 $(6 \times 28 \times 28)$,可训练参数个数为 $(5 \times 5 + 1) \times 6 = 156$(个)(对应于 $5 \times 5 = 25$ 个权系数 $+1$ 个偏差项),对应的连接个数为 $(5 \times 5 + 1) \times 6 \times 28 \times 28 = 122304$(个)。

(3)池化层(S2)。该层用于对特征图进行降采样,输出维数为 $(6 \times 14 \times 14)$。池化窗口为 2×2,对落入窗口的 4 个输入进行求和,再乘以一个可训练的权并加上一个可训练的偏差项,最终通过 S 形激活函数进行输出。由于每个池化核只有两个参数需要训练,故可训练参数个数为 $2 \times 6 = 12$(个),对应的连接个数为 $(2 \times 2 + 1) \times 6 \times 14 \times 14 = 5880$(个)。

(4)卷积层(C3)。该层的通道数为 16(对应 16 种卷积核),输出维数为 $(16 \times 10 \times 10)$。与卷积层 C1 类似,采用 5×5 的卷积核进行窄卷积,得到 $10 \times$

10 的特征图。表 2.19 给出了从上一层的 6 个通道扩展为 16 个通道的过程。

表 2.14 卷积层 C3 新通道的产生方式

通道	0	1	2	3	4	5	6	7	8	9	10	11	12	13	14	15
0	√				√	√	√			√	√	√	√		√	√
1	√	√				√	√	√			√	√	√	√		√
2	√	√	√				√	√	√			√		√	√	√
3		√	√	√			√	√	√	√			√		√	√
4			√	√	√			√	√	√	√		√	√		√
5				√	√	√			√	√	√	√		√	√	√

具体过程为：首先，从原有 6 个通道中选取 3 个相邻通道作为特征图子集，依据这 6 种不同子集产生新的通道 0～5；其次，从原有 6 个通道中选取 4 个相邻通道作为特征图子集，依据这 6 种不同子集产生新的通道 6～11；再次，从原有 6 个通道中选取不相邻的 4 通道子集，依据这 3 种不同子集产生新的通道 12～14；最后，将全部的原有 6 个通道作为输入，产生新通道 15 的特征图。结合上述产生过程可知，训练参数个数为 $6 \times (3 \times 5 \times 5 + 1) + 6 \times (4 \times 5 \times 5 + 1) + 3 \times (4 \times 5 \times 5 + 1) + 1 \times (6 \times 5 \times 5 + 1) = 1516$（个），对应的连接个数为 $1516 \times 10 \times 10 = 151600$（个）。

（5）池化层（S4）。该层同样用于对特征图进行降采样，其输出的维数为 $(16 \times 5 \times 5)$。所采用的池化核和池化操作与池化层 S2 类似。此时可训练参数个数为 $2 \times 16 = 32$，对应的连接个数为 $(2 \times 2 + 1) \times 16 \times 5 \times 5 = 2000$（个）。

（6）卷积层（C5）。该层的卷积核和卷积过程与卷积层 C1 和卷积层 C3 类似，其最终的输出维数为 $(120 \times 1 \times 1)$，该层拥有 120 个通道。由于池化层 S4 的输出的特征图大小与卷积核相同，都是 5×5，故该层经过卷积后形成的特征图大小为 1×1。该层的可训练参数个数与连接个数相同，均为 $120 \times (16 \times 5 \times 5 + 1) = 48120$（个）。

（7）全连接层（F6）。全连接层 F6 将 120 个神经元连接到 84 个神经元。这 84 个神经元对应于一个尺寸为 7×12 的比特图（ -1 表示白色，1 表示黑色），这样每个 ASCII 编码符号的比特图的黑白图片就对应于一个 84 位的编码。文献 [36] 给出了所使用的 ASCII 编码黑白图片示例，如图 2.48 所示。该层的可训练参数个数和连接个数均为 $(120 + 1) \times 84 = 10164$（个）。

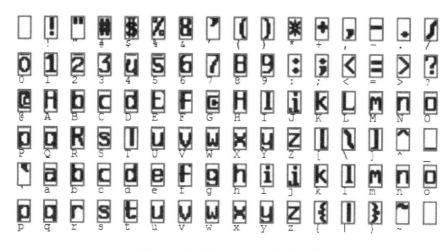

图 2.48　ASCII 编码对应的黑白图片

（8）输出层。输出层也是全连接层，采用欧氏径向基（Radial basis function，RBF）神经元，共有 10 个，分别对应数字 0 到 9。输出层 RBF 单元的输出 y_i 的计算公式为：

$$y_i = \sum_j (x_j - w_{ij})^2 \qquad (2-216)$$

式中，x_j，$j = 0$，1，$\cdots$，83，为来自上一层的输入，w_{ij} 为相应的加权。RBF 单元输出的 y_i 值越接近于 1，则输入样本为类别 i 的概率越大，即越接近于类别 i 所对应的 ASCII 编码图片。因此，对应于当前网络输入的识别结果是字符 i。目前，这种采用欧氏径向基函数构建输出层神经元的方式，已被 Softmax 激活函数取代。

本章参考文献

［1］ Kerber R. Chimerge：Discretization of Numeric Attributes ［C］//Proceed-ings of the Tenth National Conference on Artificial Intelligence，1992：123 – 128.

［2］ Lin W C，Tsai C F，Zhong J R. Deep learning for missing value imputa-tion of continuous data and the effect of data discretization ［J］. Knowledge-Based Systems，2022，239：108079.

［3］ Tsai C F，Chen Y C. The optimal combination of feature selection and data discretization：An empirical study ［J］. Information Sciences，2019，505：282 – 293.

［4］ Liu H，Setiono R. Chi2：Feature selection and discretization of numeric attributes ［C］. Proceedings of 7th IEEE International Conference on Tools with Ar-tificial Intelligence，1995：388 – 391

［5］ Liu H，Setiono R. Feature selection via discretization ［J］. IEEE Trans-actions on Knowledge and Data Engineering，1997，9（4）：642 – 645.

［6］ Siddiqi N. Intelligent Credit Scoring ［M］. 2nd. John Wiley & Sons，In-corporated，2017.

［7］ Arrieta A B，et al. Explainable artificial Intelligence（XAI）：Concepts，taxonomies，opportunities and challenges toward responsible AI ［J］. Information Fusion，2020（58）：82 – 115.

［8］ Gujarati D N，Porter D C. Basic Econometrics ［M］. 5th. Mc Graw Hill，2009.

［9］ Donoho D L. Compressed sensing ［J］. IEEE Transactions on Information Theory，2006，52（4）：1289 – 1306.

［10］ Candes E J，Tao T. Near-Optimal signal recovery from random projec-tions：Universal encoding strategies？ ［J］. IEEE Transactions on Information Theory, 2006, 52: 5406 – 5425.

[11] Breiman L, Friedman J H, Olshen R A, Stone C J. Classification and Regression Trees [M]. CRC Press, 1984.

[12] Quinlan J R. Learning Efficient Classification Procedures and Their Application to Chess End Games [M]//Michalski R S, Carbonell J G, Mitchell T M. Machine Learning: An Artificial Intelligence Approach. San Mateo, CA: Morgan Kaufmann, 1983: 463 – 482.

[13] Quinlan J R. Induction of decision trees [J]. Machine Learning, 1986, 1: 81 – 106.

[14] Quinlan J R. C4. 5: Programs for Machine Learning [M]. San Mateo, CA: Morgan Kaufmann, 1993.

[15] Hastie T, et al. The Elements of Statistical Learning [M]. 2nd. Springer New York, 2009.

[16] Breiman L. Random forests [J]. Machine Learning, 2001, 45 (1): 5 – 32.

[17] Breiman L. Bagging predictors [J]. Machine Learning, 1996, 24 (2): 123 – 140.

[18] Freund Y, Schapire R E. Game theory, on-line prediction and boosting, in the proceedings of the Second European Conference on Computational Learning Theory [M]. Barcelona, 1995: 1 – 15.

[19] Freund Y, Schapire R E. A decision-theoretic generalization of on-line learning and an application to boosting [J]. Journal of Computer and System Sciences, 1997, 55: 119 – 139.

[20] Friedman J, Hastie T, Tibshirani R. Additive logistic regression: A statistical view of boosting [J]. The Annals of Statistics, 2000, 28 (2): 337 – 407.

［21］ Friedman J H. Greedy function approximation: A gradient boosting machine ［J］. Annals of Statistics, 2001, 29 (5): 1189 – 1232.

［22］ Chen T, Carlos G. XGBoost: A Scalable Tree Boosting System ［C］. Proceedings of the 22nd ACM SIGKDD International Conference on Knowledge Discovery and Data Mining, 2016: 785 – 794.

［23］ Ke G, Meng Q, Finley T, et al. Lightgbm: A Highly Efficient Gradient Boosting Decision Tree ［M］//Guyon I, Luxburg U V, Bengio S, et al. Advances in Neural Information Processing Systems. New York: Curran Associates, 2017: 3146 – 3154.

［24］ Liudmila P, Gleb G, Aleksandr V, et al. Catboost: Unbiased Boosting with Categorical Features ［M］//Bengio S, Wallach H, Larochelle H, et al. Advances in Neural Information Processing Systems. New York: Curran Associates, 2018: 6638 – 6648.

［25］ Kearns M J, Vazirani U V. An Introduction to Computational Learning Theory ［M］. MIT Press, Cambridge, MA, 1994.

［26］ Schapire R E. The strength of weak learnability ［J］. Machine Learning, 1990, 5 (2): 197 – 227.

［27］ Greenwald M, Khanna S. Space-efficient online computation of quantile summaries ［C］. Proceedings of the 2001 ACM SIGMOD International Conference on Management of Data, 2001: 58 – 66.

［28］ Zhang Q, Wang W. A fast algorithm for approximate quantiles in high speed data streams ［C］. Proceedings of the 19th International Conference on Scientic and Statistical Database Management, 2007.

［29］ http: //homes. cs. washington. edu/ ~ tqchen/pdf/xgboost-supp. pdf.

［30］ McCulloch W S, Pitts W. A logical calculus of the ideas immanent in nervous activity ［J］. The Bulletin of Mathematical Biophysics, 1943, 5: 115 –

133.

[31] Rosenblatt F. The Perceptron: A perceiving and recognizing automaton, Tech [R]. Rep. Inc. Report No. 85-460-1 (Cornell Aeronautical Laboratory, 1957).

[32] Hinton G E, Osindero S, Teh Y W. A fast learning algorithm for deep belief nets [J]. Neural Computation, 2006, 18 (7): 1527 – 1554.

[33] Hochreiter S. The vanishing gradient problem during learning recurrent neural nets and problem solutions [J]. International Journal of Uncertainty, Fuzziness and Knowledge-Based Systems, 1998, 6 (2): 107 – 116.

[34] Hochreiter S, Schmidhuber J. Long short-term memory [J]. Neural Computation, 1997, 9 (8): 1735 – 1780.

[35] Srivastava N, Hinton G, Krizhevsky A, et al. Dropout: A simple way to prevent neural networks from overfitting [J]. Journal of Machine Learning Research, 2014, 15 (1): 1929 – 1958.

[36] LeCun Y, Bottou L, Bengio Y, et al. Gradient-based learning applied to document recognition [J]. Proceedings of the IEEE, 1998, 86 (11): 2278 – 2324.

两阶段上市公司财务欺诈识别处理框架

本章基于第 2 章中介绍的技术构建两阶段上市公司财务欺诈识别处理框架，其中第一阶段基于 ChiMerge 算法实现特征映射，第二阶段基于人工智能算法进行二次特征映射。下面在引入具体框架之前，先给出公司财务欺诈的定义。

3.1 引　言

上市公司财务欺诈受到了金融界、监管部门和投资者的广泛关注。正如文献［1］所述，阿波斯托洛等（Apostolou et al.）[2] 将公司财务欺诈定义为"故意谎报财务报表中的金额或披露"。从审计的角度来看，CFF 被定义为"导致审计对象财务报表中出现重大错报的故意行为"[3]。然而，上市公司的欺诈行为有很多种，常见的类型有：虚构利润、虚构资产、虚假记录、误导性陈述、延迟披露、重大遗漏、虚假披露、欺诈上市、非法出资、任意改变资金用途、占用公司资产、内幕交易、非法股票交易、股价操纵、非法担保、一般会计处理不当等。文献［4］对公司财务欺诈给出了更为准确的定义。通常公司财务欺诈是指会计活动中相关当事人为了逃避纳税、分取高额红利、提取秘密公积金等谋取私利的目的，事前经过周密安排而故意制造虚假会计信息的行为。有了公司财务欺诈的定义，下面即可引入识别上市公司财务欺诈的两阶段框架。

3.2　总体处理框架

识别上市公司财务欺诈的前提是拥有与上市公司相关的各项指标的金融数据库。目前，金融数据库中的财务指标基本多为连续型变量。在利用人工智能算法进行上市公司财务欺诈识别时，处理连续型指标数据所获得的性能往往比处理离散型指标性能要差。这是因为，一部分算法，例如，决策树和朴素贝叶斯等，其在设计之初即是针对离散型指标进行设计的，对于连续型输入需转换为离散类型值；其他的算法，例如，线性回归、逻辑回归和深度学习算法等，处理离散型特征能获得更稳定的输出和更好的性能。为此需进行特征的离散化。

特征的离散化方法多种多样。一种直观地将连续属性离散化的方式是：在连续属性的值域上，将值域划分为若干个离散的区间，然后用不同的符号或整数值去表征落在每个子区间中的属性值。常见的有等宽法和等频法等，该类方法虽然简单，但离散化的方式过于粗糙，通常不是最优选择；另一种较为复杂的方法则是通过聚类算法实现，例如，K-means、K-medoids 和 DB-

SCAN 等，但该类算法的难点是如何确定簇的个数；更为精确的方法是基于信息熵的方法和基于卡方阈值的方法。本书采用同时使用信息熵和卡方阈值的方法。

有了离散化特征，即可进行上市公司财务欺诈识别。假定样本数据 $x = (x_1, \cdots, x_M)^T$ 均有 M 个属性或者特征 $x_1, \cdots, x_M$。现给定含有 L 个样本的数据集：

$$\mathcal{D} = \{(x_l, y_l)\}_{l=1}^{L} \qquad (3-1)$$

其中，x_l 为具有 M 个属性的样本数据，y_l 为分类标签，其为二值变量时对应于二分类问题。对于较为简单的线性分类场合，可用如下的线性模型加以估计：

$$\hat{y} = w^T x + b \qquad (3-2)$$

其中，系数 w 和截距 b 为线性模型的参数。利用该线性模型进行估计的误差（或残差）为：

$$\varepsilon = y - \hat{y} \qquad (3-3)$$

实际应用中，利用线性模型进行预测或分类的效果很有限，更为精确的方式是通过如下的非线性模型完成估计：

$$y = f(\mathcal{D}) + \varepsilon \qquad (3-4)$$

式中，$f(\cdot)$ 为描述模型的非线性函数，ε 为估计的误差。然而，遗憾的是，通常 $f(\cdot)$ 的函数形式未知，在复杂应用场景中给出模型详尽的数学描述是极为困难的。因此，本部分采用如图 3.1 所示的两阶段处理框架，获得非线性函数的近似估计。首先，将数据集 $\mathcal{D}$ 拆分成训练集 $\mathcal{D}_{train}$ 和测试集 $\mathcal{D}_{test}$，其中训练集用于学习模型的参数，而测试集用于评估学习得到的模型好坏。其次，构建两阶段的框架，采用人工智能的方法，近似模拟非线性函数 $f(\cdot)$：

$$\hat{y} = f_{stage2}\left[f_{stage1}(\mathcal{D}_{test})\right] \qquad (3-5)$$

式中，f_{stage1} 和 f_{stage2} 分别为阶段 1 和阶段 2 的响应函数。

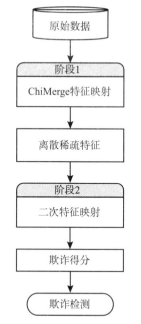

图 3.1　两阶段处理的总体框架

3.3　阶段 1 处理

　　阶段 1 处理可看作是属性变量特征的初次映射。图 3.2 给出了阶段 1 的处理过程，其使用了第 2 章中介绍的 ChiMerge 算法和自适应终止准则。可以看出阶段 1 处理分别对每个属性变量进行特征映射，且初始最大分组数目为 2，然后逐步增大最大分组数目，直至信息值 IV 大于等于 0.5 为止（IV 值的计算利用了证据权重 WOE，具体计算过程见第 2 章）。初始阶段，属性变量的每个数值均对应一个单独的特征组，然后一次取两组特征计算卡方值，并获取最小卡方值。如果最小卡方值大于等于卡方阈值，或者当前的分组数已经等于最大分组数目，则停止特征的合并。

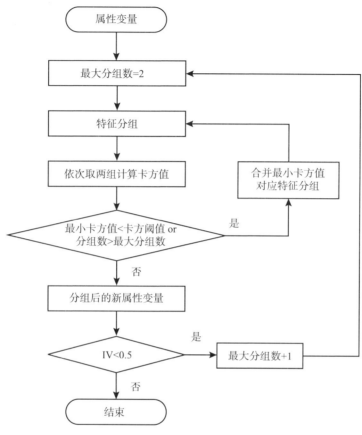

图 3.2　阶段 1 处理过程

对训练集数据进行阶段 1 处理结束后，便获得了新特征空间中的训练集数据：

$$\mathcal{D}'_{\text{train}} = f_{\text{stage1}}(\mathcal{D}_{\text{train}}) \tag{3-6}$$

采用相同的映射函数对测试集数据进行特征映射即可获得新的测试集数据：

$$\mathcal{D}'_{\text{test}} = f_{\text{stage1}}(\mathcal{D}_{\text{test}}) \tag{3-7}$$

接下来即可进行阶段 2 的处理。

3.4　阶段 2 处理

阶段 2 处理进一步提取高层次的低维特征。该阶段处理可采用人工智能领域的经典算法实现，较典型的算法有：第一，基于树结构的算法，例如，CART、GBDT、RF、XGBoost、LightGBM、CatBoost 和 AdaBoost 等；第二，基于人工神经网络结构的算法，例如，CNN 和 RNN（LSTM、GRU）等。阶段 2 的处理将测试输入 $(\boldsymbol{X}'_{\text{test}},\ y_{\text{test}}) \in \mathcal{D}'_{\text{test}}$ 映射成欺诈得分 $\hat{y}_{ts}$：

$$\hat{y}_{ts} = f_{\text{stage2}}(\boldsymbol{X}'_{\text{test}};\ \boldsymbol{\theta}) \qquad (3-8)$$

式中，$\boldsymbol{\theta}$ 为所采用人工智能模型的参数，其可通过采用一定的优化准则，最小化经验损失函数得到：

$$\boldsymbol{\theta} = \arg\min_{\boldsymbol{\theta}}\{LOSS(\boldsymbol{\theta})\} \qquad (3-9)$$

其中，经验损失可通过训练样本上真实值与估计值之间的差异所带来的损失计算：

$$LOSS(\boldsymbol{\theta}) = \frac{1}{L_{\text{train}}}\sum_{l=1}^{L_{\text{train}}} loss(\hat{y}_l, y_l) \qquad (3-10)$$

式中，$loss(\cdot)$ 为所采用的损失函数，y_l 为待预测变量的真实值，$\hat{y}_l$ 为相应的估计值：

$$\hat{y}_l = f_{\text{stage2}}(\boldsymbol{x}'_l;\ \boldsymbol{\theta}) \qquad (3-11)$$

这样，经过样本训练，即可近似实现 $f_{\text{stage2}}(\cdot)$ 函数。然后，利用该近似实现，完成测试样本的欺诈得分估计。

3.5　损失函数与优化策略

对于人工智能领域的有监督学习问题，通常希望在学习的过程中能最小化每个训练样本处的误差。该过程通常使用一定的优化策略减小某个特定形式的损失函数实现。本部分探究的上市公司财务欺诈识别属于典型的二分类问题，其通常采用二元交叉熵损失函数和 Hinge 损失函数。Hinge 损失函数通常用于 "maximum-margin" 的分类任务中，例如，支持向量机等。下面主要介绍二元交叉熵损失函数。

为引出二元交叉熵损失函数，先给出交叉熵和交叉熵损失函数的定义。假定有两个分布，则它们在给定样本数据集上的交叉熵（cross entropy）定义如下：

$$H(p, q) = E_p\{-\log(q)\} = -\sum_x p(x)\log q(x) \qquad (3-12)$$

交叉熵刻画的是两个概率分布之间的距离或差异，交叉熵越小，则这两个概率分布越接近。对于分类问题，利用交叉熵可度量将第 l 个样本的真实类别 y_{li} 预测为估计类别 $\hat{y}_{li}$ 所带来的损失：

$$CEloss = -\sum_i y_{li}\log \hat{y}_{li} \qquad (3-13)$$

式中，对于多分类问题，真实类别 y_{li} 的取值仅在一个对应位置处为 1 且其余位置为 0，而预测类别 $\hat{y}_{li}$ 是通过训练样本学习模型参数后的预测结果，对应于各类别的概率。下面，以对样本 l 进行猫、狗、猪三分类加以举例，假设样本 l 实际为一只狗，利用人工智能模型获得的类别概率估计如表 3.1 所示。

表 3.1 交叉熵损失计算举例

变量	猫	狗	猪
y_{li}	0	1	0
$\hat{y}_{li}$	0.2	0.6	0.2
$CEloss$	$-\log(0.6)$		

则对应的交叉熵损失为：

$$CEloss = -\left[0 \times \log(0.2) + 1 \times \log(0.6) + 0 \times \log(0.2)\right] = -\log(0.6)$$

$$(3-14)$$

有了交叉熵损失函数，通过某个特定的优化策略，经过多轮（epoch）不断的学习，使得预测类别的分布逐渐接近真实类别的分布，与此同时，模型的参数也得到更新，也即进行了模型的学习。

在上市公司财务欺诈识别应用中，二分类问题的损失函数退化为具有如下形式的二元交叉熵损失（binary cross entropy loss）：

$$BCEloss = -y_{li}\log \hat{y}_{li} - (1 - y_{li})\log(1 - \hat{y}_{li}) \qquad (3-15)$$

可以看出，二分类问题中，当真实标签 $y_{li} = 1$ 时，$(1 - y_{li}) = 0$，而当真实标签 $y_{li} = 0$ 时，$(1 - y_{li}) = 1$，因此二元交叉熵损失函数中的第一项和第二项中必定有一项为 0。

在训练集上的经验损失为所有训练样本上的二元交叉熵损失的均值：

$$LOSS(\boldsymbol{\theta}) = \frac{1}{L_{\text{train}}}\sum_{l=1}^{L_{\text{train}}} BCEloss$$

$$= -\frac{1}{L_{\text{train}}}\sum_{l=1}^{L_{\text{train}}}\left[y_{li}\log \hat{y}_{li} + (1 - y_{li})\log(1 - \hat{y}_{li})\right] \qquad (3-16)$$

有了经验损失，即可采用特定的优化策略逐步减少训练损失。目前已有的优化策略种类较多，常用的有梯度下降、随机梯度下降、小批量随机梯度下降、RMSProp 算法[5] 和 Adam 算法[6] 等。

3.6 本章小结

本章构建了基于人工智能算法的两阶段上市公司财务欺诈识别框架，第一阶段基于 ChiMerge 算法，并采用自适应终止准则进行属性变量的初次特征提取；第二阶段采用人工智能算法实现特征的二次提取，将特征从高维特征转换成低维特征，同时从低层次特征转换为高层次特征，较典型的有基于树结构的人工智能算法（如决策树、随机森林、XGBoost、LightGBM 和 CatBoost 等）和基于人工神经网络结构的人工智能算法（如 CNN、LSTM 和 GRU 等）。

本章参考文献

［1］ Yiu D W，Xu Y，Wan W P. The deterrence effects of vicarious punishments on corporate financial fraud ［J］. Organization Science，2014，25（5）：1549 – 1571.

［2］ Apostolou B，Hassell J M，Webber S A. Forensic expert classification of management fraud risk factors ［J］. Journal of Forensic Accounting，2000，1（2）：181 – 192.

［3］ PCAOB. AS 2401：Consideration of Fraud in a Financial Statement Audit ［EB/OL］. https：//pcaobus. org/oversight/standards/auditing-standards/details/AS2401，2016.

［4］ Wells J T. Corporate Fraud Handbook：Prevention and Detection ［M］. 5th. John Wiley & Sons，2017.

［5］ Hinton G，Srivastava N，Swersky K. Neural networks for machine learning Lecture 6e rmsprop：Divide the gradient by a running average of its recent magnitude［EB/OL］. http：//www. cs. toronto. edu/ ~ hinton/coursera/lecture6/lec6. pdf，2012.

［6］ Kingma D P，Ba J. Adam：A method for stochastic optimization ［J］. Computer Science，2014.

第 4 章

基于树结构人工智能算法的上市公司财务欺诈识别

本章针对上市公司财务欺诈在资本市场普遍存在的问题，在财报数据中融入财经新闻文本特征，并提取时序信息，为上市公司财务欺诈识别提供新途径。本章以结构化的财报数据和非结构化的新闻文本数据为对象，在结构化数据特征中融入新闻文本的主题特征、观点特征、情绪特征和欺诈特征，然后提取时序信息，并基于树集成的方法实现上市公司财务欺诈识别。本章主要参考了著作者们的前期研究成果[1]。

4.1 引　　言

上市公司财务欺诈事件时有发生。据统计，

2021 年 1 月 1 日至 12 月 31 日，我国共有 32 家上市公司因财务造假被中国证监会（地方证监局）实施行政处罚。其中深主板 17 家，沪主板 9 家，创业板 6 家。不仅在中国，在全世界范围内上市公司财务欺诈都是一个严重问题。安然公司的造假丑闻还殃及了花旗银行、安达信等，同时引出了世通的财务欺诈案件，这又导致了 3 万人失业，使投资者遭受巨大损失；同时，投资者信心也受到了很大的打击，一时间股票市场持续低迷。因此，公司欺诈对资本市场的整体经济和投资者的信心都会造成损害。

鉴于财务欺诈事件的频发及其给社会带来的危害，如何准确及时地识别出具有财务造假行为的上市公司，在第一时间减轻财务造假带来的损失，是对资本市场的各个方面都非常有意义的研究问题。为此，国内外学者对财务欺诈行为识别方法进行了广泛研究[2~7]。现有研究中，从结构化的"企业 - 年度"数据中提取财务指标和非财务指标是主流做法[2~5]。随着自然语言处理技术的进步，非结构化的文本数据可作为对结构化数据的有益补充[6,7]。然而，文本特征中的时序性信息没有得到充分发掘，鉴于此，本章将时序性信息的提取从结构化数据延伸至非结构化的文本数据中，以期能够更好地捕捉公司财务欺诈行为的连续变化信息，从而获得更好的上市公司财务欺诈行为识别性能。

从数据的获取途径来看，结构化年报数据通常来源于国泰安（CSMAR）或锐思（RESSET）等公开发行的金融数据库，其发布的时间均有一定的滞后；此外，上市公司的财务欺诈行为的界定依赖于监管机构发布公告的时效性，且通常也存在一定的滞后。鉴于此，本章寻求通过对爬取的财经新闻文本进行信息挖掘，以期弥补结构化数据的时效性不足的问题。

本章的主要贡献如下：首先，在结构化的财务报表指标数据基础上，增加了新闻文本作为新的数据源，并提取时序信息，建立一个更加完善的上市公司财务欺诈行为识别框架；其次，在提取结构化财报数据特征和新闻文本特征的时序信息时，考虑了上市公司经营活动的连续性。与现有研究相比，本章构建的时序性衍生指标考虑了隐藏在财报数据和新闻文本数据中的时序信息，各指标的时序性变动可能预示着企业的财务危机或企业财务规律上的异常，更有利于进行财务欺诈行为识别。此外，由于新闻报道的客观性和即时性，新闻文本特征的引入，更能及时对有欺诈可能的上市公司发出预警。

4.2 相关研究综述

国内外关于上市公司财务欺诈行为识别方面的研究，依据所处理数据形式的不同，可分为结构化方法和非结构化方法。在结构化方法的研究方面，珀森斯（Persons）[8]使用逐步逻辑回归模型从基于配对 t 检验选出的 10 项财务指标中筛选出 4 项，建立财务欺诈识别模型。王克敏等[9]在财务指标分析的基础上，在逻辑回归模型中引入公司治理、投资者保护等因素，综合分析上市公司亏损困境的原因，并比较分析了基于财务、非财务指标及综合指标的预测模型的有效性。科奇安提斯（Kotsiantis）等[10]以 164 家欺诈和非欺诈公司的财务数据作为样本，分别建立了贝叶斯网络、K-均值、决策树、人工神经网络、支持向量机及逻辑回归模型，使用堆叠变量方法发现混合分类器的效果好于单一模型的分类效果。蒙肖莲等[11]基于 25 项财务指标对存在欺诈的财务报表进行识别，并对概率神经网络、人工神经网络和逻辑回归模型进行了对比。切基尼（Cecchini）等[12]利用 40 个财务指标，开发了面向金融领域的支持向量机核进行公司的管理层舞弊识别。德尚（Dechow）等[13]分析了欺诈公司的财务特性，并通过对财务变量的逻辑回归处理预测会计报表中的欺诈。保（Bao）等[3]运用集成学习模型并引入了一种新的性能评估指标，欺诈预测结果优于德尚（Dechow）等[13]的逻辑回归模型和切基尼（Cecchini）等[12]的支持向量机模型。郦金梁等[14]构建递延所得税异动指标，并利用 XGBoost 算法完成上市公司财务欺诈的识别。

在非结构化方法的研究方面，随着自然语言处理技术的进步，非结构化的文本挖掘技术成为主流。切基尼（Cecchini）等[15]从 10-Ks 的管理讨论和分析部分（MD&A）创建字典来区分欺诈和非欺诈公司，将文本数据作为财务数据的有效补充，其结果表明 MD&A 文本补充了定量财务信息。普拉达（Purda）和斯柯勒柯思（Skillicorn）[16]对 MD&A 部分的所有单词进行有效性排序，挑选前 200 个最具预测性的单词，采用词袋模型对样本分类，取得了较好效果。哈杰克（Hajek）和享里克斯（Henriques）[6]从 MD&A 文本中提取语言学指标，作为对结构化指标的有效补充，共同完成了财务报表舞弊的智能识别，并比较了多种机器学习方法的性能。董（Dong）等[17]提出了一个基于 SFL 理论的文本分析框架，结合社交媒体文本的概念功能和人际功能识别上市公司欺诈的早期迹象。肖毅等[18]基于 TEI@I 方法论的理论框架，集成文本挖掘和深度学习构建企业财务风险识别模型。布朗（Brown）和克劳利（Crowley）[19]运用隐性狄利克雷分布（LDA）主题模型，将 MD&A 部分的主题特征与财务数据和文本特征结合，证明了提取披露的主题有助于捕捉财务不端行为。胡楠等[20]基于高层梯队理论和社会心理学中的时间导向理论，提出了管理者内在的短视主义特质与企业资本支出和研发支出的关系，并采用文本分析和机器学习技术构建出管理者短视主义指标并据此完成实证检验。

从上述研究可以发现，通常将非结构化文本数据作为对结构化数据的有效补充，这有利于提升上市公司财务欺诈的识别性能。然而，文本数据的观点、主题和情绪等特征在欺诈年度附近的变化信息并未充分考虑。鉴于此，本章在结构化的财报数据中融入财经新闻文本特征的同时，还在模型中加入提取的时序信息，为研究上市公司财务欺诈行为识别提供了新思路。

4.3　结构化财报数据的特征提取

为更好地将结构化的财报数据和非结构化的新闻文本数据进行有效融合，

需进行特征工程处理将其变换至相同的特征维度。且在进行特征变换前，均需对财报数据和新闻文本数据的特征进行时序信息提取。

本章所采取的结构化财报数据特征提取过程如图4.1所示。从图4.1可以看出，结构化财报数据可由财务指标和非财务指标进行表征，但在将其输入财务欺诈行为智能识别模型前，需对其进行数据预处理和特征变换。另外为了降低数据的维度，还需进行指标筛选。

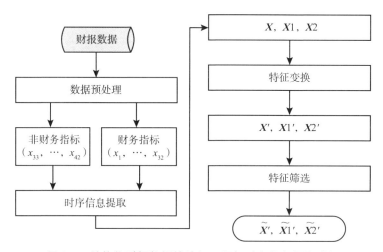

图4.1 结构化财报数据的特征工程与时序信息提取过程

4.3.1 财务指标和非财务指标挑选

依据国内外相关研究文献[1,8,12,13,21,22]，并结合现有上市公司指标数据的获取情况，本章共筛选了与结构化财报数据相关的42个指标，其中财务指标32个、非财务指标10个。

本章选取的与结构化财报数据相关的指标及其定义如表4.1所示。

表 4.1 财报数据指标及其定义

类别	一级指标	二级指标		指标定义
		符号	名称	
财务指标	偿债能力	x_1	流动比率	流动资产/流动负债
		x_2	速动比率	(流动资产 − 存货)/流动负债
		x_3	资产负债率	负债合计/资产总计
	比率结构	x_4	流动资产比率	流动资产合计/资产总计
		x_5	无形资产比率	无形资产净额/资产总计
		x_6	主营业务利润占比	(营业收入 − 营业成本)/利润总额
	经营能力	x_7	应收账款周转率	营业收入/应收账款期末余额
		x_8	存货周转率	营业成本/存货期末余额
		x_9	应付账款周转率	营业成本/应付账款期末余额
		x_{10}	总资产周转率	营业收入/资产总额期末余额
	盈利能力	x_{11}	资产报酬率	(利润总额 + 财务费用)/资产总额
		x_{12}	营业毛利率	(营业收入 − 营业成本)/营业收入
		x_{13}	营业净利率	净利润/营业收入
	现金流分析	x_{14}	营业收入现金净含量	经营活动产生的现金流量净额/营业总收入
		x_{15}	营业利润现金净含量	经营活动产生的现金流量净额/营业利润
		x_{16}	营运指数	经营活动产生的现金流量净额/经营所得现金毛流量
	风险水平	x_{17}	财务杠杆	(净利润 + 所得税费用 + 财务费用)/(净利润 + 所得税费用)
		x_{18}	经营杠杆	(净利润 + 所得税费用 + 财务费用 + 固定资产折旧、油气资产折耗、生产性生物资产折旧 + 无形资产摊销 + 长期待摊费用摊销)/(净利润 + 所得税费用 + 财务费用)
	发展能力	x_{19}	资本积累率	(所有者权益合计本期期末值 − 所有者权益合计本期期初值)/所有者权益合计本期期初值
		x_{20}	净利润增长率	(净利润本年本期单季度金额 − 净利润上一个单季度金额)/净利润上一个单季度金额

续表

类别	一级指标	二级指标		指标定义
		符号	名称	
财务指标	发展能力	x_{21}	营业利润增长率	(营业利润本年本期单季度金额－营业利润上一个单季度金额)/营业利润上一个单季度金额
		x_{22}	销售费用增长率	(销售费用本年本期金额－销售费用上年同期金额)/销售费用上年同期金额
		x_{23}	管理费用增长率	(管理费用本年本期金额－管理费用上年同期金额)/管理费用上年同期金额
		x_{24}	经营活动产生的净流量增长率	(经营活动产生的现金流量净额本年本期单季度金额－经营活动产生的现金流量净额上一个单季度金额)/经营活动产生的现金流量净额上一个单季度金额
	每股指标	x_{25}	每股营业利润	营业利润本期值/实收资本本期期末值
		x_{26}	每股净资产	所有者权益合计期末值/实收资本本期期末值
		x_{27}	每股现金净流量	现金及现金等价物净增加额本期值/实收资本本期期末值
	流动资产结构	x_{28}	货币资金比率	货币资金/流动资产合计
		x_{29}	存货净额比率	存货净额/流动资产合计
		x_{30}	应收账款净额比率	应收账款净额/流动资产合计
		x_{31}	预付款项净额比率	预付款项净额/流动资产合计
		x_{32}	其他应收款净额比率	其他应收款净额/流动资产合计
非财务指标	股本结构	x_{33}	国家股比例	国家股/总股数
		x_{34}	流通股比例	流通股/总股数
		x_{35}	股权集中指标	公司前10位大股东持股比例之和
	治理综合信息	x_{36}	董事长与总经理兼任情况	0＝不同一人；1＝同一人
		x_{37}	董事人数	董事（含董事长）
		x_{38}	其中：独立董事人数	独立董事人数
		x_{39}	监事总规模	监事（含监事主席）

类别	一级指标	二级指标		指标定义
		符号	名称	
非财务指标	三会基本信息	x_{40}	董事会会议次数	董事会会议次数
		x_{41}	监事会会议次数	监事会会议次数
		x_{42}	股东大会召开次数	股东大会召开次数

对于上述挑选好的指标，结合上市公司的欺诈年度情况，可建立结构化的"企业 – 年度"数据集。

4.3.2　结构化数据时序信息提取

为了更好地捕捉上市公司的财务欺诈行为，需考虑能够反映各指标数据连续变化和累积效果的时序性信息。对于表 4.1 中的财务指标数据 $x_1 \sim x_{32}$，其为连续型数值，因此采用比值形式构造财务指标的衍生变量：

$$X1_i = \frac{x_i(t_0)}{x_i(t_{-1})}, \ i = 1, \cdots, 32 \tag{4-1}$$

式中，t_0 和 t_{-1} 分别表示欺诈当年和欺诈上一年。类似地可以定义：

$$X2_i = \frac{x_i(t_0)}{x_i(t_{-2})}, \ i = 1, \cdots, 32 \tag{4-2}$$

式中，t_{-2} 表示欺诈上上一年。

对于非财务指标 $x_{32} \sim x_{42}$，其为离散型数值，因此采用差值形式构造衍生变量：

$$X1_i = x_i(t_0) - x_i(t_{-1}), \ i = 33, \cdots, 42 \tag{4-3}$$

和

$$X2_i = x_i(t_0) - x_i(t_{-2}), \ i = 33, \cdots, 42 \tag{4-4}$$

将表 4.1 中的财务指标和非财务指标用向量表示为：

$$\boldsymbol{X} = [x_1, \cdots, x_{42}] \tag{4-5}$$

且将指标的衍生变量用向量表示为：

$$X1 = [x1_1, \cdots, x1_{42}] \quad\quad (4-6)$$

$$X2 = [x2_1, \cdots, x2_{42}] \quad\quad (4-7)$$

这样可以构造结构化指标数据集（X，$X1$，$X2$）。

对于有监督学习问题，上市公司 l 的类别标签 y_l 已知，且有：

$$y_l = \begin{cases} 1, & \text{如果公司 } l \text{ 存在欺诈} \\ 0, & \text{无欺诈} \end{cases} \quad\quad (4-8)$$

这样，第 l 家上市公司的结构化数据可用有序对 $\langle (X, X1, X2)_l, y_l \rangle$ 来表示，其中 $(X, X1, X2)_l$ 表示由第 l 家上市公司的结构化指标所构造的数据集，且其欺诈类型由 y_l 给定。假定数据集中包含有 L 个这样的样本，则可获得来自结构化数据的数据集 χ：

$$\chi = \left\{ \langle (X, X1, X2)_l, y_l \rangle \right\}_{l=1}^{L} \quad\quad (4-9)$$

4.3.3　特征变换

结构化指标数据集 χ 需进行特征的数值变换，使其更适合于后续的财务欺诈识别模型。此处的上市公司财务欺诈行为识别是二分类任务，可利用 ChiMerge 算法[24]对其特征变量进行特征变换。ChiMerge 算法是一个自底向上的模式融合过程，其将每个观测值看作一个独立的模式类型。当两个相邻的模式来自同一分布时，则认为这两个模式没有显著区别，并将这两个模式进行融合。此处采用卡方检验来确定模式间的相似性或区别：

$$\chi^2 = \sum_{i=1}^{2} \sum_{j=1}^{2} \frac{(A_{ij} - E_{ij})^2}{E_{ij}} \quad\quad (4-10)$$

式中，观测频数 A_{ij} 是第 i 个模式匹配第 j 个类别的次数，E_{ij} 是第 i 个模式匹配第 j 个类别的期望频数，i 的取值上限 2 是由于每次仅考虑相邻的 2 个模式，j 的取值上限 2 则是因为类别只有两种：欺诈和无欺诈。卡方值越小说明考察的两个相邻模式越相似，也就越需要对其进行融合处理。

在进行特征变换时，每次仅挑选数据集 χ 中的一个指标进行特征变换，并连同目标类别标签 y 一起加以考虑。最终，通过上述自底向上的模式融合过程，可获得新的特征变换后的数据（X'，$X1'$，$X2'$），再结合相对应的欺诈标签即可获得特征变换后的新数据集 χ'：

$$\chi' = \{\langle (X'_l,\ X1'_l,\ X2'_l),\ y_l\rangle\}_{l=1}^{L} \qquad (4-11)$$

经特征变换后的新数据集 χ' 中仍含有 126 个指标，维数较高，需进行指标筛选，以降低数据的维数。此处采用信息熵来度量引入某个指标后的信息增益，从而确定该指标的重要性。考察类别变量 Y，其取值空间为 $\{Y_1, Y_2\}$，其中 Y_1 和 Y_2 分别表示欺诈（正类）和非欺诈（负类）。变量 Y 的信息熵为：

$$H(Y) = -\sum_{i=1}^{2} p(Y_i) \log_2 p(Y_i) \qquad (4-12)$$

式中，$p(Y_i)$ 为变量 Y 取值 Y_i 的概率。当 Y 的取值分布越集中，也即某类出现的概率明显高于其他类时，信息熵越小；当 Y 的取值分布越均匀，也即各类别出现的概率都很接近时，信息熵就越大。

类似地，当引入指标 x_i 时，也即在指标变量 X 取值 x_i 已经发生的条件下，条件信息熵为：

$$H(Y \mid X) = -\sum_{i=1}^{2} p(X = x_i) H(Y \mid X = x_i) \qquad (4-13)$$

式中，$H(Y \mid X = x_i)$ 为 $X = x_i$ 已经发生的条件下 Y 的熵。

有了信息熵 $H(Y)$ 和条件信息熵 $H(Y \mid X)$，即可计算信息增益：

$$IG(Y \mid X) = H(Y) - H(Y \mid X) \qquad (4-14)$$

信息增益表征了引入某个指标后不确定性的减少量，也即引入某个指标所带来的好处。因此，在进行指标筛选时，应挑选信息增益大的指标。考虑到获取的上市公司样本数量（见第 4.5 节），希望将总的指标数量控制在样本数量的 10% 以内。因此，最终选取了信息增益最大的 60 个指标，如表 4.2 所示。

表 4.2 指标筛选后的财报数据指标

数据集	指标	*IG*
数据集 $\widetilde{X}'$	x'_{38}	0.562
	x'_{39}	0.549
	x'_{12}	0.494
	x'_{10}	0.449
	x'_{22}	0.428
	x'_{27}	0.421
	x'_{23}	0.397
	x'_{6}	0.382
	x'_{14}	0.378
	x'_{37}	0.329
	x'_{32}	0.321
	x'_{16}	0.311
	x'_{19}	0.276
	x'_{28}	0.256
	x'_{5}	0.244
	x'_{18}	0.236
	x'_{21}	0.236
	x'_{4}	0.235
	x'_{2}	0.215
	x'_{26}	0.210
	x'_{29}	0.208
	x'_{17}	0.208
数据集 $\widetilde{X1}'$	$x1'_{39}$	0.651
	$x1'_{38}$	0.645
	$x1'_{41}$	0.546
	$x1'_{12}$	0.506
	$x1'_{37}$	0.503
	$x1'_{6}$	0.485
	$x1'_{27}$	0.445
	$x1'_{35}$	0.406
	$x1'_{25}$	0.395
	$x1'_{20}$	0.392
	$x1'_{13}$	0.386

数据集	指标	*IG*
数据集 $\widetilde{X1}'$	$x1'_{34}$	0.370
	$x1'_9$	0.352
	$x1'_{23}$	0.300
	$x1'_5$	0.297
	$x1'_{31}$	0.270
	$x1'_{19}$	0.250
	$x1'_{22}$	0.238
	$x1'_8$	0.236
	$x1'_{14}$	0.222
数据集 $\widetilde{X2}'$	$x2'_{39}$	0.653
	$x2'_{38}$	0.642
	$x2'_{21}$	0.587
	$x2'_{14}$	0.538
	$x2'_{41}$	0.528
	$x2'_{37}$	0.486
	$x2'_{13}$	0.454
	$x2'_{23}$	0.425
	$x2'_{27}$	0.398
	$x2'_5$	0.390
	$x2'_{29}$	0.343
	$x2'_{24}$	0.331
	$x2'_{10}$	0.325
	$x2'_{35}$	0.301
	$x2'_9$	0.286
	$x2'_{15}$	0.228
	$x2'_{17}$	0.217
	$x2'_{16}$	0.216

记指标筛选后的数据集为 $\widetilde{\chi}'$，则有：

$$\widetilde{\chi}' = \left\{ \left\langle \left(\widetilde{X}'_l,\ \widetilde{X1}'_l,\ \widetilde{X2}'_l \right),\ y_l \right\rangle \right\}_{l=1}^{L} \qquad (4-15)$$

式中，$\left(\widetilde{X}'_l,\ \widetilde{X1}'_l,\ \widetilde{X2}'_l \right)$ 为指标筛选后的数据集，$\widetilde{X}'$ 为来自数据集 X' 中的 22 个指标的集合，$\widetilde{X1}'$ 为来自数据集 $X1'$ 中的 20 个指标的集合，$\widetilde{X2}'$ 为来自

数据集*X2′*中的18个指标的集合。

4.4 新闻文本特征构建

非结构化新闻文本数据的特征构建过程如图4.2所示。从图4.2可以看出，对于财经新闻文本，首先，进行新闻文本的预处理，例如，文本去重、文本分词和删除停用词等；其次，通过LDA提取主题特征，然后通过情感词典的方法提取观点特征和情绪特征；最后，构造欺诈特征词典，提取财务欺诈特征。在将这些特征输入财务欺诈行为智能识别模型前，同样需对其进行特征变换。

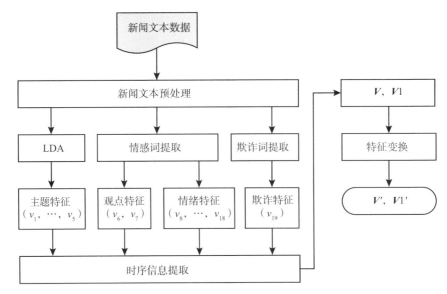

图4.2 新闻文本特征工程与时序信息提取过程

4.4.1 主题特征提取

LDA[25]是一种用于离散数据集合的生成概率模型，可用于文档的主题生成。LDA 可看作是如图 4.3 所示三层贝叶斯概率模型，包含词语层、文档层和语料层三个层次结构，且其中一个层次集合中的每个项目都被建模为一组潜在的主题类型的有限混合体。

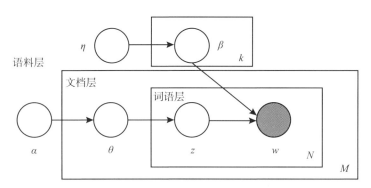

图 4.3　LDA 模型的三层结构

图 4.3 中，语料库 $\mathcal{D}$ 是由 M 篇文档构成的集合 $\mathcal{D} = \{w_1, w_2, \cdots, w_M\}$，其中 w_d 是语料库中的第 d 篇文档；每篇文档 w 则是由 N 个词语所构成的序列 $w = (w_1, w_2, \cdots, w_N)$，其中 w_n 为序列中的第 n 个词语；每个词语是构成离散数据的基本单元，其为含有 V 个词的字典中的一个条目，该字典由 $\{1, \cdots, V\}$ 索引。词通常由基底单位向量表示，该向量中的元素仅有一个为 1 其余全为 0。对于语料库 $\mathcal{D}$ 中的每一篇文档 w，LDA 的建模过程如下：

（1）选择服从泊松分布的参数 $N \sim \text{Poisson}(\xi)$。

（2）选择服从狄利克雷分布的参数 $\theta \sim \text{Dir}(\alpha)$，$\theta_{d,n}$ 表示文档 w_d 中包含的主题 z_n 的概率。

（3）对于文档 w_d 中的每个词语 w_n：

①选择一个服从多项分布的主题 $z_n \sim \text{Multinomial}(\theta)$，且 $z_{d,n}$ 表示依据主题 θ_d 得到的对应文档 w_d 中词 w_n 的主题。

②主题 z_n 中的词服从参数为 β 的多项分布，且 β 为一 $k \times V$ 的矩阵。

③依据概率 $p(w_n | z_n, \beta)$ 选择一个词语 w_n。

（4）参数 β 亦服从狄利克雷分布 $\beta \sim \text{Dir}(\eta)$，$\beta_{k,v}$ 表示词语 w_v 在主题 z_k 中的概率。

上述步骤中，留下两个先验参数 α 和 η 需要通过经验贝叶斯的方法获得的最大边际似然估计。

对于 LDA 模型，通常采用困惑度（perplexity）[25] 和一致性分数（coherence）[26] 进行性能评价。对于测试集 $\mathcal{D}_{\text{test}}$ 中的 M 个文件，困惑度分数的计算公式如下：

$$\text{perplexity}(\mathcal{D}_{\text{test}}) = \exp\left\{ -\frac{\sum_{d=1}^{M} \log p(\boldsymbol{w}_d)}{\sum_{d=1}^{M} N_d} \right\} \qquad (4-16)$$

式中，N_d 为第 d 篇文档中含有的词语个数。困惑度得分值随测试数据的似然概率的减小而减小，其在数值上等于单个词语似然概率的几何平均的倒数。低的困惑度值意味着更好的通用性能。

给定一个主题 z，z 中的前 N 个单词集合 $S^z = \{w_1^z, \cdots, w_N^z\}$，则主题的一致性分数为：

$$C(z; S^z) = \sum_{i=2}^{N} \sum_{j=1}^{n-1} \log \frac{D_2(w_i^z, w_j^z) + 1}{D_1(w_j^z)} \qquad (4-17)$$

式中，$D_1(w_j^z)$ 是词语 w_j^z 的文档频率，$D_2(w_i^z, w_j^z)$ 是词语 w_i^z 和 w_j^z 的共现文档频率。一致性分数越高，说明主题的可解释性越强，也即主题在语义上更加连贯，进而该主题也就更有意义。

本章迭代计算了主题数从 1~40 的困惑度分数和一致性分数，据此绘制的性能曲线如图 4.4 所示，其中（a）为主题困惑度曲线，（b）为主题一致性曲线。从图 4.4 可以看出当主题数为 2 时的一致性最高，但此时的困惑度的下降趋势不明显。因此，对困惑度和一致性进行折中考虑，本章将主题数选定为 5。

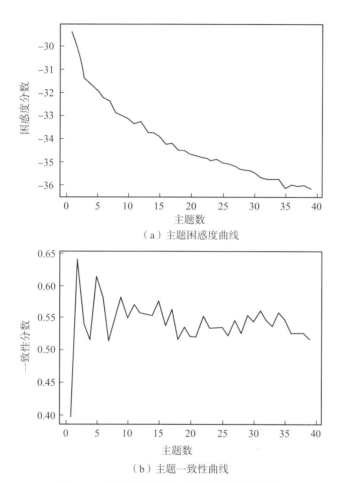

（a）主题困惑度曲线

（b）主题一致性曲线

图 4.4　依据困惑度和一致性确定主题数目

表 4.3　　　　　　　　　　　主题特征及其对应的关键词

主题类别	符号	特征词示例
主题 1	v_1	同比、增长、净利润、亿元、同比增加、营业、收入、元
主题 2	v_2	要约、激励、限制性、解锁、授予、大道、中航、临床试验
主题 3	v_3	笔、点、派、营业部、转增、含税、元、利润分配
主题 4	v_4	股份、增持、减持、事项、计划、股本、交易、万股
主题 5	v_5	商誉、索赔、跌幅、证券法、加权、中标、罚款、警告

通过 LDA 提取的 5 个主题特征及其对应的关键词如表 4.3 所示。根据这些关键词可以大致推断各个主题的含义：主题 1 对应的新闻主要在讨论公司的盈利情况；主题 2 对应的新闻可能在讨论公司的业务；主题 3 主要在讨论公司的营运情况；主题 4 主要在讨论公司的股票情况；主题 5 主要在讨论公司的负面新闻情况。

4.4.2　观点与情绪特征提取

本章选用观点特征时，参照了文献［6］、文献［17］和文献［27］中的观点类别，选取了积极观点和消极观点；选用情绪类别时，参照了文献［6］、文献［17］和文献［28］中的情绪类别，并结合财经新闻文本的实际情况，最终选取了快乐、安心、相信、悲伤、失望、恐慌、烦闷、憎恶、贬责、怀疑和惊奇等 11 个情绪类别。此外，在财务欺诈行为识别需求下，本章还增加了欺诈特征类别。在欺诈特征词语的选择上，通过浏览财报、金融新闻和中国证监会的处罚公告，从欺诈行为的描述（如隐瞒、虚假、虚增等）和监管部门的处罚披露（如处罚、罚款、警告等）提取出 110 个与上市公司财务欺诈相关的词作为欺诈特征的子词典。

本章所选取的语词类别及其对应词语举例如表 4.4 所示。结合表 4.4 中的词语类别，即可构建中文财务欺诈识别词典。在所构建词典的基础上，统计每篇文档各特征词语数量，并计算每一特征词数与总词数的比例。

表 4.4　　　　　　　　观点与情绪特征语词类别与举例

特征类别	特征名称	符号	特征值计算方式	特征词示例
观点	积极	v_6	积极词数量/总词数	涨、晋升、超额完成、高回报、先发优势
	消极	v_7	消极词数量/总词数	跌、被降级的、管理不善、变相涨价、败下阵来

特征类别	特征名称	符号	特征值计算方式	特征词示例
情绪	快乐	v_8	快乐词数量/总词数	喜悦、欢喜、笑眯眯、欢天喜地
	安心	v_9	安心词数量/总词数	踏实、宽心、定心丸、问心无愧
	相信	v_{10}	相信词数量/总词数	信任、信赖、可靠、毋庸置疑
	悲伤	v_{11}	悲伤词数量/总词数	忧伤、悲苦、心如刀割、悲痛欲绝
	失望	v_{12}	失望词数量/总词数	憾事、绝望、灰心丧气、心灰意冷
	恐慌	v_{13}	恐慌词数量/总词数	慌张、害怕、不知所措、担惊受怕
	烦闷	v_{14}	烦闷词数量/总词数	憋闷、烦躁、心烦意乱、自寻烦恼
	憎恶	v_{15}	憎恶词数量/总词数	厌恶、反感、恨之入骨、深恶痛绝
	贬责	v_{16}	贬责词数量/总词数	呆板、虚荣、杂乱无章、心狠手辣
	怀疑	v_{17}	怀疑词数量/总词数	多心、生疑、将信将疑、疑神疑鬼
	惊奇	v_{18}	惊奇词数量/总词数	奇怪、奇迹、大吃一惊、瞠目结舌
欺诈	欺诈	v_{19}	欺诈词数量/总词数	隐瞒、虚假、虚增、处罚、罚款、警告

4.4.3　新闻文本时序信息提取与特征变换

本部分在提取新闻文本特征的时序信息时，采用了与提取结构化数据指标中的时序信息类似的方式。同时，考虑到主题、观点、情绪和欺诈这四个新闻特征组成部分的指标变量原本就是比值结构，且含有很多零值，因此选用差值的构造方式。此外，考虑到新闻的时效性较强，本章仅考察欺诈当年与欺诈上一年的时序信息，构造衍生变量如下：

$$V1_i = v_i(t_0) - v_i(t_{-1}),\ i = 1,\ \cdots,\ 19 \qquad (4-18)$$

将表 4.3 和表 4.4 中的财经新闻文本特征用向量表示为：

$$\boldsymbol{V} = [v_1,\ \cdots,\ v_{19}] \qquad (4-19)$$

且将指标的衍生变量用向量表示为：

$$\boldsymbol{V1} = [v1_1,\ \cdots,\ v1_{19}] \qquad (4-20)$$

再结合各上市公司样本的类别标签，可构造来自非结构化数据的特征数据集：

$$Y = \{\langle (\boldsymbol{V}_l, \ \boldsymbol{V1}_l), \ y_l \rangle\}_{l=1}^{L} \tag{4-21}$$

同样地，采用 ChiMerge 算法进行新闻文本特征的数值变换，可获得特征变换后的新数据集：

$$Y' = \{\langle (\boldsymbol{V}_l', \ \boldsymbol{V1}_l'), \ y_l \rangle\}_{l=1}^{L} \tag{4-22}$$

式中，$\boldsymbol{V}'$ 和 $\boldsymbol{V1}'$ 分别为特征变换后的新闻文本特征变量及其衍生变量。

4.5 融合新闻文本和时序信息的智能识别模型构建

4.5.1 智能识别模型的总体架构

本章在结构化财报数据中融入财经新闻文本特征和时序信息，研究上市公司财务欺诈行为的智能识别，其总体处理框架如图 4.5 所示。该处理框架包含如下步骤：

步骤 1：特征工程与时序信息提取。利用第 4.3 节和第 4.4 节中的方法，分别对结构化的财报数据和非结构化的财经新闻文本数据进行特征工程处理，并提取时序衍生特征变量。

步骤 2：特征集成。依据上市公司股票代码及其欺诈标签 y，对结构化财报数据特征变量（$\tilde{\boldsymbol{X}}'$，$\tilde{\boldsymbol{X1}}'$，$\tilde{\boldsymbol{X2}}'$）和非结构化新闻文本特征变量（$\boldsymbol{V}'$，$\boldsymbol{V1}'$）进行集成，从而获得输入模型的数据，并将数据集拆分成训练集和测试集。

步骤 3：模型训练。利用训练集中的数据，对所挑选的机器学习模型进行训练。此处分别选用了分类回归树（CART）、RF、XGBoost 和 AdaBoost 四种模型。

步骤 4：模型测试。利用测试集中的数据，对步骤 3 训练得到的机器学习模型进行测试，对比分析 CART、RF、XGBoost 和 AdaBoost 的性能。

步骤 5：财务欺诈识别。利用机器学习模型针对测试数据的输出结果，完成上市公司财务欺诈行为的智能识别。

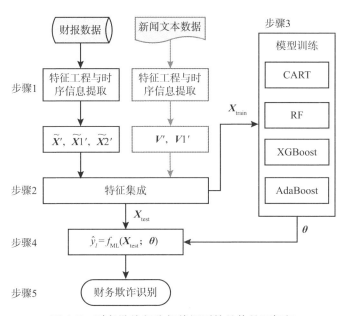

图 4.5　财务欺诈行为智能识别的总体处理框架

4.5.2　上市公司财务欺诈识别模型

假定所使用的机器学习模型的参数为 $\boldsymbol{\theta}$，则模型的最优参数可通过最小化某个特定的损失函数来确定：

$$LOSS(\boldsymbol{\theta}) = \frac{1}{L_{\text{test}}} \sum_{l=1}^{L_{\text{test}}} loss(\hat{y}_l, y_l) \tag{4-23}$$

式中，$loss(\cdot)$ 为所使用的损失函数，L_{test} 为输入机器学习模型的样本数，$\hat{y}_l$ 为估计得到的输入样本的欺诈得分，其可由下式给出：

$$\hat{y}_l = f_{\text{ML}}(\boldsymbol{X}_{\text{test}}; \boldsymbol{\theta}) \tag{4-24}$$

式中，$f_{ML}(\cdot)$ 为所使用的机器学习模型的系统响应函数，X_{test} 为输入模型的测试数据，最优的模型参数 θ 通常利用训练集 X_{train} 对模型进行训练得到。训练集和测试集数据均可由 $\tilde{X}'$、$\tilde{X1}'$、$\tilde{X2}'$、V'、$V1'$ 以及它们的组合构成。给定门限 η，即可获得机器学习模型输出的类别标签的识别估计：

$$\hat{y}_{l,class} = \begin{cases} 1, & \hat{y}_l \geq \eta \\ 0, & \hat{y}_l < \eta \end{cases} \qquad (4-25)$$

式中，"1" 和 "0" 分别表示存在财务欺诈行为和无财务欺诈行为。

4.5.3 树集成的方法

可供选择的机器学习模型 $f_{ML}(\cdot)$ 种类较多，决策树由于具有很强的可解释性和简易性而受到广泛关注。常见的决策树模型类型有 ID3、C4.5、C5.0 和 CART，其中 CART 的应用最广泛。由于容易出现过拟合，常规的决策树模型很少被采用，通常仅作为基准模型用于性能对比，因此本章选择 CART[29] 作为基准模型。实际被广泛应用的是树集成的方法，主要有两大类：RF 和提升树。RF[30] 可看作是 Bagging 集成的变体，其由成百上千棵决策树构成基分类器，这些基决策树的属性来自对全体属性集合的随机抽样；提升树同样集成了成百上千棵决策树，但其通过不断添加越来越多的树，来迭代地减小分类误差，直到满足停止条件为止。为构造提升树，可在 AdaBoost[31] 中使用决策树作为基本分类器，这样可将多个弱分类器提升为强分类器。当使用梯度提升算法来解决优化问题时，提升算法成为梯度提升算法，最典型的是 XGBoost[32]。XGBoost 是对经典梯度提升算法的改进，在求解损失函数的最优解时使用了牛顿法，并将损失函数泰勒展开到二阶，另外损失函数中加入了正则化项。

综上所述，本章共挑选三种典型的树集成方法：RF、AdaBoost 和 XGBoost，并使用经典的 CART 决策树作为基准分类器，对树集成方法的性能进行对比。

4.6 实验验证与结果分析

4.6.1 数据集描述

本实验所使用的结构化数据来源于中国经济金融研究数据库（CSMAR），新闻文本数据则爬取自新浪财经网站。本实验共收集 2016～2018 年 620 家上市公司（310 家欺诈样本和 310 家非欺诈样本）的结构化数据和新闻文本数据。各家上市公司的分类标签则依据 CSMAR 数据库中的上市公司财务违规信息表进行标注。本实验采用企业 – 年度数据标注形式，即将欺诈当年的每一家公司作为一个样本，而对于连续多年均有财务欺诈行为的公司，则选取该公司首次被披露的年份。

4.6.2 数据预处理

结构化财报数据的预处理相对较简单，而新闻文本数据的预处理则较为复杂。本实验共爬取原始新闻 76675 篇，图 4.6 给出了原始的新闻文本信息。从图 4.6 可以看出，原始新闻文本可能含有大量噪声，第一条和第三条新闻包含的内容显然对应多家公司样本。此外，原始新闻文本中可能含有重复文本，甚至发生与所选公司无关的情况，因此本章首先根据标题中的关键词筛选掉与多家公司相关联的新闻文本，然后对余下的新闻进行人工筛选，共得到 15043 篇。其中欺诈公司在欺诈前一年共有 3431 条，在欺诈当年有 4985 条；非欺诈公司在欺诈前一年有 3000 条，在欺诈当年共有 3627 条。从新闻数量上的增长率来看，欺诈公司要远高于非欺诈公司，这可能是由于财务欺诈公司倾向于从事更多的战略活动来塑造正面形象[33]。

news_title	news_content
1850公司预告中报业绩 414家增幅翻倍	新浪财经Level2：A股极速看盘 \n\n新浪财经App：直播上线 博主一对一指导\n…
*ST金源5月18日跌停	新浪财经Level2：A股极速看盘 \n\n新浪财经App：直播上线 博主一对一指导\n…
新浪财经晚报：3月10日晚间影响市场消息汇总	新浪财经Level2：A股极速看盘 \n\n新浪财经App：直播上线 博主一对一指导\n…
金谷源大股东减持361万股 已累计减持近5%	证券时报网（www.stcn.com）03月10日讯 金谷源（000408）3月10晚…
20日临停扫描：金谷源拟披露重大事项	\n\n 新浪港股大赛火热招募：30万奖金等你来 \n新浪财经Level2：A股极…

图 4.6 原始新闻文本信息示例

另外，从图4.6还可看出，本实验所爬取的原始新闻正文中含有一些与实验内容无关的标签。以图4.7为例，第一行与最后一行的大部分内容均应删去，否则会影响新闻特征在实验中的效果，因此本章在人工筛选新闻的同时，对在本实验环境下保留的新闻正文进行处理。

'\n\n\n\n新浪财经App：直播上线 博主一对一指导\n\n\u3000\u3000读者传媒2016年营收净利双降\u3000\u3000北京商报讯（记者\xa0卢扬\xa0郑蕊）4月25日晚间，读者传媒发布的2016年报告显示，2016年读者传媒实现营业收入7.5亿元，同比减少9.01%，归属于上市公司股东的净利润8425.2万元，同比减少17.04%。截至2016年底，读者传媒的总资产为19.37亿元，归属于上市公司股东的净资产为16.44亿元。\u000\u3000对于此次业绩变动，读者传媒表示，报告期内公司营业收入减少的主要原因是手机等数码产品贸易额和代理广告收入的减少，同时读者杂志、教材销量减少所致；而利润出现下降的原因，一方面是在传统纸媒整体下滑的大环境下，纸质期刊销量下滑及其广告版面减少导致期刊业务利润减少，另一方面则是教材业务受在校中小学生人数减少及教材循环使用的影响，利润出现下滑，此外，公司部分子公司持续亏损。\u3000\u3000值得注意的是，于2015年正式上市的读者传媒并非首次出现业绩下滑。据其2015年年报显示，当年读者传媒实现的归属于上市公司股东的净利润较上年同比下降28.07%，另据读者传媒筹划上市时发布的招股说明书显示，其2014年归属于母公司的净利润较2013年减少了2270.1万元。\u3000\u3000根据读者传媒的发展规划，该公司未来计划全力拓展"互联网+""文化+""读者+"，培育新产业，构建新业态，走多业务、多元化融合的方向，打造"读者生态圈"。其中在期刊出版方面，读者传媒将以《读者》为核心，强化内容质量和服务质量；在图书出版方面，打造特色化、专业化、精品化的优质品牌出版优势，探索全媒体传播方式；而在教育出版领域，计划稳固教材市场，大力推进在线教育，实现教育板块的数字化。进入【新浪财经股吧】讨论'

图 4.7 原始新闻文本正文示例

4.6.3 实验设置与过程

本实验所采用的上市公司财务欺诈行为识别过程如图 4.8 所示。本实验在结构化数据中融合新闻文本特征，并提取相应的时序信息。特征集成时，分别对财报数据和财经新闻文本数据及其时序性衍生特征进行组合。然后分别利用 CART、RF、AdaBoost 和 XGBoost 等构建上市公司财务欺诈行为识别模型，实现上市公司财务欺诈的智能识别。

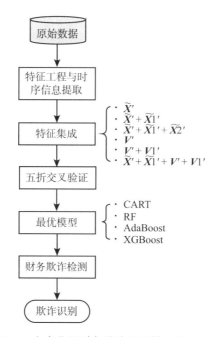

图 4.8 上市公司财务欺诈识别模型的评估过程

实验中，采用五折交叉验证的方式对所选模型进行性能评价。首先，将来自 620 家上市公司的样本划分成 5 等份；其次，采用五折交叉验证，将其中 4 份作为训练集，余下 1 份作为测试集；最后，将五折交叉验证结果的均值作为模型评价指标的结果。本章选取准确率 $Acc = \dfrac{TN + TP}{TN + FP + FN + TP}$ 和召回率 $Recall = \dfrac{TP}{FN + TP}$ 作为模型性能的评价指标，其中，TN、FP、FN 和 TP 分别为真负率、假正率、假负率和真正率，其可通过混淆矩阵获得。

4.6.4 实验结果与分析

4.6.4.1 财务欺诈行为识别性能

本实验将仅含结构化特征的财报数据 $\widetilde{X}'$ 作为基准，分别对比加入新闻文本特征和时序信息后的财务欺诈识别性能，最终的实验结果如表 4.5 所示。表 4.5 将来自财报数据和新闻文本的特征组合成 6 个组别进行对比实验：组合 1 为财报数据特征组合（$\widetilde{X}'$）；组合 2 为财报数据 +1 年时序的特征组合（$\widetilde{X}' + \widetilde{X1}'$）；组合 3 为财报数据 +2 年时序的特征组合（$\widetilde{X}' + \widetilde{X1}' + \widetilde{X2}'$）；组合 4 为纯新闻文本特征的组合（$V'$）；组合 5 为新闻文本 +1 年时序的特征组合（$V' + V1'$）；组合 6 为财报数据 + 新闻文本 +1 年时序的特征组合（$\widetilde{X}' + \widetilde{X1}' + V' + V1'$）。

表 4.5   **采用不同特征组合的欺诈识别结果**

特征组合	CART		RF		XGBoost		AdaBoost	
	Acc	Recall	Acc	Recall	Acc	Recall	Acc	Recall
$\widetilde{X}'$	0.623	0.658	0.697	0.703	0.719	0.719	0.781	0.787
$\widetilde{X}' + \widetilde{X1}'$	0.645	0.684	0.719	0.723	0.735	0.703	0.819	0.819
$\widetilde{X}' + \widetilde{X1}' + \widetilde{X2}'$	0.668	0.555	0.732	0.671	0.732	0.729	0.813	0.819
V'	0.606	0.591	0.642	0.632	0.687	0.677	0.758	0.774
$V' + V1'$	0.629	0.626	0.703	0.677	0.710	0.723	0.803	0.761
$\widetilde{X}' + \widetilde{X1}' + V' + V1'$	0.629	0.690	0.732	0.723	0.777	0.800	0.861	0.865

从表4.5可以看出：首先，对于结构化的财报数据，以 $\tilde{X}'$ 作为基准，加入一年时序信息 $\tilde{X1}'$ 和两年时序信息 $\tilde{X1}' + \tilde{X2}'$ 后，财务欺诈识别性能均有所提升，但两年时序信息加入后，相比一年时序信息的性能并没有明显改善；其次，对于新闻文本数据，以 V' 作为基准，加入时序信息 $V1'$ 后，欺诈行为的识别性能同样有所提升；再次，在结构化数据中同时融入文本信息和时序信息后获得了最佳的财务欺诈识别性能；最后，树集成方法 RF、XGBoost和 AdaBoost 的性能明显优于基准决策树 CART，且 AdaBoost 的性能最优。具体数据表现为，采用 AdaBoost 算法达到了86.1%的准确率和86.5%的召回率，融入新闻文本和时序信息后比单纯地采用财报数据集特征的准确率提高了8%。

依据 AdaBoost 模型在训练过程中的特征重要性，结构化财报数据中最重要的几个指标为：无形资产比率、预付款项占流动资产、股权集中指标、管理费用增长率与前一年的比值和监事会会议次数与前一年的差值等；新闻文本中最重要的几个特征为：欺诈情绪、贬责情绪、憎恶情绪、主题4（股票相关）、主题5（重大事项相关）和失望词占比和快乐词占比与上一年的差值等。

4.6.4.2　置信区间检验

考虑到机器学习算法和交叉验证数据集的划分会导致模型结果有一定的随机性，两个模型之间结果的差异可能并不足以说明得分高的模型一定优于得分低的模型。因此，本章采用 Bootstrapping 置信区间检验的方法对实验结果进行验证，共进行了 2000 次迭代。表4.6 给出了各种特征组合准确率之差的置信区间检验结果。表4.6 中，Acc_1、Acc_2、Acc_3、Acc_4、Acc_5 和 Acc_6 分别表示特征组合 $\tilde{X}'$、$\tilde{X}' + \tilde{X1}'$、$\tilde{X}' + \tilde{X1}' + \tilde{X2}'$、$V'$、$V' + V1'$ 和 $\tilde{X}' + \tilde{X1}' + V' + V1'$ 下的准确率。

表 4.6　　　各特征组合准确率之差的置信区间检验结果（**2000** 次迭代）　　　单位：%

算法	$Acc_2 - Acc_1$	$Acc_3 - Acc_1$	$Acc_3 - Acc_2$	$Acc_5 - Acc_4$	$Acc_6 - Acc_2$
CART	-4.83	-6.17	-5.83	-3.51	-4.50
RF	-0.50	-0.67	-4.00	0.67 *	0.83 *
XGBoost	0.33 *	0.67 *	-5.18	0.83 *	0.17 **
AdaBoost	0.17 **	0.65 **	-3.34	0.33 **	0.17 ***

注：* 、** 和 *** 分别表示在 10% 、5% 和 1% 的显著水平下显著。

从表 4.6 可以看出，AdaBoost 算法的欺诈识别效果最好。因此，依据 AdaBoost 算法的结果说明如下：

（1）特征组合 $\tilde{X}' + \tilde{X1}'$ 和 $\tilde{X}'$ 的准确率之差的 95% 置信区间下限为 0.17%，说明时序性指标 $\tilde{X1}'$ 在上市公司的财务欺诈行为识别上是有效的；

（2）特征组合 $\tilde{X}' + \tilde{X1}' + \tilde{X2}'$ 和 $\tilde{X}' + \tilde{X1}'$ 的准确率之差的 90% 置信区间下限为 -3.34%，说明时序性指标 $\tilde{X2}'$ 在财务欺诈识别问题上未起到明显作用；

（3）特征组合 $V' + V1'$ 和 V' 的准确率之差的 95% 置信区间下限为 0.33%，这说明新闻文本特征的时序性指标 $V1'$ 在上市公司的财务欺诈识别上是有效的；

（4）特征组合 $\tilde{X}' + \tilde{X1}' + V' + V1'$ 和 $V' + V1'$ 的准确率之差的 99% 置信区间下限为 0.17%，说明在结构化财报数据中加入新闻文本特征的确有助于财务欺诈的识别。

综上所述，新闻文本特征可作为上市公司结构化财报数据的有效补充，且在结构化财报数据和新闻文本数据中引入时序信息均有助于提高上市公司财务欺诈行为的识别性能。

4.7　本章小结

本章将传统的结构化财报数据、非结构化的财经新闻文本数据及其时序信息进行融合，并基于树集成的方法对上市公司财务欺诈行为进行了预测分析。本章的主要结论为：第一，新闻文本特征可作为上市公司财报数据的有效补充。新闻文本的时效性强于财报数据，从新闻文本中提取的主题、观点、情绪和欺诈等特征是对财务指标与非财务指标的有益补充。第二，在财报数据和新闻文本数据中引入时序信息均有助于提高上市公司财务欺诈识别的性能。时序信息的利用，有助于后续的机器学习模型捕捉指标或特征的连续变化，更有利于识别上市公司的财务欺诈行为。第三，AdaBoost 算法的欺诈识别性能优于 RF 算法和 XGBoost 算法。在利用树集成的方法实现上市公司财务欺诈识别时，将 RF、AdaBoost 和 XGBoost 算法的性能与基准的 CART 算法的性能进行了对比，AdaBoost 算法获得了性能最佳，达到了 86.1% 的准确率和 86.5% 的召回率。

上市公司财务欺诈行为识别模型的输出信息，可为监管部门、上市公司管理者和投资者等使用方提供智能决策依据。本章研究的实践意义为：首先，对于中国证监会、深圳证券交易所、上海证券交易所、上市公司和财政部等监管部门，如果某公司存在欺诈识别，则监管部门需对该公司加以重点关注和考察，并加强对该公司的监管力度，以减小财务欺诈给资本市场带来的冲击，进而促进证券市场健康运行；其次，对于被考察企业自身而言，如果其收到财务欺诈识别信号，则表明其财务指标已经开始恶化，为避免因财务指标恶化而导致企业财务危机，进而带来不必要的损失，其管理者应及早排查企业的财务风险状况，及时发现偏离正常范围的各项指标，并采取措施进行补救，以及时规避财务风险；最后，投资者在识别对上市公司的投资风险时，如果某公司存在欺诈识别，则投资者需详细评估该公司的财务风险状况，并对其投资决策做相应的调整，以规避盲目投资带来的经济损失。

本章参考文献

［1］陈朝焰，韩冬梅，吴馨一. 融合新闻文本和时序信息的上市公司财

务欺诈预警 [J]. 财会月刊，2023，44 (12)：30 – 39.

[2] 王昱，杨珊珊. 考虑多维效率的上市公司财务困境预警研究 [J]. 中国管理科学，2021，29 (2)：32 – 41.

[3] 孟杰. 随机森林模型在财务失败预警中的应用 [J]. 统计与决策，2014 (4)：179 – 181.

[4] Bao Y，Ke B，Li B，et al. Detecting accounting fraud in publicly traded US firms using a machine learning approach [J]. Journal of Accounting Research，2020，58 (1)：199 – 235.

[5] Kim Y J，Baik B，Cho S. Detecting financial misstatements with fraud intention using multi-class cost-sensitive learning [J]. Expert Systems with Applications，2016，62：32 – 43.

[6] Hajek P，Henriques R. Mining corporate annual reports for intelligent detection of financial statement fraud—A comparative study of machine learning methods [J]. Knowledge-Based Systems，2017，128：139 – 152.

[7] Craja P，Kim A，Lessmann S. Deep learning for detecting financial statement fraud [J]. Decision Support Systems，2020，139：113421.

[8] Persons O S. Using financial statement data to identify factors associated with fraudulent financial reporting [J]. Journal of Applied Business Research (JABR)，1995，11 (3)：38 – 46.

[9] 王克敏，姬美光. 基于财务与非财务指标的亏损公司财务预警研究：以公司 ST 为例 [J]. 财经研究，2006 (7)：63 – 72.

[10] Kotsiantis S，Koumanakos E，Tzelepis D，et al. Forecasting fraudulent financial statements using data mining [J]. International Journal of Computational Intelligence，2006，3 (2)：104 – 110.

[11] 蒙肖莲，李金林，杨毓. 基于概率神经网络的欺诈性财务报告的识别研究 [J]. 数理统计与管理，2009，28 (1)：36 – 45.

［12］ Cecchini M, Aytug H, Koehler G J, et al. Detecting management fraud in public companies ［J］. Management Science, 2010, 56 (7): 1146 – 1160.

［13］ Dechow P M, Ge W, Larson C R, et al. Predicting material accounting misstatements ［J］. Contemporary Accounting Research, 2011, 28 (1): 17 – 82.

［14］ 郦金梁, 吴谣, 雷曜, 等. 有效预警上市公司违规的递延所得税异动指标和人工智能模型 ［J］. 金融研究, 2020 (8): 149 – 168.

［15］ Cecchini M, Aytug H, Koehler G J, et al. Making words work: Using financial text as a predictor of financial events ［J］. Decision Support Systems, 2010, 50 (1): 164 – 175.

［16］ Purda L, Skillicorn D. Accounting variables, deception, and a bag of words: Assessing the tools of fraud detection ［J］. Contemporary Accounting Research, 2015, 32 (3): 1193 – 1223.

［17］ Dong W, Liao S, Zhang Z. Leveraging financial social media data for corporate fraud detection ［J］. Journal of Management Information Systems, 2018, 35 (2): 461 – 487.

［18］ 肖毅, 熊凯伦, 张希. 基于 TEI@I 方法论的企业财务风险预警模型研究 ［J］. 管理评论, 2020, 32 (7): 226 – 235.

［19］ Brown N C, Crowley R M, Elliott W B. What are you saying? Using topic to detect financial misreporting ［J］. Journal of Accounting Research, 2020, 58 (1): 237 – 291.

［20］ 胡楠, 薛付婧, 王昊楠. 管理者短视主义影响企业长期投资吗?: 基于文本分析和机器学习 ［J］. 管理世界, 2021, 37 (5): 139 – 156, 11, 19 – 21.

［21］ 张亮, 张玲玲, 陈懿冰, 等. 基于信息融合的数据挖掘方法在公

司财务预警中的应用［J］. 中国管理科学，2015，23（10）：170－176.

［22］Chen Z Y，Han D M. Detecting corporate financial fraud viatwo-stage mapping in joint temporal and financial feature domain［J］. Expert Systems with Applications，2023（217）：1－12.

［23］余玉苗，吕凡. 财务舞弊风险的识别：基于财务指标增量信息的研究视角［J］. 经济评论，2010（4）：124－130.

［24］Kerber R. Chimerge：Discretization of Numeric Attributes［C］//Proceedings of the Tenth National Conference on Artificial Intelligence，1992：123－128.

［25］Blei D M，Ng A Y，Jordan M I. Latent dirichlet allocation［J］. Journal of Machine Learning Research，2003，3（Jan）：993－1022.

［26］Mimno D，Wallach H，Talley E，et al. Optimizing Semantic Coherence in Topic Models［C］//Proceedings of the 2011 Conference on Empirical Methods in Natural Language Processing，2011：262－272.

［27］Jiang F，Lee J，Martin X，et al. Manager sentiment and stock returns［J］. Journal of Financial Economics，2019，132（1）：126－149.

［28］徐琳宏，林鸿飞，潘宇，等. 情感词汇本体的构造［J］. 情报学报，2008，27（2）：180－185.

［29］Loh W Y. Classification and regression trees［J］. Wiley Lnterdisciplinary Reviews：Data Mining and Knowledge Discovery，2011，1（1）：14－23.

［30］Breiman L. Random forests［J］. Machine Learning，2001，45（1）：5－32.

［31］Freund Y，Schapire R E. A decision-theoretic generalization of on-line learning and an application to boosting［J］. Journal of Computer and System Sciences，1997，55（1）：119－139.

［32］Chen T，Guestrin C. Xgboost：A Scalable Tree Boosting System

[C]//Proceedings of the 22nd Acm Sigkdd International Conference on Knowledge Discovery and Data Mining, 2016: 785 – 794.

[33] Buller D B, Burgoon J K. Interpersonal deception theory [J]. Communication Theory, 1996, 6 (3): 203 – 242.

第 5 章

基于深度神经网络人工智能算法的上市公司财务欺诈识别

本章基于深度神经网络实现上市公司财务欺诈识别。首先，ChiMerge 算法用于将属性变量的连续特征值映射成离散特征；其次，利用当前主流的深度学习技术，例如，CNN、LSTM 和 GRU 等，构建上市公司财务欺诈识别框架；最后，利用国泰安（CSMAR）金融数据库中的财务指标数据，对各种不同类型的深度神经网络进行性能对比，并挑选出最佳的网络结构。

5.1 引　言

近年来，上市公司财务欺诈情况日益突出。

根据"普华永道 2020 年全球经济犯罪和欺诈调查",47% 的公司经历了财务欺诈,两年内欺诈的总成本为 420 亿美元[1]。作为最常见的欺诈行为之一,公司财务欺诈通常对公司的危害最大。安然公司因发生公司财务欺诈而倒闭,造成了约 700 亿美元的损失。其他上市公司的财务欺诈,例如,世通、施乐、阿德菲亚和泰科等,也在资本市场上造成了巨大的财务损失。尽管政府部门已经建立了相应的制度和法规来防止欺诈,但上市公司财务欺诈仍然偶尔发生。2020 年 7 月,瑞幸咖啡卷入了公司财务欺诈。据报道,在 2019 年 4 月至 12 月期间,瑞幸咖啡的销售收入虚增了约 30358 万美元,占其披露收入的 41.16%。

上市公司财务欺诈事件的频发使得智能识别上市公司财务欺诈行为的需求日益迫切。上市公司的财务欺诈行为需首先被识别,然后才能作为审计师和政府部门进行进一步欺诈分析的重要依据。然而,上市公司的财务欺诈行为具有一定的隐蔽性,其可以是人为的亦可以是非人为的,通常较难以察觉。研究人员广泛采用企业的财务指标作为识别上市公司财务欺诈行为的有效工具[2~7],然而,这些财务指标是根据企业 – 年度(或企业 – 季度)数据构建的,这些指标数据通常只局限于存在欺诈的特定年份(或季度),对于欺诈年份(或季节)附近的年份(或季度)数据信息没有进行有效利用。从而,对于发生在欺诈年度(或季度)附近的财务数据操纵行为没有得到考察。因此,如何有效地利用欺诈年份(或季度)附近的数据信息,进行上市公司财务欺诈行为识别,是值得进一步研究的问题。

本章提出一种上市公司欺诈行为的智能识别方案。该方案具有以下优点:第一,利用欺诈年份(或季度)及其附近年份(或季度)的数据信息构建异常变动指标;第二,采用精确且有效的深度学习算法;第三,采用 ChiMerge 特征映射,将各连续指标映射为更适合深度学习算法处理的离散特征。

本章的主要贡献如下:首先,构建异常变动指标,用以捕捉发生在欺诈年度(或季度)附近有价值的信息;其次,将 ChiMerge 特征映射应用于异常变动指标，为挖掘财务指标数据中的异常变化情况提供新手段；最后，揭示深度学习模型的有用性，为上市公司财务欺诈识别提供新的方法。

5.2　相关研究综述

上市公司财务欺诈识别引起了学术界的广泛研究兴趣，提出了许多基于数据挖掘和机器学习技术的智能识别方法[8~10]。线性回归（LR）模型由于具有易于实现和可解释的优点，在实证分析领域被广泛使用，并被冠名为计量模型。斯帕提斯（Spathis）[11]基于 LR 模型探究与虚假财务报表相关联的因素，其选择了 10 个财务变量作为潜在的预测因素进行统计检验，发现其中只有 3 个变量是显著的。德肖（Dechow）等[12]使用 LR 模型，研究了存在财务报表欺诈的企业在多种变量上的特性，包括应计质量、财务业绩、非财务业绩、资产负债表外的活动和市场相关变量。然而，LR 模型的欺诈识别性能由于其简单性而受到限制，需采用更复杂的数据挖掘和机器学习模型。

近期的研究试图建立上市公司财务欺诈的智能识别模型。基尔科斯（Kirkos）等[13]研究了决策树、人工神经网络和贝叶斯信念网络（Bayesian belief networks，BBN）等算法在识别欺诈财务报表欺诈中的有用性，其发现 BBN 实现了最佳的识别性能。林（Lin）等[14]利用数据挖掘技术对欺诈三角形的各个方面进行了研究，其发现欺诈三角形的三个维度在欺诈识别中都发挥着重要作用。哈杰克（Hajek）和亨里克斯（Henriques）[15]发现，对于大多数分类指标，BBN 和决策表/朴素贝叶斯（decision table/naïve Bayes，DT-NB）混合分类器显著优于其他机器学习方法。保（Bao）等[2]则采用强大的集成学习方法完成上市公司财务欺诈识别任务。卡恩（Khan）等[16]提出了一种针对上市公司财务欺诈识别的新颖框架，该框架在机器学习算法中集成了甲虫天线搜索（beetle antennae search，BAS）元启发式搜索的优化方法。

综上所述，现有的上市公司财务欺诈识别方法大多采用经典的数据挖掘算法和机器学习算法实现，且均从企业 – 年度（或企业 – 季度）数据中构建财务指标变量，并据此完成模型的训练和测试。然而，企业 – 年度（或企业 – 季度）数据通常仅限于存在欺诈的特定年份（或特定季度），未能包含欺诈年度附近年份（或季节）的数据信息。为此，构造异常变动指标来包含欺诈年份（或季度）和相邻年份（或季节）的欺诈信息。另外，目前鲜有将深度学习模型应用于上市公司财务欺诈识别的研究。因此，本章将运用前沿的深度学习技术，以期实现更好的上市公司财务欺诈识别性能。

5.3 数 据 工 程

5.3.1 财务指标选取

理想情况下，对于上市公司财务欺诈识别，应该根据相关理论选择财务指标变量。然而，目前尚无广为接受的理论依据。尽管已有多种财务指标变量被证明是有用的[3,4,12,17,18]，但目前尚未提供一套完整的有用变量。因此，本章综合考察从前人研究中获取的领域知识，例如，文献 ［3］、文献 ［4］、文献 ［11］、文献 ［12］、文献 ［15］ 和文献 ［17］ 至文献 ［22］ 等，最终选择 32 个具有潜在价值的财务指标变量，如表 5.1 所示。可以看出，选取的财务指标变量主要涉及 9 个方面：偿债能力、比率结构、经营能力、盈利能力、现金流分析、风险水平、发展能力、每股指标和流动资产结构等。

表 5.1 用于上市公司财务欺诈识别的 32 个财务指标

一级指标	二级指标		指标定义
	符号	名称	
偿债能力	x_1	流动比率	流动资产/流动负债
	x_2	速动比率	(流动资产 – 存货)/流动负债
	x_3	资产负债率	负债合计/资产总计
比率结构	x_4	流动资产比率	流动资产合计/资产总计
	x_5	无形资产比率	无形资产净额/资产总计
	x_6	主营业务利润占比	(营业收入 – 营业成本)/利润总额
经营能力	x_7	应收账款周转率	营业收入/应收账款期末余额
	x_8	存货周转率	营业成本/存货期末余额
	x_9	应付账款周转率	营业成本/应付账款期末余额
	x_{10}	总资产周转率	营业收入/资产总额期末余额
盈利能力	x_{11}	资产报酬率	(利润总额 + 财务费用)/资产总额
	x_{12}	营业毛利率	(营业收入 – 营业成本)/营业收入
	x_{13}	营业净利率	净利润/营业收入
现金流分析	x_{14}	营业收入现金净含量	经营活动产生的现金流量净额/营业总收入
	x_{15}	营业利润现金净含量	经营活动产生的现金流量净额/营业利润
	x_{16}	营运指数	经营活动产生的现金流量净额/经营所得现金毛流量
风险水平	x_{17}	财务杠杆	(净利润 + 所得税费用 + 财务费用)/(净利润 + 所得税费用)
	x_{18}	经营杠杆	(净利润 + 所得税费用 + 财务费用 + 固定资产折旧、油气资产折耗、生产性生物资产折旧 + 无形资产摊销 + 长期待摊费用摊销)/(净利润 + 所得税费用 + 财务费用)
发展能力	x_{19}	资本积累率	(所有者权益合计本期期末值 – 所有者权益合计本期期初值)/所有者权益合计本期期初值
	x_{20}	净利润增长率	(净利润本年本期单季度金额 – 净利润上一个单季度金额)/净利润上一个单季度金额
	x_{21}	营业利润增长率	(营业利润本年本期单季度金额 – 营业利润上一个单季度金额)/营业利润上一个单季度金额

续表

一级指标	二级指标		指标定义
	符号	名称	
发展能力	x_{22}	销售费用增长率	（销售费用本年本期金额 – 销售费用上年同期金额）/销售费用上年同期金额
	x_{23}	管理费用增长率	（管理费用本年本期金额 – 管理费用上年同期金额）/管理费用上年同期金额
	x_{24}	经营活动产生的净流量增长率	（经营活动产生的现金流量净额本年本期单季度金额 – 经营活动产生的现金流量净额上一个单季度金额）/（经营活动产生的现金流量净额上一个单季度金额）
每股指标	x_{25}	每股营业利润	营业利润本期值/实收资本本期期末值
	x_{26}	每股净资产	所有者权益合计期末值/实收资本本期期末值
	x_{27}	每股现金净流量	现金及现金等价物净增加额本期值/实收资本本期期末值
流动资产结构	x_{28}	货币资金比率	货币资金/流动资产合计
	x_{29}	存货净额比率	存货净额/流动资产合计
	x_{30}	应收账款净额比率	应收账款净额/流动资产合计
	x_{31}	预付款项净额比率	预付款项净额/流动资产合计
	x_{32}	其他应收款净额比率	其他应收款净额/流动资产合计

5.3.2 异常指标构建

在大量的上市公司财务欺诈识别应用中，人们对从"企业 – 年度"（或"企业 – 季度"）数据中提取信息感兴趣。然而，在现实场景中，从"企业 – 年度"（或"企业 – 季度"）数据中提取的财务指标变量只能提供有限的欺诈识别能力，因为在欺诈年度附近的时间节点上的数字同样也可能是虚构的[23]，而虚构的数字并没有得到考虑。因此，我们使用最新欺诈年度附近的前四个季度的抽样数据来提取公司的欺诈特征。

考察离欺诈年度最近的季度 t_0 上的具有 M 个财务指标的数据，为

$$\boldsymbol{x}(t_0) = [x_1(t_0), \cdots, x_M(t_0)] \qquad (5-1)$$

式中，$\boldsymbol{x}$ 为在 M 个财务指标上进行集成后的数据。为构建异常指标，仅考虑最新欺诈年度附近的前四个季度的抽样数据。

首先，利用差分操作，构造差分异常变动指标如下：

$$\boldsymbol{ab}_{\mathrm{diff}}(n) = \boldsymbol{x}(t_n) - \boldsymbol{x}(t_{n-1}), \; n = 1, 2, 3 \qquad (5-2)$$

再结合起始季度数据 $\boldsymbol{x}(0) = \boldsymbol{x}(t_0)$，并加入欺诈标签 y_l，可构造出差分异常数据集 $\boldsymbol{\mathcal{D}}_{\mathrm{diff}}$ 如下：

$$\boldsymbol{\mathcal{D}}_{\mathrm{diff}} = \{((x(0), \boldsymbol{ab}_{\mathrm{diff}}(1), \boldsymbol{ab}_{\mathrm{diff}}(2), \boldsymbol{ab}_{\mathrm{diff}}(3))_l, y_l)\}_{l=1}^{L} \qquad (5-3)$$

式中，L 为数据集所对应的上市公司总数目，而 y_l 为一哑变量：

$$y_l = \begin{cases} 1, & \text{如果公司 } l \text{ 是欺诈的}, \\ 0, & \text{否则} \end{cases} \qquad (5-4)$$

其次，利用比率操作可类似地定义比率异常数据集 $\boldsymbol{\mathcal{D}}_{\mathrm{ratio}}$ 如下：

$$\boldsymbol{\mathcal{D}}_{\mathrm{ratio}} = \{((\boldsymbol{x}(0), \boldsymbol{ab}_{\mathrm{ratio}}(1), \boldsymbol{ab}_{\mathrm{ratio}}(2), \boldsymbol{ab}_{\mathrm{ratio}}(3))_l, y_l)\}_{l=1}^{L} \qquad (5-5)$$

式中，$\boldsymbol{ab}_{\mathrm{ratio}}$ 为比率异常指标：

$$\boldsymbol{ab}_{\mathrm{ratio}}(n) = \boldsymbol{x}(n) / \boldsymbol{x}(n-1), \; n = 1, 2, 3 \qquad (5-6)$$

最后，利用相对比率操作可类似地定义相对比率异常数据集 $\boldsymbol{\mathcal{D}}_{\mathrm{rela}}$ 如下：

$$\boldsymbol{\mathcal{D}}_{\mathrm{rela}} = \{((\boldsymbol{x}(0), \boldsymbol{ab}_{\mathrm{rela}}(1), \boldsymbol{ab}_{\mathrm{rela}}(2), \boldsymbol{ab}_{\mathrm{rela}}(3))_l, y_l)\}_{l=1}^{L} \qquad (5-7)$$

式中，$\boldsymbol{ab}_{\mathrm{rela}}$ 为相对比率异常指标：

$$\boldsymbol{ab}_{\mathrm{rela}}(n) = [\boldsymbol{x}(n) - \boldsymbol{x}(n-1)] / \boldsymbol{x}(n-1), \; n = 1, 2, 3 \qquad (5-8)$$

需要指出的是，当将采样间隔从季度改为年度时，也可以构建类似的异常变动指数。

5.3.3　特征映射

有了异常变动指标，即可采用第 3 章引入的两阶段处理框架，在输入基于深度神经网络的人工智能算法模型之前，应该添加一个特征映射过程，这可以使异常指标更适合后续的深度学习模型。第一阶段处理采用 ChiMerge 算法进行特征映射，其由克贝尔（Kerber）在文献［24］中首次提出，且近年来在特征工程领域引起了极大的研究兴趣[25,26]。

本部分的任务是从所构造的异常变动指标中识别上市公司的财务欺诈行为，这是典型的二分类任务。在进行 ChiMerge 特征映射时，M 个财务指标 x_1，$\cdots$，x_M，每次只考虑一个，且与目标类别标签 y 进行组合，也即每次仅构成一个"财务指标——目标变量"对 (x_j, y)，$j = 1$，$\cdots$，M，其中，类别标签 y 是二值的：有欺诈（+）和无欺诈（-）。利用 ChiMerge 算法进行特征映射的详细实现过程参见第 2 章的 ChiMerge 特征映射部分，利用证据权重（WOE）和信息值（IV）对特征映射进行自适应终止的实现过程见第 3 章的阶段 1 处理部分。

最终，特征映射完成后，各指标从连续型数值特征映射成为离散型数值特征。当特征映射过程分别应用于原始数据集 X 与异常指标数据集 $\mathcal{D}_{\text{diff}}$、$\mathcal{D}_{\text{ratio}}$ 和 $\mathcal{D}_{\text{rela}}$ 时，将获得新的特征映射后的数据集 X'、$\mathcal{D}'_{\text{diff}}$、$\mathcal{D}'_{\text{ratio}}$ 和 $\mathcal{D}'_{\text{rela}}$。

5.4　基于深度神经网络的公司财务欺诈识别框架

本节详细介绍基于深度神经网络的上市公司财务欺诈识别的总体框架。首先，介绍总体解决方案；其次，介绍深度学习中广为使用的前沿技术；最后，进行上市公司的财务欺诈识别。

5.4.1　总体处理框架

本部分利用公开的财务数据集作为原始数据，并在此基础上构建异常变动指标，然后利用如图 5.1 所示的基于深度学习算法实现上市公司财务欺诈识别的总体处理框架。

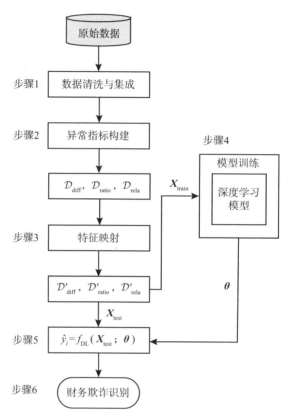

图 5.1 基于深度学习的上市公司财务欺诈识别总体框架

总体框架中包含有如下主要步骤。

步骤1：数据清洗与集成。受公司上市时间和数据采集条件等因素的限制，缺失值和异常值在所难免，应对其加以处理。此外，由于上市公司的财务指标和欺诈标签通常分布在不同的数据库或子数据库中，因此有必要来自不同子数据库的数据进行整合。

步骤2：异常指标构建。利用第 5.3.2 小节中引入的方法，提取离最新欺诈年份最近的四个季度数据，据此构造异常指标数据集 $\mathcal{D}_{\text{diff}}$、$\mathcal{D}_{\text{ratio}}$ 和 $\mathcal{D}_{\text{rela}}$。

　　步骤 3：特征映射。利用第 5.3.3 小节中的特征映射方法，异常指标数据集被映射成新的数据集 $\mathcal{D}'_{\text{diff}}$、$\mathcal{D}'_{\text{ratio}}$ 和 $\mathcal{D}'_{\text{rela}}$，这些新的数据集更适合于随后的深度学习模型。

　　步骤 4：模型训练。新的数据集被拆分为训练集和测试集，然后选择了某个特定的深度学习模型，利用训练集对模型的参数进行多个轮次的学习，据此获得最优的模型参数。

　　步骤 5：模型测试。利用测试集来评估在步骤 4 中训练得到的最优模型的性能。

　　步骤 6：财务欺诈识别。利用最优模型对测试集的输出，完成上市公司的财务欺诈识别。

5.4.2　深度学习模型

　　本部分将经典的深度学习模型添加至图 5.1 给出的上市公司财务欺诈识别总体框架中。当前，两种最流行的深度学习架构是循环神经网络（RNN）和卷积神经网络（CNN）。例如，文献［27］所指出的，卷积神经网络被设计来用于处理以多个通道形式出现的数据，例如，由三个二维矩阵组成的彩色图像，其包含有三个彩色通道中的像素值。然而，对于涉及按照特定顺序输入的数据，例如，语音信号和语言文字等，通常最好使用 RNN。具体来说，有两种经典结构的 RNN 算法：长短期记忆（LSTM）网络和门循环单元（GRU）。第 2 章给出了深度神经网络典型模型的基本知识，关于 LSTM 和 GRU 的门结构及其更为详细的实现细节可参考文献［28］至文献［30］，而 CNN 的详细实现细节可参考文献［31］和文献［32］。

5.4.3　财务欺诈识别

　　选定好特定的深度学习模型后，即可利用训练集上的数据对模型进行多个轮次的训练，以便确定所选择的深度学习模型的最优参数。最优参数 $\boldsymbol{\theta}$ 通常采用梯度优化方法，通过最小化训练集中的经验损失获得：

$$LOSS(\boldsymbol{\theta}) = \frac{1}{L}\sum_{l=1}^{L} loss(\hat{y}_l, y_l) \tag{5-9}$$

式中，$loss(\cdot)$ 是所采用的损失函数，$\hat{y}_l$ 为第 l 个训练样本标签的估计，其由下式给出：

$$\hat{y}_l = f_{DL}(\boldsymbol{X}_{l,\text{train}}; \boldsymbol{\theta}) \tag{5-10}$$

式中，$\boldsymbol{X}_{l,\text{train}}$ 为输入的第 l 个训练样本所对应的上市公司指标数据，$f_{DL}(\cdot)$ 为所挑选的深度学习模型的系统相应函数。

然后，通过测试集的数据对学习到的模型性能进行评估和测试。利用学习到的最优模型参数 $\boldsymbol{\theta}$，测试集上各样本对应上市公司的欺诈得分可通过下式计算：

$$\hat{y}_{fs} = f_{DL}(\boldsymbol{X}_{\text{test}}; \boldsymbol{\theta}) \tag{5-11}$$

对于给定的门限阈值 η，上市公司财务欺诈识别可通过下式进行：

$$\hat{y}_{\text{test}} = \begin{cases} 1, & \hat{y}_{fs} \geq \eta \\ 0, & \hat{y}_{fs} < \eta \end{cases} \tag{5-12}$$

式中，逻辑 1 和逻辑 0 分别代表有欺诈和无欺诈的上市公司。实际应用中，阈值 η 的计算涉及数据中类别标签的不平衡和偏态情况。为此，一种更为实用的方式是利用数据集中目标分类标签的不平衡度加以定义：

$$\eta = \frac{N_{\text{fraud}}}{N_{\text{all}}} = DOI \tag{5-13}$$

式中，DOI 表示数据的不平衡度（degree of imbalance, DOI），N_{fraud} 为欺诈上市公司数据，N_{all} 为数据集中总的上市公司样本数目。

有了真实的欺诈标签 y_{test} 和估计的欺诈标签 $\hat{y}_{\text{test}}$，即可利用混淆矩阵来评估所提出的财务欺诈识别框架的性能：

$$\boldsymbol{C} = \begin{bmatrix} TN & FP \\ FN & TP \end{bmatrix} \tag{5-14}$$

式中，*TN*、*FP*、*FN* 和 *TP* 分别表示真负类、假正类、假负类和真正类。对混淆矩阵 *C* 中的四个元素加以不同组合，可获得多种评估识别性能的指标性能测度。表 5.2 列出了四种最常用的性能测度[33,34]：准确率（accuracy）、精准率（precision）、召回率（recall）和 F1 分数（F1-score）。

表 5. 2　　　　　　　　　　四个广泛使用的性能测度

指标	计算公式	含义
准确率	$\dfrac{TN + TP}{TN + FP + FN + TP}$	正确识别样本数占公司样本总数的比例
精准率	$\dfrac{TP}{FP + TP}$	正确识别欺诈样本与被识别为欺诈样本总数的比例
召回率	$\dfrac{TP}{FN + TP}$	正确识别财务欺诈公司数目比上欺诈公司的数目
F1 分数	$\dfrac{2 \times precision \times recall}{precision + recall}$	精准率和召回率的调和平均

5.5　实验结果分析

本节在真实数据集上评估所提出的上市公司财务欺诈识别框架的有效性，并回答以下问题：

研究问题 1（RQ1）：采用异常变动指标能提高上市公司财务欺诈识别的性能吗？

研究问题 2（RQ2）：不同的深度学习模型如何执行上市公司财务欺诈识别任务？哪一个模型最好？

研究问题 3（RQ3）：上市公司财务欺诈识别能从不同深度学习模型的级联中受益吗？

5.5.1 实验设置

5.5.1.1 数据描述

本实验采用国泰安金融数据库，也即从中国股票市场和会计研究（CSMAR）数据库中获得财务指标数据，据此构造基准数据集。CSMAR 数据库是深圳希施玛数据科技有限公司从学术研究需求出发，借鉴 CRSP、COMPUSTAT、TAQ、THOMSON 等权威数据库专业标准，并结合中国实际国情开发的经济金融领域的研究型精准数据库。CSMAR 数据集可从网站（https://www. gtarsc. com/）上公开获取，这也是选择该数据库的原因。为清楚起见，提供以下实验细节：

（1）表 5.1 中的财务指标变量 $x_1 \sim x_{27}$ 直接来自 CSMAR 数据库，而财务指标变量 $x_{28} \sim x_{32}$ 则是二次指标，其通过对原始指标（货币资金、存货净额、应收账款净额、预付款项净额、其他应收款净额和流动资产合计等，来自 CSMAR 数据库）通过表 5.1 中的计算公式求比率构建。

（2）欺诈年度记录从 CSMAR 数据库中记录的上市公司财务欺诈事件中获得。所有欺诈事件均由中国股票市场的监管机构，例如，上海证券交易所、深圳证券交易所、中国证监会、中华人民共和国财政部等，公开发布。

（3）实验所选用的数据均按季度采样，且选取的时间区间为 2017 年 3 月 31 日至 2021 年 3 月 31 日。对于存在欺诈的公司，依据其最新的欺诈年度，挑选最邻近的四个季度的样本。而对于没有欺诈的公司，则按照获取数据记录的最新日期 2021 年 3 月，挑选最邻近的四个季度的样本；

（4）实验采用的财务指标数据来自 1788 家上市公司，其中 894 家公司是存在欺诈的，894 家是不存在欺诈的。

5.5.1.2 实验流程

本章构建的基于深度学习的上市公司财务欺诈识别实验工作流程如图 5.2 所示。

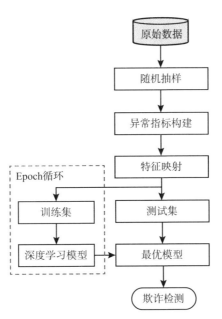

图 5.2　基于深度学习的上市公司财务欺诈识别实验流程

从图 5.2 可以看出，此处的深度学习中涉及的 Epoch 概念，与常规机器学习的训练过程略有不同。此外，还应强调以下细节之处：

（1）为防止样本信息泄露，每次随机实验所采用的训练集数据和测试集数据需进行完全隔离。因此，每次实验均采用随机抽样的方式拆分训练集和测试集。本实验随机抽取 20% 的样本放入测试集，余下的 80% 样本分配给训练集。

（2）为兼顾模型实现的通用性，本实验使用通用的深度学习框架 Keras，其采用 TensorFlow 作为后端引擎。在训练集上经过多个 Epoch 轮次的循环选代，学习得到最优的模型参数。

（3）每次重复实验均采用独立随机抽样得到的训练集和测试集，且每次实验均需对深度学习的参数进行随机初始化。

（4）进行独立重复实验。将随机实验重复进行 100 次，然后对性能指标测度进行统计分析，评估上市公司财务欺诈识别性能。

5.5.2 异常变动指标的有用性（RQ1）

本小节检验在上市公司财务欺诈识别中使用异常指标的有用性。表 5.3 给出了在异常指标数据集 $\mathcal{D}_{\text{diff}}$、$\mathcal{D}_{\text{ratio}}$、$\mathcal{D}_{\text{rela}}$ 和基准数据集 X 上的性能比较结果。为简单起见，仅采用 LSTM 模型对在数据集 $\mathcal{D}_{\text{diff}}$、$\mathcal{D}_{\text{ratio}}$、$\mathcal{D}_{\text{rela}}$ 和 X 上的性能进行评估，共进行了 100 次随机实验，评估了测试集上的准确率、精准率、召回率和 F1 分数等指标。

表 5.3   **LSTM 模型在不同异常数据集上的性能比较**

数据集	测试集			
	准确率	精准率	召回率	F1 分数
X	0.833 ± 0.016	0.856 ± 0.079	0.826 ± 0.118	0.829 ± 0.034
$\mathcal{D}_{\text{diff}}$	0.881 ± 0.022	0.870 ± 0.044	0.904 ± 0.090	0.882 ± 0.033
$\mathcal{D}_{\text{ratio}}$	0.879 ± 0.023	0.866 ± 0.051	0.908 ± 0.094	0.881 ± 0.034
$\mathcal{D}_{\text{rela}}$	0.880 ± 0.025	0.874 ± 0.049	0.897 ± 0.098	0.879 ± 0.036

注：通过 100 次独立重复实验评估上市公司财务欺诈识别性能（平均值 ± 标准值）。

从表 5.3 可以看出，使用异常指标数据集可获得比使用原始数据集更好的欺诈识别性能，使用差分异常数据集 $\mathcal{D}_{\text{diff}}$ 可以获得最佳的上市公司财务欺诈识别性能。对于某家特定的上市公司，在连续四个季度的时间范围内制造虚构的财务指标数字而又不出破绽，比在单个季度上要困难得多。在原始数据集 X 中，财务指标是在单个季度收集的，不能反映财务数据的连续变化。因此，时间维上邻近时间点上的欺诈信息没有得到充分表征。然而，更复杂的数据集是通过在四个季度内计算的异常指数构建的，这在一定程度上可以反映上市公司财务欺诈的累积效应。LSTM 网络可实现时间维财务欺诈信息的积累，如表 5.3 所示，测试集上的平均精度从 0.833 提高到 0.881。

5.5.3 不同深度学习模型的欺诈识别性能对比（RQ2）

本小节比较不同深度学习模型的上市公司财务欺诈识别性能。表 5.4 给出了使用不同深度学习模型，在差分异常指标数据集 $\mathcal{D}_{\text{diff}}$ 上进行上市公司财务欺诈识别时的性能比较结果。同样地，进行了 100 次随机实验，评估了平均准确率、精准率、召回率和 F1 分数等指标。

表 5.4　　　不同深度学习模型的上市公司财务欺诈识别性能评估

单个模型	测试集			
	准确率	精准率	召回率	F1 分数
LSTM	0.881 ± 0.022	0.870 ± 0.044	0.904 ± 0.090	0.882 ± 0.033
GRU	0.863 ± 0.028	0.888 ± 0.059	0.844 ± 0.126	0.856 ± 0.044
CNN	0.820 ± 0.024	0.936 ± 0.052	0.694 ± 0.090	0.791 ± 0.035

注：通过 100 次独立重复实验评估上市公司财务欺诈识别性能（平均值 ± 标准值）。

从表 5.4 可以看出，在进行上市公司财务欺诈识别时，RNN 模型（如 LSTM 和 GRU 等）优于 CNN 模型。LSTM 模型实现了最好的性能，且 GRU 模型的性能与 LSTM 模型相比略差。这一结果与深度学习领域普遍认可的观点一致：相比 CNN 模型，RNN 模型更适合于从序列数据提取信息。本章构造的异常数据集中，使用了连续四个季度的样本，LSTM 网络可以更加有效地学习欺诈信息。

5.5.4 深度学习模型级联对欺诈识别性能的影响（RQ3）

本小节进一步研究深度学习模型的不同级联方式对上市公司财务欺诈识别性能的影响。此处采用与上一小节实验类似的性能评估过程，且使用相同的数据集 $\mathcal{D}_{\text{diff}}$。总共涉及两大类 4 种级联方式：第一，CNN 级联 RNN 类，此类涉及 CNN-LSTM 和 CNN-GRU 等 2 种级联方式；第二，RNN 级联 CNN 类，此类涉及 LSTM-CNN 和 GRU-CNN 等 2 种级联方式。表5.5 给出了这 4 种级联方式在 100 次独立随机实验中的性能（准确率、精准率、召回率和 F1 分数）。可以看出，RNN 级联 CNN 类的性能优于 CNN 级联 RNN 类。这意味着在进行财务欺诈识别时，应该先用 RNN 提取指标数据中的异常信息，然后再级联 CNN 做二次提取。然而，当将表5.5 同表5.4 进行比较时，可以发现这种深度学习模型的级联对于上市公司财务欺诈识别任务并未带来性能提升，采用单独的 LSTM 模型即可胜任。

表 5.5　级联不同深度学习模型的上市公司财务欺诈识别性能评估

级联模型	测试集			
	准确率	精准率	召回率	F1 分数
CNN-LSTM	0.854 ± 0.034	0.843 ± 0.060	0.884 ± 0.103	0.856 ± 0.042
CNN-GRU	0.854 ± 0.032	0.856 ± 0.062	0.865 ± 0.107	0.853 ± 0.042
LSTM-CNN	0.863 ± 0.030	0.903 ± 0.070	0.831 ± 0.129	0.854 ± 0.045
GRU-CNN	0.860 ± 0.030	0.911 ± 0.066	0.813 ± 0.129	0.848 ± 0.046

注：通过 100 次独立重复实验评估上市公司财务欺诈识别性能（平均值 ± 标准值）。

5.6 本章小结

本章考察了将深度学习模型运用于异常变动指标在上市公司财务欺诈识别应用中的性能。本章研究表明：首先，在上市公司财务欺诈识别任务中使用异常变动指标可以显著提高识别性能，并且差分异常变动指标的表现最好。异常变动指标可以捕捉到欺诈年度附近的财务指标数据中的违规行为，而"企业–年度"数据受限于单个时间节点，不能在时域上捕捉邻近时间节点上的违规行为。其次，对于上市公司财务欺诈识别任务，RNN 类模型优于CNN 模型，且 LSTM 模型的表现最佳。最后，深度学习模型的级联不能提高上市公司财务欺诈识别性能，且单个的 LSTM 模型即可胜任。

本章构建的基于深度神经网络的上市公司财务欺诈识别框架，可作为监管部门、企业管理者、投资者和其他用户的智能决策手段。本章给出的决策建议如下：首先，对于监管部门和审计师而言，如果一家公司被识别为存在欺诈的类型，则有必要密切关注该公司的各项财务指标，并加强对该公司的监管，以减少上市公司财务欺诈对资本市场的影响，进而促进金融市场的健康运行；其次，对上市公司自身而言，当其被识别为存在欺诈的类型时，意味着其财务指标已经开始恶化，此时，其管理者应找出偏离正常值范围的指标数据，并采取相应的补救措施，及时规避公司财务风险，避免不必要的损失；最后，对于投资者而言，如果一家公司被识别为存在欺诈的类型，则投资者应详细评估该公司的财务状况，以规避投资风险，并对其投资决策做出相应调整，以避免投资损失。

本章参考文献

[1] PWC. PwC's Global Economic Crime and Fraud Survey 2020 [R]. https：//acfepublic. s3-us-west-2. amazonaws. com/2020-Report-to-the-Nations. pdf,

2020.

[2] Bao Y, Ke B, Li B, et al. Detecting accounting fraud in publicly traded U. S. firms using a machine learning approach [J]. Journal of Accounting Research, 2020, 58 (1): 199 – 235.

[3] Beneish M D. The detection of earnings manipulation [J]. Financial Analysts Journal, 1999, 55 (5): 24 – 36.

[4] Cecchini M, Aytug H, Koehler G J, et al. Detecting management fraud in public companies [J]. Management Science, 2010, 56 (7): 1146 – 1160.

[5] Kim Y J, Baik B, Cho S. Detecting financial misstatements with fraud intention using multi-class cost-sensitive learning [J]. Expert Systems with Applications, 2016, 62 (15): 32 – 43.

[6] Piri M, Min Q, Moradinaftchali V, et al. The efficacy of predictive methods in financial statement fraud [J]. Discrete Dynamics in Nature and Society, 2019 (2019).

[7] Yang R, Jiang Q. Detecting falsified financial statements using a hybrid SM-UTADIS approach: Empirical analysis of listed traditional chinese medicine companies in China [J]. Discrete Dynamics in Nature and Society, 2020 (3): 1 – 15.

[8] Al-Hashedi K G, Magalingam P. Financial fraud detection applying data mining techniques: A comprehensive review from 2009 to 2019 [J]. Computer Science Review, 2021, 40: 100402.

[9] Ngai E W, Hu Y, Wong Y H, et al. The application of data mining techniques in financial fraud detection: A classification framework and an academic review of literature [J]. Decision Support Systems, 2011, 50 (3): 559 – 569.

[10] West J, Bhattacharya M. Intelligent financial fraud detection: A comprehensive review [J]. Computers & Security, 2016, 57: 47 – 66.

［11］Spathis C T. Detecting false financial statements using published data: Some evidence from Greece ［J］. Managerial Auditing Journal, 2002, 17（4）: 179 – 191.

［12］Dechow P, Ge W, Larson C R, et al. Predicting material accounting misstatements ［J］. Contemporary Accounting Research, 2011, 28（1）: 17 – 82.

［13］Kirkos E, Spathis C, Manolopoulos Y. Data Mining techniques for the detection of fraudulent financial statements ［J］. Expert Systems with Applications, 2007, 32（4）: 995 – 1003.

［14］Lin C C, Chiu A A, Huang S Y, et al. Detecting the financial statement fraud: The analysis of the differences between data mining techniques and experts' judgments ［J］. Knowledge-Based Systems, 2015, 89: 459 – 470.

［15］Hajek P, Henriques R. Mining corporate annual reports for intelligent detection of financial statement fraud—A comparative study of machine learning methods ［J］. Knowledge-Based Systems, 2017, 128: 139 – 152.

［16］Khan A T, Cao X, Li S, et al. Fraud detection in publicly traded U. S firms using Beetle Antennae Search: A machine learning approach ［J］. Expert Systems with Applications, 2022, 191: 116148.

［17］Kotsiantis S, Koumanakos E, Tzelepis D, et al. Forecasting fraudulent financial statements using data mining ［J］. Enformatika, 2006, 3（2）: 104 – 110.

［18］Chen Z Y, Han D. Detecting corporate financial fraud via two-stage mapping in joint temporal and financial feature domain ［J］. Expert Systems with Applications, 2023, 217: 119559.

［19］Abbasi A, Albrecht C, Vance A, et al. Meta fraud: A meta-learning framework for detecting financial fraud ［J］. MIS Quarterly, 2012, 36（4）: 1293 –

1327.

[20] Efendi J, Srivastava A, Swanson E P. Why do corporate managers misstate financial statements? The role of option compensation and other factors [J]. Journal of Financial Economics, 2007, 85 (3): 667 – 708.

[21] Fanning K M, Cogger K O. Neural network detection of management fraud using published financial data [J]. Intelligent Systems in Accounting, Finance & Management, 1998, 7 (1): 21 – 41.

[22] Liou F M. Fraudulent financial reporting detection and business failure prediction models: A comparison [J]. Managerial Auditing Journal, 2008, 23 (7): 650 – 662.

[23] Kaminski K A, Wetzel T S, Guan L. Can financial ratios detect fraudulent financial reporting? [J]. Managerial Auditing Journal, 2013, 19 (1): 15 – 28.

[24] Kerber R. ChiMerge: Discretization of Numeric Attributes [C]//Proceedings of the 10th National Conference on Artificial Intelligence. AAAI Press, 1992: 123 – 128.

[25] Lin W C, Tsai C F, Zhong J R. Deep learning for missing value imputation of continuous data and the effect of data discretization [J]. Knowledge-Based Systems, 2022, 239: 108079.

[26] Tsai C F, Chen Y C. The optimal combination of feature selection and data discretization: An empirical study [J]. Information Sciences, 2019, 505: 282 – 293.

[27] LeCun Y, Bengio Y, Hinton G. Deep learning [J]. Nature, 2015, 521 (7553): 436 – 444.

[28] Olah C. Understanding LSTM networks [EB/OL]. http://colah. github. io/posts/2015-08-Understanding-LSTMs/, 2015.

［29］ Yu Y, Si X, Hu C, et al. A review of recurrent neural networks：LSTM cells and network architectures ［J］. Neural Computation, 2019, 31 （7）：1235 – 1270.

［30］ Cho K, Merrienboer B V, Bahdanau D, et al. On the properties of neural machine translation：Encoder-decoder approaches ［J］. Computer Science, 2014.

［31］ Zhang A, Lipton Z C, Li M, et al. Dive into deep learning ［EB/OL］. https：//d2l. ai/d2l-en. pdf, 2023.

［32］ Gu J, Wang Z, Kuen J, et al. Recent advances in convolutional neural networks ［J］. Pattern Recognition, 2018, 77：354 – 377.

［33］ Ashtiani M, Raahemi B. News-based intelligent prediction of financial markets using text mining and machine learning：A systematic literature review ［J］. Expert Systems with Applications, 2023, 217, 119509.

［34］ Kumbure M M, Lohrmann C, Luukka P, et al. Machine learning techniques and data for stock market forecasting：A literature review ［J］. Expert Systems with Applications, 2022, 197：116659.

"时域－财务指标域"二维联合域财务欺诈识别方法

上市公司财务欺诈对企业、股东和资本市场都有着巨大的危害。为识别上市公司的财务欺诈行为，研究者们通常利用"企业－年度"或"企业－季度"数据构造财务指标变量，且这些指标变量已被证实是有效的。然而，这些"企业－年度"或"企业－季度"数据仅在单个时间步上采样，分散在时间维的欺诈信息尚未得到充分利用。为此，本章将公司财务数据建模为包含时域和财务指标域信息的三维（3-D）数据立方体。该信息可通过第3章引入的两阶段映射框架进行联合处理。第一阶段处理将联合域数据映射为离散稀疏特征模式，第二阶段处理对第一阶段的输出进行二次特征映射，得到高层次低维的特征表示。

本章主要参考了文献［1］的研究成果。

6.1 引　言

根据"普华永道 2020 年全球经济犯罪和欺诈调查"[2]，47% 的公司经历了财务欺诈，两年内欺诈的总成本为 420 亿美元。47% 的比例是过去二十年中报告的第二高欺诈水平。欺诈行为以更加多样化的方式影响着更多的公司，这种影响比以往任何时候都更加严重。打击欺诈行为是一场永无止境的战斗。作为最常见的欺诈行为之一，公司的财务欺诈通常对其自身的危害最大。安然公司因涉嫌财务欺诈而倒闭，造成了约 700 亿美元的损失。而财务欺诈也存在于其他的上市公司，例如，世通、施乐、阿德尔菲亚、泰科等，这些公司的财务欺诈同样给资本市场造成了巨大的损失。尽管政府部门已经建立了相应的规章制度和法规来防范欺诈，但上市公司的财务欺诈事件仍时有发生。2020年 7 月，瑞幸咖啡股份有限公司涉嫌财务造假问题。据公告称，在 2019 年 4 ~ 12 月瑞幸咖啡的销售收入虚增了约 30358 万美元，占其披露收入的 41.16%。

上市公司财务欺诈行为对企业、股东和资本市场等都有很大的危害。首先，对于存在财务欺诈的企业本身，一旦其财务欺诈行为被公布，将受到监管部门的行政处罚，同时，将因投资者和债权人的撤资而遭受巨大的财务损失；其次，股东将因股价的下跌而承担财务损失；最后，整个资本市场将因上市公司的财务欺诈丑闻而遭受经济冲击。

为改善资本市场环境，迫切需要对上市公司的违规行为加以识别。通常，财务指标变量或财务比率可作为对财务报表中的数值进行解释的有效方法，且在很多场合，被许多研究人员[3~5]用作设计上市公司财务欺诈识别方法的有效工具。这些财务指标变量可看作公司财务数据的多个特征，通常存放于数据表中的列位置。

长期以来，用于上市公司财务欺诈识别的企业财务指标数据以"企业－年度"或"企业－季度"数据的方式进行采样，最终形成一个二维（2-D）数据矩阵，该矩阵的行维对应于上市公司，列维对应于企业的各项财务指标。很多关于上市公司财务违规识别方法的研究[3~13]均采用"企业－年度"或"企业－季度"数据的方式，并没有考虑连续时间范围内的财务变量取值变化情况。尽管文献［14］和文献［15］中的实验研究考虑了七年期（欺诈年±3年）的时间范围内，且这些文献中的方法和结论可以运用于金融变量的选择策略，但它们只是检验了财务指标变量的统计显著性，以便更深入了解哪些变量对识别财务报表中的欺诈行为相对更为有用。

上市公司财务欺诈的发生是一个累积的过程。对于没有财务欺诈的公司，财务指标变量在水平方向上存在动态平衡，财务指标变量的取值在合理范围内垂直波动。当一个或多个财务变量的波动超过正常范围时，将打破变量之间的动态平衡，变量的进一步恶化将导致上市公司财务欺诈的发生。现有文献中的研究空白，也即本章的研究基础是：鲜有研究关注企业财务指标的序列特征，并且没有对一段时间范围内的时间步进行联合处理。前述研究中，对财务指标变量在连续时间步上的取值没有进行联合处理。相反，他们只检查了单个时间步上的"企业－年度"或"企业－季度"数据样本。如上所述，这些研究均基于一个基本假设：公司的财务数据值在欺诈年度（或季度）和周围的非欺诈年度（或者季度）之间不会发生显著变化。然而，企业财务数据的取值随着时间间隔的增加而逐渐变化，因此应该涉及多个时间步长。此外，由于在单个时间点制造虚假的数字进行欺诈相对较容易，而在较长一段时间内进行欺诈则较困难。因此，本章尝试对财务指标变量的多个连续时间步进行联合处理，以期获得关于上市公司财务欺诈识别的更好的解决方案。

本章研究工作的主要目标是设计一种"时域－财务指标域"二维联合域

财务欺诈识别方法，该方法可用于将"时域 – 财务指标域"二维联合域数据映射成上市公司财务欺诈得分。本章对上市公司财务欺诈识别的贡献主要体现在三个方面：首先，据我们所知，本章的研究是首次实现，进行上市公司财务欺诈识别时，对连续时间步上的财务指标数据的研究；其次，本章的研究首次实现"时域 – 财务指标域"二维联合域处理，填补了该领域的空白；最后，本章引入一种两阶段特征映射方案来实现上市公司财务欺诈识别，为该领域提供新手段。

6.2 相关研究综述

识别上市公司的财务欺诈是审计人员和会计人员的重要任务。然而，单纯靠审计师和会计师等进行上市公司财务欺诈识别的方法和手段很有限。勒贝克（Loebbecke）等[16]指出在早期阶段，上市公司财务欺诈识别主要依靠审计员的人工识别，此时审计员在重大违规事件方面的经验在识别过程中发挥了重要作用。随着人工智能技术的发展，现代上市公司财务欺诈识别方法主要基于数据挖掘、机器学习甚至是深度学习技术开发的模型。最近，注册舞弊审查师协会（Association of Certified Fraud Examiners，ACFE）发布的《反欺诈技术基准报告》[17]指出，目前只有 17% 的机构在其反欺诈程序中使用了人工智能或机器学习进行欺诈识别，这些技术预计将经历快速增长，预计在未来两年内 26% 的组织将采用这类先进的识别技术。鉴于人工智能技术应用的快速普及，下面的综述主要集中于基于人工智能技术的上市公司财务欺诈识别方法。

在人工智能领域，逻辑回归（LR）、决策树（DT）、支持向量机（SVM）和人工神经网络（ANN）是结构化数据处理中的常用算法。珀森斯（Persons）[6]通过逐步逻辑模型确定与财务报告欺诈有关的重要因素，为后续研究者挑选指标变量提供了参考。班尼斯（Beneish）[18]引入了一个用于检测盈余操纵的 LR 模型，该模型使用的变量，一方面，旨在捕捉人为操纵可能导致的财务报表失真，另一方面，捕捉可能促使公司参与此类活动的先决条件。德肖（Dechow）等[15]研究了欺诈公司的财务特征，并通过 LR 模型预测了财务指标变量的会计错报。范宁（Fanning）和科格（Cogger）[19]从公开的财务数据中提取 24 个财务指标变量，然后利用人工神经网络算法识别上市公司的管理欺诈。切奇尼（Cecchini）等[9]采用 SVM 算法识别上市公司的管理欺诈，并基于先前研究中有助于识别管理欺诈的财务特征构建支持向量机内核。科特斯安提斯（Kotsiantis）等[3]、基尔科斯（Kirkos）等[7]、拉维尚卡尔（Ravisankar）等[4]、哈杰克（Hajek）和亨里克斯（Henriques）[11]、保（Bao）等[5]等均对基于数据挖掘和机器学习算法的上市公司财务欺诈识别方法进行了比较研究，这些研究均从"企业－年度"数据中提取财务指标变量，然后对经典的机器学习模型进行训练和测试。

根据所使用的数据集的类型，上市公司财务欺诈识别方法可进一步划分为结构化方法和非结构化方法。本章仅将以往相关研究工作的讨论范围局限于结构化的方法。大多数结构化方法都是根据"企业－年度"数据构建财务指标变量或财务比率。珀森斯（Persons）[6]使用了 10 个财务变量来开发逐步逻辑模型，其研究结果表明财务杠杆、资本周转、资产组成和公司规模是影响财务报告欺诈发生可能性的重要因素。科特斯安提斯（Kotsiantis）等[3]分析了 24 个财务指标变量，其研究发现其中的 8 个财务指标变量对欺诈识别过程的影响最大，因此挑选这 8 个变量用于构成训练时的输入向量。基尔科斯（Kirkos）等[7]构建了 27 个财务指标变量，并筛选出 10 个变量作为模型的输入向量。利乌（Liou）[8]挑选了 52 个财务指标变量，通过研究发现其中的 25 个变量具有统计显著性。拉维尚卡尔（Ravisankar）等[4]从 35 个金融指标变量中挑选了 18 个作为数据挖掘分类模型的输入向量。此外，金（Kim）等[10]采用资产负债表外变量、非财务指标、市场变量和治理指标变量作为财务指标变量的补充。哈杰克（Hajek）和亨里克斯（Henriques）[11] 使用了 32 个财务变量，并辅以 8 个语言学变量。与上述情况不同的是，克拉扎（Craja）等[12] 的研究工作使用了 47 个只是经过粗糙处理的财务指标变量，从该研究的图 2 可以看出，使用经粗糙处理的财务指标变量，仅仅是为了衬托经深度学习技术精细处理后的文本或语言学特征的有效性。

综上所述，大多数现有的上市公司财务欺诈识别方法均采用人工智能算法模型建立，并且这些模型均从"企业 – 年度"或"企业 – 季度"数据中构建指标变量，用于模型的训练和测试。然而，现有研究很少关注财务指标变量的序列特征，没有对多个连续的时间步长进行联合处理。

6.3 "时域 – 财务指标域" 二维联合域建模

6.3.1 财务指标域变量选择

财务指标变量是用于描述上市公司财务数据对象在某些方面的属性、特征或变量。目前尚不存在专为上市公司财务欺诈识别而提供的选择财务指标或变量的可接受的理论。在本章的研究中，为了识别不同类型的上市公司财务欺诈行为，以前人研究提供的领域知识为基础[3,6,8,9,11,15,18~22]，挑选了 32 个有潜在价值的财务指标。所选择的 32 个财务指标及其定义如表 6.1 所示。从表 6.1 可以看出，选取的财务指标变量主要涉及 9 个方面：偿债能力、比率结构、经营能力、盈利能力、现金流分析、风险水平、发展能力、每股指标和流动资产结构等。

表6.1 用于上市公司财务欺诈识别的32个财务指标

一级指标	二级指标		指标定义
	符号	名称	
偿债能力	x_1	流动比率	流动资产/流动负债
	x_2	速动比率	(流动资产－存货)/流动负债
	x_3	资产负债率	负债合计/资产总计
比率结构	x_4	流动资产比率	流动资产合计/资产总计
	x_5	无形资产比率	无形资产净额/资产总计
	x_6	主营业务利润占比	(营业收入－营业成本)/利润总额
经营能力	x_7	应收账款周转率	营业收入/应收账款期末余额
	x_8	存货周转率	营业成本/存货期末余额
	x_9	应付账款周转率	营业成本/应付账款期末余额
	x_{10}	总资产周转率	营业收入/资产总额期末余额
盈利能力	x_{11}	资产报酬率	(利润总额＋财务费用)/资产总额
	x_{12}	营业毛利率	(营业收入－营业成本)/营业收入
	x_{13}	营业净利率	净利润/营业收入
现金流分析	x_{14}	营业收入现金净含量	经营活动产生的现金流量净额/营业总收入
	x_{15}	营业利润现金净含量	经营活动产生的现金流量净额/营业利润
	x_{16}	营运指数	经营活动产生的现金流量净额/经营所得现金毛流量
风险水平	x_{17}	财务杠杆	(净利润＋所得税费用＋财务费用)/(净利润＋所得税费用)
	x_{18}	经营杠杆	(净利润＋所得税费用＋财务费用＋固定资产折旧、油气资产折耗、生产性生物资产折旧＋无形资产摊销＋长期待摊费用摊销)/(净利润＋所得税费用＋财务费用)
发展能力	x_{19}	资本积累率	(所有者权益合计本期期末值－所有者权益合计本期期初值)/所有者权益合计本期期初值
	x_{20}	净利润增长率	(净利润本年本期单季度金额－净利润上一个单季度金额)/净利润上一个单季度金额
	x_{21}	营业利润增长率	(营业利润本年本期单季度金额－营业利润上一个单季度金额)/营业利润上一个单季度金额

一级指标	二级指标		指标定义
	符号	名称	
发展能力	x_{22}	销售费用增长率	（销售费用本年本期金额 – 销售费用上年同期金额）/销售费用上年同期金额
	x_{23}	管理费用增长率	（管理费用本年本期金额 – 管理费用上年同期金额）/管理费用上年同期金额
	x_{24}	经营活动产生的净流量增长率	（经营活动产生的现金流量净额本年本期单季度金额 – 经营活动产生的现金流量净额上一个单季度金额）/经营活动产生的现金流量净额上一个单季度金额
每股指标	x_{25}	每股营业利润	营业利润本期值/实收资本本期期末值
	x_{26}	每股净资产	所有者权益合计期末值/实收资本本期期末值
	x_{27}	每股现金净流量	现金及现金等价物净增加额本期值/实收资本本期期末值
流动资产结构	x_{28}	货币资金比率	货币资金/流动资产合计
	x_{29}	存货净额比率	存货净额/流动资产合计
	x_{30}	应收账款净额比率	应收账款净额/流动资产合计
	x_{31}	预付款项净额比率	预付款项净额/流动资产合计
	x_{32}	其他应收款净额比率	其他应收款净额/流动资产合计

6.3.2 "时域 – 财务指标域"二维联合建模

通常上述财务指标变量可描述为一个向量：

$$\boldsymbol{x} = [x_1, \cdots, x_M] \tag{6-1}$$

式中，M 是所选择的财务指标变量的个数，并且 $\boldsymbol{x}$ 可以被进一步扩展为如下的矩阵 $\boldsymbol{X} \in \mathbb{R}^{M \times N}$ 形式：

$$\boldsymbol{X} = \begin{bmatrix} \boldsymbol{x}(t_1) \\ \vdots \\ \boldsymbol{x}(t_N) \end{bmatrix} = \begin{bmatrix} x_1(t_1) & \cdots & x_M(t_1) \\ \vdots & & \vdots \\ x_1(t_N) & \cdots & x_M(t_N) \end{bmatrix} = [\boldsymbol{x_1}, \cdots, \boldsymbol{x_M}] \tag{6-2}$$

式中，$\boldsymbol{x}(t_i)$，$i = 1, \cdots, N$ 是在时间维拓展了的财务指标变量在第 i 个时间步上的取值，而 t_i 是第 i 个时间步上对应的季度，N 是所要处理的季度数目，

$\boldsymbol{x}_j$，$j=1$，$\cdots$，M 是该矩阵所对应的财务指标变量时间序列。

有了财务指标的数据矩阵，即可对"时域 – 财务指标域"中的数据进行分析。假设已经获取了包含 L 家上市公司的财务指标组成的训练样本数据集：

$$\mathcal{D}_{\text{train}} = \left\{ (\boldsymbol{X}_l , y_l) \right\}_{l=1}^{L} \subset \mathbb{R}^{M \times N} \times \mathbb{R} \qquad (6-3)$$

式中，$\boldsymbol{X}_l \in \mathbb{R}^{M \times N}$ 和 $y_l \in \mathbb{R}$ 分别对应于第 l 家上市公司的样本数据矩阵和目标分类标签，而 $\mathbb{R}^{M \times N}$ 为输入数据模式所对应的特征空间，$\mathbb{R}$ 为分类标签所对应的空间。由于上市公司违规识别中使用了这种贴上标签的数据集，因此是典型的有监督学习问题。

到目前为止，引入了一个原始的数据集，其对应于 L 家上市公司的 M 个财务指标在 N 个连续季度上的样本。该原始数据集可进一步描述成一个三维（three-dimensional，3-D）数据立方体：

$$\boldsymbol{X} = [\boldsymbol{X}_1 , \cdots , \boldsymbol{X}_L] \in \mathbb{R}^{L \times M \times N} \qquad (6-4)$$

如图 6.1 所示，该三维财务指标数据集可以可视化为一个 $L \times M \times N$ 的数据立方体。正如在虚线部分所描述的，在单个上市公司处的样本可从数据立方体上切片获得，其对应于上市公司 L 的"时域 – 财务指标域"的二维联合数据。可以清晰地看出，该切片可描述为一个二维矩阵。

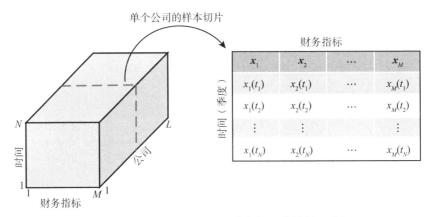

图6.1 上市公司财务指标三维数据立方体的示意图

6.4 基于二维联合域处理的公司财务欺诈识别框架

6.4.1 上市公司财务欺诈识别问题描述

识别上市公司财务欺诈最简单最纯朴的方法是考虑多元线性决策函数：

$$y = \boldsymbol{w}^T \boldsymbol{x} + b \tag{6-5}$$

式中，$\boldsymbol{w}$ 是在财务指标变量 $\boldsymbol{x}$ 上添加的决策权重，$(\,\cdot\,)^T$ 表示转置运算，b 表示偏差。由于这种线性模型的简单性和易用性，该模型在学术界被广泛用于构建大家所熟知的多元线性回归估计器[6,18,19]。然而，不幸的是，尽管线性回归模型很流行，但实际情况并非如此。相反，实际的上市公司财务欺诈模型通常是未知的，并且往往比线性模型更加复杂[23]。考虑上市公司财务欺诈识别模型的系统响应 y 和测试输入数据集 $\mathcal{D}_{\text{test}}$，它们之间更为准确的模型应是具有如下的非线性函数形式：

$$y = f(\mathcal{D}_{\text{test}}) + \varepsilon \tag{6-6}$$

其中，真实的响应函数 f 的形式是未知的，可能是复杂的非线性的，而残差项 ε 通常包括响应函数的测量误差和其他不可预测的噪声，是一个随机干扰项，表征了响应函数 f 没有捕捉到的可变性。

在现实世界中，并不知道函数 f 的具体形式。因此，采用第 3 章中引入的两阶段的特征映射方案，来获得一个尽可能与 y 相近的估计 $\hat{y}$。该两阶段特征映射可描述如下：

$$\hat{y} = f_{\text{stage2}}[f_{\text{stage1}}(\mathcal{D}_{\text{test}})] \tag{6-7}$$

其中，f_{stage1} 和 f_{stage2} 分别是第一阶段特征映射和第二阶段特征映射的系统响应函数。

6.4.2 "时域 – 财务指标域"二维联合域处理框架

图 6.2 给出了利用两阶段特征映射实现"时域 – 财务指标域"二维联合域处理的框图。阶段 1 特征映射将输入数据映射成更适合后续模型处理的离散特征类型。此时的离散特征并不能直接用于上市公司财务欺诈识别,需通过深度学习进行额外的第二阶段映射。第二阶段映射采用混合神经网络的结构,其使用 LSTM 单元进行"时域 – 财务指标域"二维联合处理提取特征,获得高层级的特征表示,但这种高层级的特征仍然是高维的。因此,还需添加一个常规的 ANN 单元来获得低维的特征模式。框架的最后一步是将 LSTM-ANN 网络的输出用于上市公司财务欺诈识别。

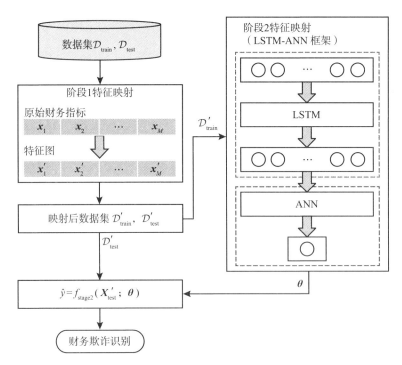

图 6.2　用于上市公司财务欺诈识别的两阶段特征映射框架

接下来，将集中介绍特征映射的两个阶段。

6.4.2.1 第一阶段处理：基于 ChiMerge 的特征映射

第一阶段处理采用 ChiMerge 算法进行特征映射，这是一种自下而上操作的批处理算法。ChiMerge 算法可以以较低的不均衡率获得稳健的结果，因为如果两个模式具有相似的值，它们就会合并到同一模式中。当 ChiMerge 特征合并过程完成时，原始连续特征映射为离散稀疏的特征类型，并获得新的训练集 $\mathcal{D}'_{train}$（特征空间可能发生了变化）：

$$\mathcal{D}'_{train} = f_{stage1}(\mathcal{D}_{train}) = \{(\boldsymbol{X}'_l,\ y_l)\}^L_{l=1} \subset \mathbb{R}^{M \times N} \times \mathbb{R} \qquad (6-8)$$

式中，$\boldsymbol{X}'_l$ 是原始训练样本数据对象 $\boldsymbol{X}_l$ 的映射结果。类似地，三维原始数据矩阵 $\boldsymbol{X}$ 的映射结果为 $\boldsymbol{X}'$：

$$\boldsymbol{X}' = [\boldsymbol{X}'_1,\ \cdots,\ \boldsymbol{X}'_L] \in \mathbb{R}^{L \times M \times N} \qquad (6-9)$$

需要指出的是，应采用与训练数据相同的映射函数，将测试数据 $\mathcal{D}_{test}$ 映射成新的测试集 $\mathcal{D}'_{test}$：

$$\mathcal{D}'_{test} = f_{stage1}(\mathcal{D}_{test}) \qquad (6-10)$$

6.4.2.2 第二阶段处理：深度特征映射

第二阶段处理旨在从第一阶段的映射结果 $\mathcal{D}'_{test}$ 中学习一些高层次的低维特征表示，深度神经网络可作为一种有效的解决方案。为清晰起见，接下来的部分只选择 LSTM 模型作为示例原型。尽管此处没有讨论其他的深度学习模型，但其他模型如 GRU 和 CNN 等也是适用的，此处可以很容易地利用 GRU 和 CNN 等模型取代 LSTM 模型。

深度神经网络可作为第二阶段映射函数 f_{stage2} 的近似实现，其将各个测试输入 $(\boldsymbol{X}'_{test},\ y_{test}) \in \mathcal{D}'_{test}$ 映射成对应上市公司的欺诈得分 $\hat{y}_{ts}$，如下所示：

$$\hat{y}_{ts} = f_{stage2}(\boldsymbol{X}'_{test};\ \boldsymbol{\theta}) \qquad (6-11)$$

式中，$\boldsymbol{\theta}$ 是深度神经网络的参数，$\boldsymbol{\theta}$ 通常利用梯度优化方法加以选择，以最小化训练集中的经验损失 $\mathcal{D}'_{\text{train}}$：

$$LOSS(\boldsymbol{\theta}) = \frac{1}{L} \sum_{l=1}^{L} loss(\hat{y}_l, y_l) \qquad (6-12)$$

式中，$loss(\cdot)$ 是所使用的损失函数，并且由于上市公司财务欺诈识别是一个二分类问题，因此使用二元交叉熵损失函数，$\hat{y}_l$ 是第 l 个训练样本的欺诈得分估计，其可由下式给出：

$$\hat{y}_l = f_{\text{stage2}}(\boldsymbol{X}'_l; \boldsymbol{\theta}) \qquad (6-13)$$

当训练输出再次反馈到网络中时，便获得了著名的循环神经网络（RNN），它包含了时间的概念，并且适用于序列的处理任务。

此处的上市公司财务欺诈识别场景中，使用了"时域 – 财务指标域"二维联合域特征域，因此使用 RNN 类模型处理多个时间步上的历史数据去做预测是有效的。RNN 类网络可通过时间反向传播（back-propagation through time，BPTT）方法[24]进行训练。理论上，RNN 可在之后的多个时间步长内仍保留信息。然而，在工程实践中，由于梯度消失问题[25]，长期依赖性是不可能通过普通 RNN 解决的。为了解决长期依赖性问题，霍克里特（Hochreiter）和施米德胡贝（Schmidhuber）[26]设计了 LSTM 门结构神经网络。

为更好地解决实际问题，此处采用基于 LSTM-ANN 的混合神经网络进行第 2 阶段的特征映射。首先，使用 LSTM 网络将"时域 – 财务指标域"特征模式映射到新的特征模式空间；其次，级联普通的 ANN 网络将新特征模式映射到单值特征中；最后，给出 LSTM-ANN 混合神经网络的一些重要映射特性，这些特性有助于深入理解此处的上市公司财务欺诈识别方法。

（1）LSTM 映射。为简单起见，假设所处理的批处理块（batch）的大小设置为 1。LSTM 单元在时间步 t_i 处接收输入 $\boldsymbol{x}'(t_i)$，并且从先前时间步 t_{i-1} 处接收隐藏状态 $\boldsymbol{h}(t_{i-1})$ 和最终存储单元状态 $\boldsymbol{c}(t_{i-1})$。一个典型 LSTM 单元的输出如下式所示：

$$\boldsymbol{h}(t_i) = LSTM(\boldsymbol{x}'(t_i), \boldsymbol{c}(t_{i-1}), \boldsymbol{h}(t_{i-1})), \quad i = 1, \cdots, N \qquad (6-14)$$

LSTM 网络通过迭代更新 LSTM 内部门单元的参数，来获得从输入数据序列 $\boldsymbol{X'} = [\boldsymbol{x'}(t_1), \cdots, \boldsymbol{x'}(t_N)]^T$ 到输出数据序列 $\boldsymbol{H} = [\boldsymbol{h}(t_1), \cdots, \boldsymbol{h}(t_N)]^T$ 的映射。为清晰起见，将 LSTM 网络的循环结构加以展开，如图 6.3 所示。此处假设采用随机梯度下降（stochastic gradient descent，SGD）算法进行参数优化，且批处理块大小等于 1。

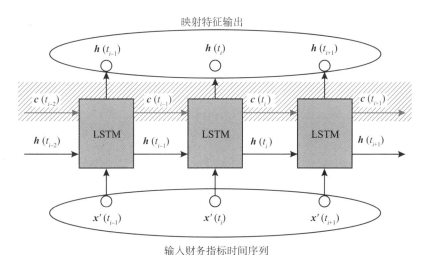

图 6.3　LSTM 网络结构

从图 6.3 中所示的阴影部分数据流可以观察到，LSTM 网络使用专门的记忆机制跨时间步长携带信息，这是 LSTM 网络结构的核心思想。候选存储单元和最终存储单元的特殊结构为记忆传输数据流中的重要信息提供了一种独特的方式。这种特殊的记忆机制对于本章的"时域 - 财务指标域"二维联合特征映射非常有用。隐藏状态 $\boldsymbol{h}(t_i)$ 可看作是输入序列 $\boldsymbol{X'} = [\boldsymbol{x'}(t_1), \cdots, \boldsymbol{x'}(t_N)]^T$ 在持续到时间步长 t_i 时的高级特征表示，该输入序列是从阶段 1 特征映射获得的特征模式。

（2）用普通 ANN 映射到一维的欺诈特征。到此为止，已经从 LSTM 网络的输出序列的隐藏状态中获得了高层次特征模式，但此时的特征维数仍然较高，不能直接应用于上市公司财务欺诈识别。因此，从这一点出发，考虑增加普通的 ANN 网络，将高层级的特征模式映射为一维特征，如下：

$$\hat{y}_l = f_{\text{stage2}}(\mathcal{D}'_{\text{train}}) = \sigma\left(\boldsymbol{W}_{hy}\left[\boldsymbol{h}(t_1),\ \boldsymbol{h}(t_2),\ \cdots,\ \boldsymbol{h}(t_N)\right]^T + \boldsymbol{b}_{hy}\right)$$

$$(6-15)$$

这个一维的特征映射图可看作是训练样本所对应上市公司的欺诈得分，其取值在（0，1）的范围内。

现在考虑将 $\hat{y}_l$ 应用于上述公式（6-12）中基于经验损失的优化准则中，可获得能显著减少训练损失的 LSTM-ANN 的参数 $\boldsymbol{\theta}$，也即获得了最优的模型参数估计。利用学习到的最优模型，即可完成测试集样本所对应上市公司的财务欺诈识别。

6.4.3　上市公司财务欺诈识别

下面进行测试集样本对应上市公司的财务欺诈识别。使用上述训练得到的 LSTM-ANN 混合网络参数 $\boldsymbol{\theta}$，可以通过公式（6-11）来评估测试集样本对应上市公司的欺诈得分 $\hat{y}_{ts}$。给定门限阈值 η，上市公司财务欺诈识别可按下式进行：

$$\hat{y}_{\text{test}} = \begin{cases} 1, & \hat{y}_{ts} \geqslant \eta \\ 0, & \hat{y}_{ts} < \eta \end{cases}$$

$$(6-16)$$

式中，逻辑"1"和逻辑"0"分别对应于有欺诈的和无欺诈的上市公司。在实际应用中，计算阈值 η 通常会涉及数据类别标签的不平衡或数据分布的偏斜。因此，更为实用的方式是根据目标类别标签的取值情况来定义不平衡度（degree of imbalance，DOI）。为此，引入下面的定义：

$$\eta = \frac{N_{\text{fraud}}}{N_{\text{all}}} = DOI$$

$$(6-17)$$

式中，N_{fraud} 是样本集中存在欺诈的上市公司的数量，N_{all} 则是样本集中所有上市公司样本实例的总数。

有了真实的欺诈标签 y_{test} 和估计的欺诈标签 $\hat{y}_{\text{test}}$，即可通过混淆矩阵来评估所提出的基于"时域 – 财务指标域"二维联合域处理的上市公司财务欺诈识别框架的性能：

$$C = \begin{bmatrix} c_{00} & c_{01} \\ c_{10} & c_{11} \end{bmatrix} \qquad (6-18)$$

式中，c_{00}、c_{01}、c_{10} 和 c_{11} 分别为真负类（true negative，TN）、假正类（false positive，FP）、假负类（false negative，FN）和真正类（true positive，TP）。有了混淆矩阵的四个组成元素，即可构建多个性能指标测度，来评估上市公司财务欺诈识别性能。表 6.2 给出了四个最常用的性能指标测度，准确率（accuracy）、精准率（precision）、召回率（recall）和 F1 分数（F1-score）。

表 6.2 四个常用的性能指标测度

性能测度	计算公式	解释
准确率（accuracy）	$\dfrac{c_{00} + c_{11}}{c_{00} + c_{01} + c_{10} + c_{11}}$	正确识别有无财务欺诈的上市公司样本数与上市公司样本总数的比例
精准率（precision）	$\dfrac{c_{11}}{c_{01} + c_{11}}$	有欺诈的上市公司被正确识别的数目与被识别为有欺诈的上市公司总数的比例
召回率（recall）	$\dfrac{c_{11}}{c_{10} + c_{11}}$	有欺诈的上市公司被正确识别的数目与有欺诈上市公司总数的比例
F1 分数（F1-score）	$\dfrac{2 \times precision \times recall}{precision + recall}$	精准率和召回率的调和平均数

6.5 实验结果分析

本节利用真实的金融数据集，评估所提出的基于"时域 – 财务指标域"

二维联合域处理的上市公司财务欺诈识别方法的有效性，并回答以下评估问题（evaluation question，EQ）。

评估问题 1（EQ1）：第一阶段特征映射能否提高上市公司财务欺诈识别性能？

评估问题 2（EQ2）：对于上市公司财务欺诈识别任务，典型的深度学习模型是否优于经典的线性分类模型？

评估问题 3（EQ3）：二维联合处理中所使用的季度数目是否影响上市公司财务欺诈识别的性能？

6.5.1　实验设置

6.5.1.1　原始数据集的构建

本章的实验中，需要使用上市公司的财务指标数据 X_l 和上市公司的欺诈标签 y_l。生成原始数据集 $\mathcal{D} = \left\{ (X_l, y_l) \right\}_{l=1}^{l_{all}}$ 的过程如图 6.4 所示。

生成原始数据集的过程可以简要概括为以下五个步骤：

步骤 1：获取财务指标数据。

本实验使用从中国股票市场和会计研究（CSMAR）数据库中抽取的基准数据集来构造财务指标数据。CSMAR 数据库中的各类指标数据集可从网站（https：//www.gtarsc.com/）上公开获取，这也是选择 CSMAR 数据库的原因。所抽取的数据按季度采样，时间跨度为 2010 年 3 月 31 日至 2021 年 3 月 31 日。财务数据采用透视表的形式，按股票代码和日期分组，如图 6.4 所示。

步骤 2：生成财务指标变量。

本步骤中需要介绍两个实现细节：

（1）表 6.1 中的财务指标变量 x_1 至 x_{27} 直接抽取自 CSMAR 数据库。

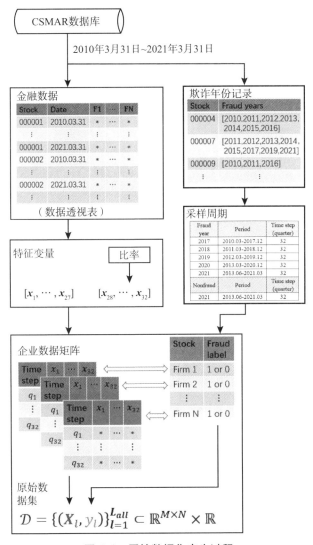

图 6.4　原始数据集产生过程

（2）财务指标变量 x_{28} 至 x_{32} 为经过二次计算的指标变量，其通过货币资金、存货净额、应收账款净额、预付款项净额、其他应收款净额和流动资产合计等原始指标，利用表 6.1 中的计算公式和图 6.4 所示的方法计算得到。

步骤 3：获取欺诈年份记录。

本实验从 CSMAR 数据库中记录的上市公司财务欺诈事件表中获取欺诈年度记录，所有欺诈事件均由中国股市的监管机构公开披露，这些监管机构包括上海证券交易所、深圳证券交易所、中国证监会、中华人民共和国财政部等。

步骤 4：采样周期选择。

数据样本采样周期的选择策略如表 6.3 所示。

表 6.3　　　　　　　　　　　　采样周期选择策略

项目	年份	采样周期	时间步（季度）
欺诈年份	2017	2010 年 3 月 ~ 2017 年 12 月	32
	2018	2011 年 3 月 ~ 2018 年 12 月	32
	2019	2012 年 3 月 ~ 2019 年 12 月	32
	2020	2013 年 3 月 ~ 2020 年 12 月	32
	2021	2013 年 6 月 ~ 2021 年 3 月	32
无欺诈	2021	2013 年 6 月 ~ 2021 年 3 月	32

对于存在欺诈的公司，其采样周期的起始点由 2017 ~ 2021 年记录的最近一个欺诈年度的年份决定。而对于不存在欺诈的公司，采样周期的起始点统一选择为 2021 年 3 月，这是所获得的数据记录的最新日期。最终，对于所有的财务指标变量，从确定了的起始点开始，向前选取 8 年内（也即连续 32 个季度）的样本。

步骤 5：原始数据集构建。

本步骤用于生成原始数据集。对于有欺诈和无欺诈的公司，在 32 个连续时间步上的样本被连续抽取，并填充至矩阵 X_l 中，并且将该公司对应的欺诈标签 y_l 和矩阵 X_l 配对。最终，所构建的原始数据集 $\mathcal{D} = \{(X_l, y_l)\}_{l=1}^{L_{all}}$ 包含

894 个有欺诈的公司和 894 个无欺诈的公司，包含的上市公司总数为 $L_{all} =$ 1788，而数据 $X_l \in \mathbb{R}^{32 \times 32}$ 则来自对 32 个财务指标变量（列）在 32 个连续时间步（行）上的连续采样。

6.5.1.2　实验建立

接下来将所构建的"时域 – 财务指标域"二维联合域财务欺诈识别方法应用于原始数据集。实验数据已经过预处理，且所有的无效数值（NAN）都用 0 进行填充。本实验所采用的内外循环的嵌套实现过程如图 6.5 所示。需注意的是，当涉及 Epoch 循环的概念时，该循环过程与普通的机器学习训练过程略有不同。为保持模型实现的通用性，本实验中的深度学习模型采用 Keras 构建，并采用具有二进制交叉熵损失函数的 RMSProp 优化器[27] 进行编译。

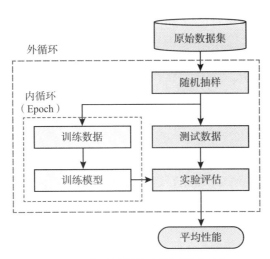

图 6.5　实验过程的内外环嵌套结构

从图 6.5 中的虚线方框可以看出，本实验采用了内循环和外循环的嵌套结构。首先，为了防止信息泄露，训练集数据和测试集数据应该实施完全隔离，并在每个外循环中进行随机样本选择。对于每个外循环，对数据集进行随机抽样，其中 20% 的原始数据集放入测试集，余下样本分配给训练集。其次，为了防止信息泄露，在每个外循环中均用随机初始化的参数构建全新的模型，并在内循环（Epoch 循环）中使用新生成的训练集数据对模型参数进行训练。再其次，使用测试集数据来评估从内循环获得的训练模型的性能好坏。最后，对输出的性能测度指标进行平均，根据平均的测试结果评估模型在不可预见数据上的性能。此外，循环数目应该足够大，使得平均结果可以具有可接受的精度。

6.5.2　采用第一阶段特征映射的好处（EQ1）

为检验第一阶段特征映射的有效性，将其从整体处理方案中删除，然后对比删除第一阶段处理前后的上市公司财务欺诈识别性能变化情况。本实验将 LR 模型作为实验比对的基准，对不同的深度学习模型，例如，LSTM、GRU 和 CNN 等，进行性能比较。表 6.4 分别给出了采用不同的实验框架和不同的深度学习模型时的实验结果。可以看出，对采用不同的深度学习模型和不同实现框架的组合，分别进行了 1000 次随机实验，并给出了四个性能测度：准确率、精准率、召回率和 F1 分数等的均值和标准差。

表 6.4　　　利用测试集评估使用不同模型和不同框架时的平均

识别性能（平均值 ± 标准差）

框架	模型	准确率	精准率	召回率	F1 分数
两阶段框架	LR	0.807 ± 0.032	0.765 ± 0.032	0.887 ± 0.040	0.821 ± 0.030
	LSTM	0.862 ± 0.013	0.837 ± 0.040	0.906 ± 0.069	0.866 ± 0.024
	GRU	0.856 ± 0.031	0.868 ± 0.061	0.855 ± 0.124	0.851 ± 0.051
	CNN	0.846 ± 0.019	0.830 ± 0.065	0.886 ± 0.101	0.849 ± 0.033

续表

框架	模型	准确率	精准率	召回率	F1 分数
	LR	0.715 ± 0.040	0.719 ± 0.031	0.705 ± 0.083	0.710 ± 0.053
没有第一阶段	LSTM	0.768 ± 0.007	0.750 ± 0.009	0.806 ± 0.024	0.777 ± 0.009
	GRU	0.757 ± 0.008	0.737 ± 0.011	0.801 ± 0.025	0.767 ± 0.010
	CNN	0.743 ± 0.007	0.713 ± 0.007	0.813 ± 0.023	0.760 ± 0.009

接下来检验第一阶段处理的有效性。为此，需对比分析将第一阶段处理从两阶段特征映射框架中移除前后，上市公司财务欺诈识别性能的变化情况。从表6.4可以看出，在没有第一阶段的处理方案中，出现了相当大的性能下降。这是合理的，因为第一阶段处理依据两个相邻特征模式的类别标签取值情况进行卡方统计检验，如果两个特征以较高的置信水平来自同一个分布，则合并这两个邻近的特征。因此，第一阶段特征映射在统计上是合理的，并且对噪声具有稳健性。另外，第一阶段处理可将连续特征值映射为离散且稀疏的特征模式，这种离散稀疏性特征可用较低元的函数进行建模。换言之，当采用机器学习或深度学习模型进行建模时，将计算更少的参数。因此，第一阶段处理可将连续型特征数据映射成更适合 LR、LSTM、GRU 和 CNN 等模型处理的特征类型，并且从实验结果可以清楚地观察到第一阶段处理所带来的好处。

6.5.3　不同深度学习模型之间的性能比较（EQ2）

本小节比较不同深度学习模型之间的上市公司财务欺诈识别性能。主要的比较结果显示在表6.4中的第 2～5 行，其中 LSTM、GRU 和 CNN 是当前用于上市公司财务欺诈识别的最主流的深度学习模型，而 LR 模型则是作为性能比较的基准。下面给出三个方面的比较：

（1）深度学习模型与基准模型的性能比较。表 6.4 中的结果表明，LSTM、GRU 和 CNN 等深度学习模型比基准 LR 模型拥有更好的识别性能。可能的原因在于深度学习模型为线性分类任务引入了非线性处理。因此，本章建议使用深度学习模型完成上市公司财务欺诈识别任务。

（2）RNN 模型与 CNN 模型的性能比较。从表 6.4 所示结果可以看出，RNN 类模型（如 LSTM 模型和 GRU 模型等）的性能均优于 CNN 模型。这是因为 RNN 类模型更适合于处理序列数据，而 CNN 模型更适合于处理具有网格状拓扑结构的数据，例如，图像和视频等数据。因此，本章建议使用 RNN 类算法完成上市公司财务欺诈识别任务。

（3）各个模型之间的性能比较。如表 6.4 所示，LSTM 模型的上市公司财务欺诈识别性能在所有的深度学习模型中表现最好。因此，在接下来的实验中，将在两阶段方案中使用 LSTM-ANN 的混合神经网络完成阶段 2 处理。

6.5.4　时间因素的影响（EQ3）

本小节的任务是揭示上市公司财务欺诈识别任务中关于时间因素的变化规律。重点探究"时域–财务指标域"二维联合域处理中，当处理时间间隔变化时，财务欺诈识别性能的变化情况。首先，本小节将时间处理间隔的长度视为影响上市公司财务欺诈识别性能的因素，并使用单因素方差分析（analysis of variance，ANOVA）进行变异性分析；其次，本小节还展现了上市公司财务欺诈识别性能在时间域上的累积效应。

6.5.4.1　按季度分组时识别性能的变异性分析

本小节选择时间作为影响上市公司财务欺诈识别结果的因素，将数据分成不同的处理组。实验数据共被分成 32 组，分别对应于从 1～32 个连续季度上的处理间隔。我们感兴趣的是上市公司财务欺诈识别的平均性能如何在 32

个不同的时间处理组之间变化。因此，对于每个时间处理组分别进行 1000 次随机实验，也即图 6.5 中的外循环执行了 1000 次。这样，总共进行了 32 × 1000 = 32000 次随机实验。所提出的"时域 – 财务指标域"二维联合域处理方案的平均识别性能如表 6.5 所示，其给出了在测试集上获得的准确率、精准率、召回率和 F1 分数等四种性能测度的平均值和标准差。如同在表 6.5 中可以观察到的，上市公司财务欺诈识别性能随着参与累积的连续季度数目的变化而变化。

表 6.5   测试集上评估得到的平均检测性能（平均值 ± 标准差）

时间组	观测数（次）	准确率	精准率	召回率	F1 分数
组 1	1000	0.862 ± 0.013	0.837 ± 0.040	0.906 ± 0.069	0.866 ± 0.024
组 2	1000	0.833 ± 0.011	0.798 ± 0.039	0.898 ± 0.063	0.842 ± 0.021
组 3	1000	0.864 ± 0.012	0.844 ± 0.038	0.899 ± 0.053	0.868 ± 0.017
组 4	1000	0.875 ± 0.014	0.853 ± 0.049	0.915 ± 0.065	0.879 ± 0.017
组 5	1000	0.863 ± 0.013	0.838 ± 0.048	0.908 ± 0.049	0.869 ± 0.011
组 6	1000	0.876 ± 0.013	0.859 ± 0.046	0.907 ± 0.054	0.880 ± 0.014
组 7	1000	0.897 ± 0.012	0.888 ± 0.032	0.912 ± 0.037	0.899 ± 0.013
组 8	1000	0.905 ± 0.012	0.896 ± 0.038	0.919 ± 0.045	0.906 ± 0.013
组 9	1000	0.934 ± 0.014	0.941 ± 0.030	0.926 ± 0.010	0.933 ± 0.013
组 10	1000	0.936 ± 0.012	0.957 ± 0.029	0.914 ± 0.016	0.934 ± 0.011
组 11	1000	0.952 ± 0.011	0.967 ± 0.024	0.938 ± 0.010	0.952 ± 0.011
组 12	1000	0.934 ± 0.018	0.944 ± 0.034	0.924 ± 0.006	0.934 ± 0.016
组 13	1000	0.918 ± 0.013	0.958 ± 0.031	0.875 ± 0.011	0.914 ± 0.012
组 14	1000	0.927 ± 0.015	0.943 ± 0.032	0.911 ± 0.011	0.926 ± 0.013
组 15	1000	0.945 ± 0.013	0.950 ± 0.028	0.940 ± 0.008	0.945 ± 0.012
组 16	1000	0.934 ± 0.012	0.964 ± 0.027	0.903 ± 0.010	0.932 ± 0.011
组 17	1000	0.948 ± 0.014	0.953 ± 0.029	0.943 ± 0.008	0.948 ± 0.013
组 18	1000	0.934 ± 0.012	0.962 ± 0.027	0.905 ± 0.010	0.932 ± 0.011

时间组	观测数（次）	准确率	精准率	召回率	F1 分数
组 19	1000	0.936 ± 0.012	0.958 ± 0.028	0.913 ± 0.012	0.934 ± 0.011
组 20	1000	0.952 ± 0.012	0.964 ± 0.026	0.939 ± 0.010	0.951 ± 0.011
组 21	1000	0.941 ± 0.012	0.970 ± 0.026	0.912 ± 0.007	0.940 ± 0.011
组 22	1000	0.942 ± 0.012	0.970 ± 0.027	0.913 ± 0.009	0.940 ± 0.011
组 23	1000	0.936 ± 0.010	0.970 ± 0.023	0.900 ± 0.010	0.934 ± 0.009
组 24	1000	0.930 ± 0.008	0.978 ± 0.022	0.881 ± 0.012	0.927 ± 0.008
组 25	1000	0.943 ± 0.008	0.974 ± 0.019	0.910 ± 0.010	0.941 ± 0.007
组 26	1000	0.958 ± 0.011	0.964 ± 0.025	0.953 ± 0.010	0.958 ± 0.011
组 27	1000	0.946 ± 0.006	0.982 ± 0.014	0.910 ± 0.010	0.944 ± 0.006
组 28	1000	0.957 ± 0.010	0.967 ± 0.023	0.946 ± 0.007	0.956 ± 0.010
组 29	1000	0.943 ± 0.010	0.959 ± 0.026	0.926 ± 0.013	0.942 ± 0.010
组 30	1000	0.965 ± 0.007	0.980 ± 0.016	0.949 ± 0.011	0.964 ± 0.007
组 31	1000	0.951 ± 0.008	0.975 ± 0.019	0.926 ± 0.007	0.950 ± 0.008
组 32	1000	0.954 ± 0.009	0.970 ± 0.021	0.937 ± 0.009	0.953 ± 0.008

接下来，对于每个性能指标，例如，准确率、精准率、召回率和 F1 分数等，对于 32 个组中的每一个处理组中都有 1000 个观察结果，其对应的平均值分别为 μ_1，μ_2，$\cdots$，μ_{32}。我们希望进行如下的统计检验：

$$H_0: \mu_1 = \mu_2 = \cdots = \mu_{32}$$
$$H_1: 至少有两组的均值不相等$$

(6 - 19)

此统计检验的目的是：根据所使用的总季度数，确定准确率、精准率、召回率和 F1 分数等性能指标测度是否存在显著差异。

为进行上述统计检验，我们将所使用的季度数目视为一个影响因素，并采用单因素的方差分析方法完成统计分析。关于准确率、精准率、召回率和 F1 分数等性能测度的方差分析结果分别如表 6.6 所示，表中的 SS、DOF、MS、F、P 值和 F_{crit} 分别为平方和（sum of squares）、自由度（degrees of freedom)、均方（mean square）、F 比（F ratio）、P 值（P value）以及 F 的临界值（critical value of F）。从表 6.6 中可以看出，上市公司财务欺诈识别的性能变化可进一步区分为组间变化和组内变化两种情况，其结果分别对应于表中的第 2 行和第 3 行。

表 6.6　　对上市公司财务欺诈识别结果的方差分析结果

变异源		SS	DOF	MS	F	P 值	F_{crit}
准确率	组间	36.00118	31	1.161328	8346.471	<0.001	1.451
	组内	4.448029	31968	0.000139			
	总的	40.44921	31999				
精准率	组间	84.52113	31	2.726488	2933.692	<0.001	1.451
	组内	29.71013	31968	0.000929			
	总的	114.2313	31999				
召回率	组间	10.92823	31	0.352524	420.075	<0.001	1.451
	组内	26.82728	31968	0.000839			
	总的	37.75551	31999				
F1 分数	组间	31.20609	31	1.006648	6471.905	<0.001	1.451
	组内	4.972342	31968	0.000156			
	总的	36.17843	31999				

接下来的任务是检验这些变化的分布情况是否与所有时间处理组（即组 1 至组 32）均来自相同分布的零假设相匹配。现考虑使用 F 比率在 0.05 的显著性水平上检验零假设的四个性能测度：准确率、精准率、召回率和 F1 分数。由于在表 6.6 中均满足 $F > F_{crit}$，故零假设在显著性水平 0.05 下被拒绝。因此，我们得出结论：当对不同数量的季度数据进行分组时，上市公司财务欺诈识别结果在准确率、精准率、召回率和 F1 分数方面存在显著差异。

6.5.4.2　检测性能的时间累积效应

为了更清楚地展现时间因素对上市公司财务欺诈识别性能的影响，在图 6.6 中绘制了上市公司财务欺诈识别结果准确率（见表 6.5）随积累季度数的变化情况。为了简洁起见，没有绘制精准率、召回率和 F1 分数等其他指标的变化情况。此外，图 6.6 中还将 1000 次随机实验的准确率指标的标准偏差（对应于阴影区域）添加到平均曲线中，以指示估计值准确率的变化情况。可以看出，所采用的两阶段映射方案在"时域 – 财务指标域"二维联合域处理中表现出了优异的性能。

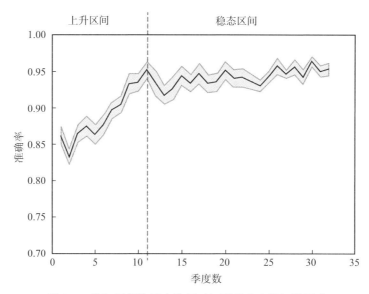

图 6.6　参与累积的季度数目对识别准确率指标的影响

下面对图 6.6 加以详细说明：

（1）上升区间和稳态区间。值得注意的是，图 6.6 中的曲线可以分为两个区域：上升区间（累积季度数从 1～11 的区域）和稳态区间（累积季度数从 12～32 的区域）。在上升区间，随着累积的季度数量的增加，在测试集上的准确率稳步提升。然而，在稳态区间，当处理的时间间隔超过 3 年，也即超过 12 个季度时，在测试集上的准确率曲线逐渐趋于平滑，财务欺诈识别性能亦逐渐趋于稳定。

（2）时间累积效应。在上升区间（累积季度数从 1～11 的区域），可以清楚地观察到时间维的累积效应。这种随着积累的季度数目的增加，上市公司财务欺诈识别性能稳步增长的现象可解释为：某上市公司的财务数据可以很容易地在某一个季度上对数值进行篡改，但当使用多个连续季度数据时，其很难在较长一段时间范围内制造一组虚假的数字而不被识别。因此，利用单一季度上的财务欺诈特征进行上市公司财务欺诈识别的性能有限，需采用包含更多季度上的欺诈特征进行联合处理。这样，上市公司在连续多个季度上制造欺诈数字的难度也就越来越大。因此，当积累了较多的季度数据时，本章所提出的"时域−财务指标域"二维联合域处理方法的性能表现非常好。

（3）积累边界：在稳态区间（积累从季度数 12～32 的区间），可以获得积累的有效边界为 12 个季度。这是因为，当处理间隔已经足够大（如超过 12 个季度）时，上市公司存在欺诈的时段已经包含在处理间隔中，此时采用大于 12 个季度的处理间隔并不能为上市公司财务欺诈识别带来更多的信息。根据本章实验的处理经验，我们得出结论：对于中国金融市场数据，进行上市公司财务欺诈识别的有效积累边界是 3 年，也即 12 个季度。这一发现是直观的，且很重要。因为对于其他国家的金融数据集，亦可找到类似的有效积累边界，这为设计上市公司财务欺诈识别方法提供了新的启示。

6.6　本章小结

本章设计了用于上市公司财务欺诈识别的"时域−财务指标域"二维联合域处理方法。首先，将上市公司的财务指标数据建模为包含时域和财务指标域特征信息的三维数据立方体（财务指标 – 时间 – 企业）；其次，利用两阶段特征映射方案进行"时域 – 财务指标域"二维联合域处理。第一阶段的特征映射将财务指标的连续特征转换为离散的稀疏性特征，并级联第二阶段的特征映射来获得更高层次的低维特征表示。这种两阶段特征映射方案的一个很明显优点是各阶段的特征映射器可采用其他映射算法加以替换并独立地操作。所提出的用于"时域 – 财务指标域"二维联合处理的两阶段特征映射方案，对于开发智能上市公司财务欺诈识别方法是直观的。

本章使用来自 CSMAR 数据库的真实的金融数据进行实验，验证所提出的"时域 – 财务指标域"二维联合域处理方法的性能。首先，评估了应用第一阶段处理所带来的好处。实验发现第一阶段处理可将数据映射为更适合深度学习模型的离散稀疏性特征，可以获得更优的识别性能。其次，在第二阶段处理中以 LR 模型为基准，对比了使用不同深度学习模型时的上市公司财务欺诈识别性能，实验发现深度学习模型的识别性能优于 LR 模型，且 LSTM 模型的性能最优。再次，评估了时间因素对上市公司财务欺诈识别性能的影响，揭示了时间累积效应。实验发现 3 年期也即 12 个季度的处理间隔是时域积累的有效边界，使用 12 个季度的数据便足以完成上市公司财务欺诈识别任务。这一发现是直观且有现实意义的，在其他的数据集上亦可找到类似的时域积累有效边界。因此，我们得出结论，在进行上市公司财务欺诈识别时，应采用多个时间步长（如 12 个季度）进行积累。最后，本章的实验获得了优良的上市公司财务欺诈识别性能，这表明所提出的"时域 – 财务指标域"二维联合域处理方法是有效的。因此，我们得出结论，"时域 – 财务指标域"二维联合域处理对于上市公司财务欺诈识别是有价值的。

本章参考文献

［1］Chen Z Y, Han D M. Detecting corporate financial fraud via two-stage mapping in joint temporal and financial feature domain ［J］. Expert Systems with

Applications, 2023 (217): 1 – 12.

[2] PWC. PwC's Global Economic Crime and Fraud Survey 2020 [R/OL]. https: //acfepublic. s3-us-west-2. amazonaws. com/2020-Report-to-the-Nations. pdf, 2020.

[3] Kotsiantis S, Koumanakos E, Tzelepis D, et al. Forecasting fraudulent financial statements using data mining [J]. International Journal of Computational Intelligence, 2006, 3 (2): 104 – 110.

[4] Ravisankar P, Ravi V, Rao G R, et al. Detection of financial statement fraud and feature selection using data mining techniques [J]. Decision Support Systems, 2011, 50 (2): 491 – 500.

[5] Bao Y, Ke B, Li B, et al. Detecting accounting fraud in publicly traded US firms using a machine learning approach [J]. Journal of Accounting Research, 2020, 58 (1): 199 – 235.

[6] Persons O S. Using financial statement data to identify factors associated with fraudulent financial reporting [J]. Journal of Applied Business Research, 1995, 11 (3): 38 – 46.

[7] Kirkos E, Spathis C, Manolopoulos Y. Data mining techniques for the detection of fraudulent financial statements [J]. Expert Systems with Applications, 2007, 32 (4): 995 – 1003.

[8] Liou F M. Fraudulent Financial Reporting Detection and Business Failure Prediction Models: A Comparison [R]. Managerial Auditing Journal, 2008.

[9] Cecchini M, Aytug H, Koehler G J, et al. Detecting management fraud in public companies [J]. Management Science, 2010, 56 (7): 1146 – 1160.

[10] Kim Y J, Baik B, Cho, S. Detecting financial misstatements with fraud intention using multi-class cost-sensitive learning [J]. Expert Systems with Applications, 2016, 62: 32 – 43.

［11］ Hajek P, Henriques R. Mining corporate annual reports for intelligent detection of financial statement fraud—A comparative study of machine learning methods ［J］. Knowledge-Based Systems, 2017, 128: 139 – 152.

［12］ Craja P, Kim A, Lessmann S. Deep learning for detecting financial statement fraud ［J］. Decision Support Systems, 2020, 139: 113421.

［13］ Khan A T, Cao X, Li S, et al. Fraud detection in publicly traded US firms using Beetle Antennae Search: A machine learning approach ［J］. Expert Systems with Applications, 2022, 191: 116148.

［14］ Kaminski K A, Wetzel T S, Guan L. Can financial ratios detect fraudulent financial reporting? ［J］. Managerial Auditing Journal, 2004, 19 (1): 15 – 28.

［15］ Dechow P M, Ge W, Larson C R, et al. Predicting material accounting misstatements ［J］. Contemporary Accounting Research, 2011, 28 (1): 17 – 82.

［16］ Loebbecke J K, Eining M M, Willingham J J. Auditors experience with material irregularities-frequency, nature, and detectability ［J］. Auditing-A Journal of Practice & Theory, 1989, 9 (1): 1 – 28.

［17］ ACFE. Anti-Fraud Technology Benchmarking Report ［R/OL］. https: //www. acfe. com/technology-benchmarking-report. aspx, 2022.

［18］ Beneish M D. The detection of earnings manipulation ［J］. Financial Analysts Journal, 1999, 55 (5): 24 – 36.

［19］ Fanning K M, Cogger K O. Neural network detection of management fraud using published financial data ［J］. Intelligent Systems in Accounting, Finance & Management, 1998, 7 (1): 21 – 41.

［20］ Spathis C T. Detecting false financial statements using published data: Some evidence from Greece ［J］. Managerial Auditing Journal, 2002, 17 (4):

179 – 191.

[21] Efendi J, Srivastava A, Swanson E P. Why do corporate managers misstate financial statements? The role of option compensation and other factors [J]. Journal of Financial Economics, 2007, 85 (3): 667 – 708.

[22] Abbasi A, Albrecht C, Vance A, et al. Metafraud: A meta-learning framework for detecting financial fraud [J]. Mis Quarterly, 2012: 1293 – 1327.

[23] Zhou W, Kapoor G. Detecting evolutionary financial statement fraud [J]. Decision Support Systems, 2011, 50 (3): 570 – 575.

[24] Werbos P J. Backpropagation through time: What it does and how to do it [J]. Proceedings of the IEEE, 1990, 78 (10): 1550 – 1560.

[25] Hochreiter S. The vanishing gradient problem during learning recurrent neural nets and problem solutions [J]. International Journal of Uncertainty, Fuzziness and Knowledge-Based Systems, 1998, 6 (2): 107 – 116.

[26] Hochreiter S, Schmidhuber J. Long short-term memory [J]. Neural Computation, 2010, 9 (8): 1735 – 1780.